Toutes voiles dehors

DANS LA MÊME COLLECTION

Un vent de liberté, Florence Arthaud
Montagnes d'une vie, Walter Bonatti
Conquérant des glaces, Yvan Bourgnon
Docteur Vertical, Emmanuel Cauchy
Alexandra David-Néel, Joëlle Désiré-Marchand
Le pôle intérieur, Jean-Louis Étienne
La complainte de l'ours, Jean-Louis Étienne
Le dernier loup de mer, Jean-Luc Van Den Heede
Ocean's sons, Olivier de Kersauson
Vagabond des mers du Sud, Bernard Moitessier
La longue route, Bernard Moitessier
Cap Horn à la voile, Bernard Moitessier
Nature aquatique, Guillaume Néry
Vivre, Élisabeth Revol
Sous l'étoile de la liberté, Sylvain Tesson
L'or noir des steppes, Sylvain Tesson
L'enfant des neiges, Nicolas Vanier
Kessel le nomade éternel, Olivier Weber

JEAN LE CAM

Avec Philippe Joubin

Toutes voiles dehors

Préface d'Erik Orsenna

LES
GRANDES
LATITUDES

J'AI LU

Crédit photos : *L'Équipe* et Presse Sports

À mon père, Louis Le Cam

Il y a dans la vie deux catégories d'individus : ceux qui regardent le monde tel qu'il est et se demandent : « Pourquoi ? »
Et ceux qui imaginent le monde tel qu'il devrait être et se disent : « Pourquoi pas ? »

George Bernard SHAW

Préface

Un chevalier de la Table Ronde

L'âge venant, il est grand temps de remercier : je dois à la bande dessinée mon addiction aux histoires. Il m'a toujours fallu ma dose d'*il était une fois*. Décidément, cette phrase magique fut... mon indispensable héroïne. Abonné bien sûr au *Journal Tintin*, je me précipitais dès son arrivée au courrier pour suivre la suite des aventures du petit reporter et de ses comparses. Alors vous imaginez mon désespoir en cas de grèves des postes ou de voyages au loin. Comment continuer à vivre ? Il me manquait des pierres pour traverser le gué de la rivière.

Ce vide, je le ressentais depuis longtemps avec Le Cam. Comme d'un auteur admiré on veut soudain lire tous les livres, je voulais combler les trous dans ce que je savais de son existence.

Car ce roi Jean forme pour moi avec un certain Éric, un Yann, un Bilou, un Armel, un « Mich' Desj », une Ellen MacArthur sans oublier un Louison (Bobet) et un Bernard (Hinault) une société de demi-dieux que j'aime baptiser mes chevaliers de la Table Ronde, des pourvoyeurs de légendes, les preuves vivantes que nous pouvons (et sans doute devons) être plus grands que nous-mêmes.

Alors vous imaginez mon bonheur (comme je prévois le vôtre) de voir enfin réunis tous les épisodes de ce feuilleton magique : la vie, toutes voiles dehors, de ce chevalier nautique.

Bien sûr vous allez retrouver des épisodes déjà connus, les victoires au Figaro, tel ou tel haut fait durant l'un des cinq Vendée. Mais tout le reste est là, qui vous attend : presque cinquante ans (l'homme a navigué tôt) de passion unique embarquée sur les bateaux les plus divers, quatre à cinq décennies d'acharnement, d'échecs et puis de victoires, de chantiers méticuleux avant le jugement de Dieu qu'est toute mise à l'eau, et les courses (par le menu), et les fêtes aux escales (à vous rendre jaloux), et cette bataille perpétuelle pour l'argent (le meilleur des domestiques, le pire des maîtres) sans oublier la géographie (et pas seulement de notre si cher Finistère) ni l'inoubliable galerie de portraits, toutes ces rencontres de légendes, ces regards aigus autant que fraternels. Et cette noble pudeur dès qu'il s'agit d'évoquer les tempêtes, ces « bastons » d'anthologie qui forment le caractère, je veux dire le plus précieux et le plus rare des alliages fait pour moitié d'humilité émerveillée mais terrifiée face aux éléments déchaînés et pour autre moitié de détermination, puisqu'il faut bien arriver au port. Et puis page après page la verve, l'inimitable faconde de notre griot celtique !

Bref voici le magnifique parcours de la liberté d'un homme, cette liberté qui nous fait tant aimer et tant redouter la mer car sur elle, pas de route construite par d'autres, il faut à chaque instant dialoguer avec plus fort et plus mouvant que soi pour construire encore et encore son propre chemin.

À bientôt, Jean ! Engagé ces temps-ci dans diverses recherches, j'ai souvent notre Globe à l'appareil. Il me charge de vous dire qu'il vous attend pour un nouveau tour !

Erik ORSENNA,
Écrivain, membre de l'Académie française

1
Navigations initiatiques

« Les ordres, je n'aime pas vraiment ça. »

La mer, ma mer, n'est que vitesse. Jamais je ne l'ai imaginée en tant que pêcheur ou marin de la marchande. Vitesse, voile, compétition. Je n'ai jamais aimé que cela. Je n'ai jamais imaginé la navigation autrement ; je ne pourrai jamais la voir différemment. Et cela reste ma seule passion.

Mon père, Louis Le Cam, a toujours possédé des bateaux. Il était ingénieur dans les travaux publics. Il s'est occupé entre autres de la construction du pont de Cornouaille, à Bénodet, à côté de Port-la-Forêt au début des années 1970. Mais au-delà de son métier particulièrement prenant, la mer puis la régate constituaient ses grandes passions ; une attirance jamais démentie.

Il fut d'abord propriétaire d'un Grondin, puis d'une Corvette et enfin de deux Armagnac. Les fameux *Mervent*, restés célèbres dans la famille mais aussi auprès de tous les amateurs de régates le long des côtes atlantiques.

Nous passions nos week-ends et vacances en bordure de la plage de Kerleven, à La Forêt-Fouesnant. Mes parents y avaient acquis un terrain, y installant une caravane avant d'y bâtir une maison où ma maman, Yvonne, vécut jusqu'à sa disparition en avril 2020. Bien évidemment, mon père m'initia très jeune à la navigation. J'ai encore en bouche le goût des ragoûts d'ormeaux qu'il m'emmenait manger avec le gardien du phare de Penfret sur l'archipel des Glénan, Jean Kerloch, l'un de ses amis, après une virée en mer.

Mais je me suis vite rendu compte que le plaisir d'appareiller ne dépassait pas, et de loin, l'intérêt grandissant que je portais à la régate. Du coup, par ma faute sans doute, mon père a peu à peu changé ses centres d'intérêt en matière de voile !

Lorsqu'il se décide à remplacer la Corvette, au début des années 1970, il tient ainsi à ce que je sois présent le jour de l'achat, prévu au Salon nautique de Paris. Malgré mes 12 ans, il ne peut et ne veut faire seul le choix entre deux types de bateaux : l'Armagnac ou le Flush Poker. Il existe, chez les passionnés de l'époque, un débat, majeur s'il en est, entre ces deux types de voiliers. Avis des autres propriétaires, revues nautiques : tout y était passé et nous n'étions pas parvenus à prendre notre décision. Je me passionne tellement pour ce projet que je dessine la décoration du bateau. L'Armagnac est certes un peu plus cher à l'achat mais il me plaît nettement plus. Manque de pot, le jour de partir pour Paris, je tombe très malade à cause d'une mauvaise grippe. Qu'à cela ne tienne, mon père me fait gaver d'antibiotiques et nous pouvons rester des heures au Salon à comparer encore et encore les deux types de voilier avant que commande soit passée d'un Armagnac auprès du chantier Aubin de Nantes.

Nous sommes tellement mordus et impatients que nous nous rendons souvent chez le constructeur pour suivre l'état d'avancement de notre bateau. Et il m'arrive déjà de donner un coup de main aux ouvriers !

Je suis totalement habité par ce grand projet et mon père sait pertinemment qu'il vaut mieux acquérir un bateau ayant mes faveurs. Henri Desjoyeaux, père de mon meilleur ami, Hubert Desjoyeaux, frère aîné d'un certain Michel, acheta un jour une Tarentelle, un joli voilier pourtant, construit à l'époque par le chantier Jouët. Mais il n'avançait pas en régate. Moralité : nous n'avons jamais couru avec. De ma vie, je n'ai jamais pris un départ pour ramasser les bouées en queue de peloton, même à 12 ans. Soit j'ai un bateau performant pour gagner ou bien me classer, soit je reste à la maison.

L'indéfectible équipier d'alors à bord de *Mervent* est bien évidemment Hubert. Il est âgé d'un an de plus que moi mais nous devenons vite inséparables. Nous avons trouvé dans la régate le plus parfait ciment de notre amitié. Enfants, nous étions voisins, mais il habita tout de même cinq ans chez moi. Et, pour clairement situer le cadre des relations entre nos familles et de nos destins entremêlés, Hubert a épousé Monique, l'une de mes deux sœurs avec Michèle. Enfants, nous n'avions qu'une seule obsession : naviguer, naviguer et toujours naviguer. Rien ne pouvait nous retenir.

Nous possédâmes ainsi dans la famille un canoë, conçu pour la navigation en mer, avec deux dérives et un petit mât en plus des traditionnelles pagaies. Dès l'âge de 5 ans, il était devenu évident que nous ne pouvions vivre sans lui... Mais bien sûr, nos parents nous interdisaient d'envoyer la voile, tout en ayant pris bien soin de délimiter dans nos sales caboches une zone de navigation stricte impossible à dépasser. La ligne allant de la plage de Cap-Coz à l'anse de Saint-Laurent – soit le fond du fond de la baie de la Forêt – était la frontière extrême de nos intentions. Il fallait faire attention car, par vent de nord, nous avions vite fait de nous retrouver largement au-delà.

Comme nous n'avions pas l'autorisation de hisser la voile du canoë, nous décidâmes, avec Hubert, de naviguer sous parasol ! Nous l'avions piqué chez moi, dans le jardin, sans savoir si notre invention fonctionnerait ou non. Sachant que la baie est exposée au nord, il était évident qu'avec un vent de sud et ainsi gréés, nous ne reviendrions jamais. Le gréement « parasol » n'est pas vraiment connu pour sa qualité de navigation au près... Pourtant, le canoë marchait tout seul. Nous appareillions en douce avec le parasol, partions dans le vent avant de revenir ensuite en pagayant puisque nous ne pouvions revenir sur nos pas ainsi équipés.

Ma grand-mère qui nous gardait sur la plage en devenait hystérique. Elle hurlait après nous. Elle nous faisait honte. Mais c'était tellement magnifique de naviguer ainsi « sous parasol ». Une impression de liberté similaire à celle du jour où l'on enlève les petites roulettes du vélo à un enfant. Quant à mes parents, je n'ai jamais trop su à l'époque s'ils étaient au courant de l'utilisation que nous faisions de leur ombrelle...

Le canoë n'eut qu'un temps. Le nouvel objet de nos désirs devint vite le Vaurien de Michèle, ma sœur aînée, qu'elle avait acheté avec ses économies, en particulier réalisées grâce à ses communions. C'est rémunérateur une communion !

J'en rêve tant que, à peine âgé de 8 ans, je lui rachète avec mes propres économies. Ce Vaurien est totalement pourri, cela ne nous empêche pas de participer à nos premières régates même sans un centime en poche pour l'améliorer. Lorsqu'ils venaient régater près de chez nous, les frères Poupon – Philippe et Luc – nous faisaient rêver. Eux possédaient un Vaurien de compète, graphité, jeu de voiles neuf, mât alu et tout le matériel nécessaire. Et, chance suprême : ils disputaient tout le circuit de courses réservé aux Vaurien !

Je ne garde pas longtemps ce vieux Vaurien et sa revente, deux ans plus tard – avec le chariot que nous avions fabriqué pour le hisser sur la plage –, permet de porter notre choix sur un 420.

Une autre dimension de dériveur qui nous autorise rapidement à donner plus de consistance à nos navigations, limitées jusque-là aux beaux jours. Dorénavant, plus rien ne nous retient pour écumer la baie de la Forêt. Reste que nous ne disposons pas davantage de moyens pour améliorer notre 420. Nos ambitions en régate en sont donc réduites. Ce que nous aimons par-dessus tout, c'est appareiller dès que le mauvais temps arrive. On sort devant chez Hubert, sur la plage... à la grande fureur du chef de base de l'école de voile voisine qui ne supporte pas de nous voir en mer dans les plus beaux bastons. Nous baptisons notre dériveur de son insulte favorite à notre égard, éructée lors de ses coups de gueule à répétition : *Hun-Kon-Sciant.*

Hubert et moi sommes indissociables. Michel, son petit frère, ne nous intéresse absolument pas : lorsque nous naviguions en Vaurien, il venait tout juste d'enlever ses couches. Seule l'école, en fait, peut séparer l'équipage de l'*Hun-Kon-Sciant*. Hubert va à Quimper et j'enchaîne les établissements au gré des affectations de mon père en Bretagne, de Châteauneuf-du-Faou à Quimperlé en passant par Quimper. Mais rien ne m'arrête pour naviguer : lorsque j'habitais Quimperlé, je chevauchais, par toute saison, ma mobylette – une Motobécane couleur « chaudron » – pour venir jusqu'à La Forêt-Fouesnant. Soixante-dix kilomètres aller-retour dans la journée, parfois.

Parallèlement au 420, mon père a besoin de nous pour naviguer sur son Armagnac. Les entraînements sont rythmés par quinzaine : un week-end à La Trinité-sur-Mer – port d'attache de *Mervent* –, le suivant à Concarneau sur d'autres bateaux (de types Super Arlequin, Surprise, First Class 8...) qui ont, eux aussi, besoin d'équipiers et ainsi de suite...

C'est ainsi, à force de naviguer, libres, sans entraves et sans personne non plus pour nous enseigner réellement la mer et la régate, qu'Hubert et moi avons tout appris.

Après le Vendée Globe 2008, Henri Desjoyeaux, père de Michel et d'Hubert (entre autres), émit une théorie que je tiens en haute estime. La vraie question qu'a posée le tour du monde en solitaire fut la suivante : pourquoi, à un moment donné, y avait-il Michel, Roland Jourdain, Vincent Riou et moi en tête, uniquement des garçons de la région ? Pourquoi, sur trente navigateurs au départ étions-nous ainsi devant ? Avec son recul, Henri Desjoyeaux nous déclara peu après l'arrivée : « Moi, je sais pourquoi ! Parce que vous avez appris seuls. Vous avez compris ce que vous avez appris. »

Sa réflexion est aussi simple que pertinente. Ainsi, au centre d'entraînement Finistère Course au large à Port-la-Forêt (lire chapitre 4), les jeunes sont conditionnés à appréhender la navigation dans une direction déterminée. Ils vont atteindre un bon niveau mais ne disposeront pas forcément des outils personnels pour le dépasser. On y donne les clefs sans avoir à les trouver par soi-même. Lorsque tu apprends seul, tu fixes toi-même cette direction. La théorie d'Henri est belle. Elle est sans doute juste.

À bord des deux Armagnac *Mervent* que nous posséderons successivement, rien ne nous arrête. Au printemps, nous écumons toutes les classiques d'Atlantique – Spi d'Or devenu

Spi Ouest-France, Obélix Trophy, Semaine de La Rochelle... – puis l'été nous allons régater en Angleterre pour disputer, en particulier, la prestigieuse Semaine de Cowes. Nous sommes même allés courir la Semaine de Marseille !

Mon père avait dégoté une remorque, destinée en temps normal au transport de chars, pour y emporter deux Armagnac, le nôtre bien sûr, et *Iroise*, notre concurrent direct, qui appartenait à Paul Médard et à bord duquel naviguait le truculent Joël Batteux, l'ancien maire de Saint-Nazaire, toujours flanqué de sa trompette. Des trois voiliers de ce type qui se faisaient toujours la guerre sur l'eau en Atlantique, seul manquait *Ventre-Bleu*, du père Flahaut.

Mais en général, *Iroise* était notre plus important concurrent même si nous lui étions supérieurs dans le gros temps. Nous possédions dans la brise une maîtrise que les autres n'avaient pas, grâce à toutes nos sorties musclées en 420. Nous étions capables de porter le spi plus loin et plus longtemps que tous les autres. On cabanait, le bateau se couchait : on s'en foutait.

Marcel Stagnol, ancien équipier du bord, raconte l'anecdote suivante. Nous étions en régate à bord de *Mervent*, il y avait 35 nœuds de vent et mon père ne voulait pas, dans ces conditions extrêmement ventées, entendre parler du spi. Alors, j'aurais hurlé : « Si on ne le hisse pas, je me jette à l'eau. » Il fut envoyé. Je n'ai pas moi-même le souvenir de cette histoire, mais j'aurais bien été capable de mettre ma menace à exécution...

Nos autres ennemis sont les Flush Poker ainsi que certains half-tonners à l'image des bijoux confectionnés au chantier Pichavant de Loctudy. L'équipage de base de *Mervent* est constitué de mon père, Hubert et moi. Les autres tournent à notre bord, tels Philippe Le Berre, Gaëtan Gouerou, Bertrand Desjoyeaux dit « la pie », autre grand frère de Michel... Il y a une incroyable rotation et il n'est pas rare que je croise encore aujourd'hui des personnes qui me disent avoir navigué à notre bord le temps d'une journée ou d'une régate.

Il faut reconnaître que nous avons beaucoup gagné. Mon père n'hésitait pas et, dans la mesure de ses moyens, faisait en sorte que *Mervent* demeure toujours techniquement au sommet. Victor Tonnerre, chez qui nous achetions au minimum un jeu de voiles par an, s'est souvenu longtemps des tracas que je lui causais lorsque je débarquais dans son atelier. Il n'y avait pas plus précieux qu'une voile neuve. Il fallait alors optimiser et choisir le plus méticuleusement possible.

Nous carénions le bateau tous les quinze jours. Et il ne restait jamais plus à bord que ce que le règlement imposait. Il n'y a, par exemple, jamais eu de fourchettes sur *Mervent*.

Au collège, mon plus gros tracas est simple : l'école du samedi matin. Et parfois, c'était vraiment dommage pour les profs car il m'arrivait de quitter l'établissement dès dix heures. Il y a tout de même certains impératifs à respecter !

En parallèle à *Mervent*, nous embarquons souvent sur *Farrfelu*, premier voilier de type Farr 727 arrivé dans la région, propriété de Patrick Morvan. J'occupe à bord le poste de navigateur, ce qui m'a valu indirectement de faire une des seules croisières de *Mervent*. Je m'étais en effet bien tiré des pièges de la côte lors d'une course dans un brouillard intense et Patrick avait vanté à mon père mes mérites dans l'art de tracer une route dans des conditions difficiles. D'où l'autorisation paternelle de partir en Angleterre, accompagné d'une bande de copains tous âgés de 16 ans, sans sa présence à bord. Le but de notre voyage est d'aller acheter du matériel pour le bateau, nettement moins cher là-bas qu'en France.

Début septembre, deux semaines avant la rentrée des classes, nous appareillons, cap sur le Solent, ce bras de mer entre l'île de Wight et les grands ports de Portsmouth et Southampton. La traversée se déroule sans souci... Pas l'escale de Portsmouth. Mon péché mignon de l'époque est le flipper.

Un soir, je pose sur la vitre de l'un d'eux mon portefeuille garni de l'argent liquide que mon père m'a confié pour acheter le précieux accastillage. Je l'oublie en quittant la salle de jeux et, lorsque je m'en aperçois, il ne se trouve évidemment plus là où je l'avais laissé. Nos emplettes, but de notre voyage, sont alors loin d'être terminées…

Mais il faut bien repartir vers la France. Le temps nous presse car la rentrée approche. Et qu'importe la tempête qui se prépare. On s'en fout. On y va. Force 9. Gros baston. On part au près. C'est tout de même franchement idiot de s'attaquer à la Manche dans ces conditions-là. Alors demi-tour vers la terre pour attendre que la direction du vent devienne favorable. Et pour rentrer à Portsmouth, contre l'avis général de mes camarades, je demande qu'on envoie le spi. Ce serait trop bête de ne pas le faire dans des conditions aussi géniales ! On a la chance d'être au large, il y a du vent. L'occasion à ne pas rater.

On envoie le spi. *Mervent* caracole, surfe de vague en vague. Et le spi explose…

Arrivé à Portsmouth, le constat est affligeant : j'ai perdu l'argent, j'ai détruit un spi et de surcroît nous allons maintenant manquer la rentrée des classes, coincés par le mauvais temps en Angleterre. Je me souviendrai toujours du coup de téléphone donné à mon père pour lui annoncer le résultat de notre croisière…

« On a pété le spi…

— Et le matériel ?

— Ben, j'ai oublié l'argent sur un flipper… Et puis, on sera pas là pour la rentrée… »

Le mauvais temps passe enfin. Le vent bascule au nord-ouest mais reste vraiment puissant. Sur un Armagnac, dans de telles conditions, il faut fermer toutes les portes car la pluie tombant à l'horizontale rentre dans le carré. Donc impossible de nous protéger à l'intérieur. Mais on cavale comme jamais : nous effectuons toute la traversée du retour sous génois tangonné et grand-voile haute par un vent de force 9.

Arrivés à la pointe de la Bretagne, la problématique pour rallier Port-la-Forêt est de savoir s'il faut prendre le chenal du Four – le long de la côte mais très mauvais les jours de tempête – ou effectuer un grand tour par l'extérieur en contournant les îles d'Ouessant et de Sein. Comme nous sommes franchement en retard, je décide de passer par le Four, qu'importent les risques. Cette décision est la bonne car l'endroit est étonnamment plat ce jour-là.

Et puis cela facilite notre plan suivant : celui des contrebandiers. Comme nous avons quand même acheté un peu d'équipements, nous nous montons le bourrichon et nous voilà saisis de la peur que les douaniers nous interceptent à l'arrivée. Forcément : les gabelous anglais auront téléphoné à leurs homologues français... Ils connaissent du coup notre port d'arrivée... Décision est donc prise de faire escale au Guilvinec, de débarquer le peu de matériel que nous avions pu acquérir et de reprendre notre route. Quant à notre rentrée, elle est finalement retardée de deux jours.

À la réflexion, je dois dire que mes parents furent finalement assez tolérants. Mais je ne pense pas non plus, vu mon caractère d'alors, que je leur laissais le choix d'un autre comportement. S'il y avait eu le moindre ultimatum, le plus petit choix à effectuer entre voile et école, je serais parti de la maison. Ils le savaient. Il ne pouvait, dans mon esprit, y avoir d'alternative.

Au-delà de « la croisière des contrebandiers », l'Angleterre et le Solent sont alors parmi nos terrains de jeux favoris. Ainsi, après *Farrfelu*, on nous propose d'embarquer sur *Farrseur*, un half-tonner dessiné selon des plans de Bruce Farr. Face à lui, son grand adversaire, est *Bigouden-Express*, un bateau dessiné par Ron Holland, très rapide dans le petit temps. Tous deux avaient été construits au chantier Pichavant.

Nous nous affrontons lors de la traditionnelle Semaine de Cowes. Une des particularités des régates qui s'y disputent est que, lorsque la flotte passe devant le vénérable bâtiment du Royal Yacht Squadron au terme du parcours, le comité de course installé dans le yacht club signale s'il faut effectuer une boucle supplémentaire ou se rendre directement sur la lignée d'arrivée.

En rejoignant le yacht club nous occupons la tête. Mais pas suffisamment car le handicap – coefficient de chaque bateau qui permet de calculer les classements des régates lorsque les voiliers sont de types différents – de *Bigouden-Express* est nettement favorable.

Selon les instructions de course, un autre tour est au programme mais, le vent tombant peu à peu, nous pensons que la régate va être prématurément arrêtée. Soudain, nous distinguons sur le yacht club le pavillon indiquant effectivement la fin de la régate à la marque suivante. Ce qui signifie la fin totale de nos espoirs de victoire car l'écart nous séparant de *Bigouden-Express* n'est pas suffisant : même si nous terminons premiers en temps réel, il sera déclaré vainqueur en temps compensé grâce à son meilleur handicap. Et c'est bien ce classement-là qui compte dans les esprits de tous les régatiers.

Du coup, je décide immédiatement de faire semblant de continuer ! J'explique mon plan au reste de l'équipage : « Si, sur *Bigouden*, ils nous voient partir pour un autre tour, ils le feront aussi et ne regarderont pas le pavillon sur le yacht club. On va leur tendre un piège ! »

Nous amorçons donc sous spi ce nouveau tour... Et ils nous suivent. Alors nous affalons brutalement le spi, puis je monte illico en tête de mât de manière à simuler la casse d'une drisse, avarie irréparable en mer. Lorsque *Bigouden* passe à portée, nous faisons tous de grands gestes de déception. Nous voilà obligés d'abandonner sur avarie !

Et puis tranquillement, nous rentrons au port sous grand-voile seule... sans oublier d'aller couper la ligne d'arrivée alors que nos adversaires, tout heureux de notre supposée avarie, continuent la pseudo-régate.

Le vent tombe complètement et, finalement, c'est à 22 heures, de retour à quai où nous étions depuis des heures, qu'ils se rendent compte de la supercherie et de leur défaite. Je pense qu'ils s'en souviennent encore...

Peu à peu, Hubert et moi sommes devenus des mercenaires. En embarquant sur les half-tonners tel que *Farrseur*, nous passons néanmoins à des catégories de bateaux, d'émotions et de niveaux nettement supérieurs.

Désormais, nous courons sur tous les bateaux que nous pouvons trouver tant qu'ils sont bien menés et surtout qu'ils peuvent gagner. Seule la machine m'intéresse, le nom de son skipper me laissant de marbre. Mais nous naviguons finalement très souvent avec de très bons marins, tels Patrick Morvan en Atlantique ou Patrick Eliès, le père de Yann, en Manche. Tous les coups sont bons.

Ma scolarité rencontre, elle, plus d'écueils que les bateaux sur lesquels j'embarque. Je n'ai jamais décroché mon bac malgré trois tentatives – deux en C, une en D –, la dernière s'effectuant en candidat libre. Mais je le tente une dernière fois uniquement pour faire plaisir à mes parents, leur permettre d'entretenir de vrais faux espoirs. Ils se sont lassés.

À 18 ans, l'école n'est plus qu'un souvenir et je prends délibérément le parti d'être marin « professionnel ». Ce qui tombe bien : l'école ne voulait pas plus de moi que je ne voulais d'elle.

Puis *Mervent* a appareillé dans nos souvenirs.

J'ai 19 ans lorsque mon père décède. Je prépare alors l'Armagnac en vue des régates d'entraînements de La Trinité-sur-Mer du week-end suivant.

Nous y participons, sans lui.

Il aurait voulu que nous le fassions.

Du moins je le pense.

Je l'espère.

À Port-la-Forêt, *Mervent*, impeccable, tire toujours sur ses aussières d'envie de prendre la mer.

2

Les années Atlantique

« Je n'ai rien à perdre mais tout à gagner.
Et c'est mieux que lorsque
tu as tout à perdre ! »

Au début des années 1980, je n'ai absolument aucun plan de carrière. Je navigue comme je vis : au jour le jour.

Ma première grande navigation hauturière débute en 1980 sous la forme d'une « croisière organisée », masquée sous une participation à la course La Baule-Dakar. Denis Gliksman, que je connaissais par le biais de son père, Alain, skipper entre autres du prao *Tahiti Douche*, me demande de rejoindre son équipage. J'y vais, même si le bateau est juste un bon gros Swan bien lourd. Je sais qu'il n'y a aucun espoir de réaliser le moindre classement correct en naviguant sur un veau tel que celui-ci. Je suis seulement attiré par l'aventure que représente cette longue navigation à bord de ce voilier rebaptisé alors *Radio France Internationale*.

Reste que l'aventure, justement, manque de très mal commencer. Notre cuistot, Daniel Dorléans, est végétalien. Et il a donc réalisé l'avitaillement en fonction de ses choix personnels. Nous allions nous retrouver avec des graines pour seuls repas. Branle-bas de combat lorsque l'on constate in extremis l'étendue du désastre qui se profile. Nous nous ruons dans les magasins pour éviter que cette navigation, qui s'annonce longue, nous semble interminable...

Elle l'est pourtant d'entrée à bord de ce bateau. Nous nous traînons à la onzième place après une vingtaine de jours de course. Mais jamais jusque-là je n'avais passé autant de temps en mer, soit à peu près trois semaines en tout.

Une fois à Dakar, néanmoins, nous retrouvons les autres concurrents dont Florence Arthaud à ses débuts qui me demande, ainsi qu'à trois autres équipiers, de convoyer son monocoque, *Miss Dubonnet* (arrivé treizième de la course), vers les Antilles. Nous tombons rapidement d'accord malgré le peu d'argent dont nous disposons. Pour acheter de la nourriture en vue de la traversée, nous sommes contraints de nous rendre sur l'île de Gorée pour vendre une partie du matériel du bord… dont le radeau de survie !

Car évidemment, Florence n'a pas un sou à nous donner ; évidemment, les voiles sont pourries ; évidemment le bateau ne vaut guère mieux et évidemment, en plein milieu de l'Atlantique, après avoir explosé une demi-douzaine de spis, nous manquons de couler !

Tout l'aluminium autour du safran étant complètement corrodé, une énorme voie d'eau se fait jour et nous parvenons tant bien que mal à la maîtriser avant de terminer à un train de sénateur cette traversée, ma première de l'Atlantique. À partir de cette course, je vais arpenter cet océan avec régularité. Avec, notamment, un tour du monde sous le commandement d'Éric Tabarly (lire chapitre 3).

À l'époque, je connaissais déjà bien Patrick Morvan pour avoir navigué très régulièrement sur ses monocoques tels que *Farrfelu*. Et le jour où il dispose des moyens pour lancer la construction de *Jet Services II*, un catamaran de course au large, long de 60 pieds (18,28 m), dessiné par Gilles Ollier, il fait appel à nous, soit Hubert Desjoyeaux, Gaëtan Gouerou et moi-même. Nous possédons déjà un bagage certain concernant la préparation et la construction des bateaux de course.

Dans le chantier d'Henri Desjoyeaux, nous avions appris à réparer les bateaux, à manier le bois. Rien n'était nouveau puisque nous avions déjà refait totalement mon Vaurien, que j'avais suivi de près la construction de *Mervent* et que j'avais travaillé un temps au chantier Pichavant à construire les barreaux en lamellé-collé des half-tonners. Manuellement, rien ne me fait peur : je démontais tout ce qui ne fonctionnait pas. J'avais, par exemple, acheté deux vieilles 2 CV et, pour aller au Salon nautique de Paris – la grand-messe annuelle du nautisme à ne manquer sous aucun prétexte –, nous avions une année mis le moteur de l'une dans le coffre de l'autre au cas où il aurait fallu en changer en route.

Pour réaliser *Jet Services II*, nous rejoignons le chantier de Gilles Ollier, alors basé à Carquefou et qui, pour l'époque, est technologiquement très en avance. Il a peu à peu tourné le dos aux constructions en bois pour lancer les premiers bateaux en matériaux composites avec résine vinylester sur moule mâle, coques reliées par des bras collés et boulonnés, etc. Une révolution technologique.

Pour ma part, la construction de *Jet Services II* représente aussi un embarquement avec Patrick Morvan malgré la concurrence qui s'était installée avec Serge Madec. Comparé à moi, Serge parle et présente bien. Il sera d'ailleurs quelques années plus tard le skipper attitré de ce sponsor, mais je possède, à 23 ans, un bagage technique qu'il ne maîtrise pas encore. D'où la décision de Patrick de m'embarquer.

Neuf mois durant, nous construisons ce bateau, avec seulement, pour ce qui me concerne, quelques navigations au hasard des embarquements. Me voilà second de Patrick Morvan en partance sur l'une des courses majeures de l'époque : Lorient-Les Bermudes-Lorient, deuxième du nom, en 1983. Me retrouver en tête peu après le départ en virant la première bouée, dite « de dégagement », après avoir réalisé ce bateau en partie de mes mains, constitue un plaisir immense mais de courte durée. Car il faut ici préciser que nous n'avions guère eu le temps de le mettre au point entre sa mise à l'eau et le départ de la transat. Nous en payons les pots cassés, deux jours après le départ. Lors d'une ronde d'inspection je m'aperçois que l'étai n'est plus tenu que par un axe gros comme un doigt qui, de surcroît, se dévisse ! Bien que naviguant en tête, une escale technique à La Corogne devient inévitable. Nous en repartons le couteau entre les dents. Au beau milieu de l'Atlantique nous doublons même le *Jaz* de Bruno Peyron et nous rejoignons les Bermudes en quatrième position derrière *William Saurin* (mené par Eugène Riguidel et Jean-François Le Ménec), *Brittany Ferries* (de Daniel Gilard et Halvard Mabire) et *Charente-Maritime* (de Jean-François Fountaine et Pierre Follenfant).

Sur le retour, nous allumons comme des fous, naviguant en permanence sur une seule coque, ce qui à l'époque ne se fait pas encore. Et nous nous offrons de belles frayeurs. Un jour, je branche ainsi le pilote automatique et je me rends en vitesse dans la coque sous le vent. Soudain le bateau accélère – les pilotes ne sont pas vraiment pointus au début des années 1980 – et *Jet Services II* se lève quasiment sur la tranche. J'ai tout juste le temps de me ruer dehors et de reprendre la barre pour éviter le chavirage.

Nous avalons littéralement l'Atlantique sur un seul « patin » malgré une cascade d'avaries, à commencer par un nombre incroyable de drisses cassées. Peu avant l'arrivée, nous n'en avons plus une seule en état. Il ne nous reste également plus qu'un seul safran, l'un des deux s'étant cassé dans un choc contre une baleine. Cette pale disloquée s'étant bloquée dans la coque, j'avais bouché la voie d'eau ainsi créée en y enfonçant une combinaison de survie dans le but d'étanchéifier tant bien que mal la zone touchée.

Malgré tous nos soucis techniques, nous rejoignons la France en troisième position à la bagarre avec *Brittany Ferries*. Une quinzaine d'heures avant l'arrivée, je monte dans le mât pour assurer le spi. Comme nous n'avons plus une seule drisse disponible, je l'attache solidement en tête de mât et préviens Patrick en redescendant : il est devenu impossible de l'affaler. Il faudra faire avec, ce qui ne semble alors pas poser de problème, la météo étant avec nous. Pour le descendre ? Eh bien ! nous improviserons une fois la ligne franchie.

Seul petit détail : nous ne sommes pas d'accord sur l'endroit où se situe exactement la ligne, justement, devant Lorient. Selon moi, elle est délimitée par deux bouées de chenal, une rouge et une verte. Selon Patrick, elle se trouve à l'extérieur dudit chenal et il insiste pour que nous laissions la marque verte à bâbord. Il n'en démord pas. Je regarde les instructions de course à la table à cartes : c'est très clair, la bouée verte doit être laissée sur tribord. Je ressors et j'en informe Patrick. Il n'est toujours pas d'accord. Je descends de nouveau, vérifie encore. J'ai raison !

De retour sur le pont je ne prends plus de pincettes :

« Patrick, la bouée, il faut la laisser à tribord. Et tu sais ce qui se passe en haut du mât ? On ne peut plus affaler le spi ! Si on se goure, on ne pourra pas faire demi-tour.

— C'est moi, le chef à bord, répond-il d'un ton péremptoire. C'est comme ça.

— Mais viens voir les instructions de course, ne sois pas con !

— Non, c'est comme ça d'habitude. Et c'est comme ça ! »

Je prends ma respiration et lui dis le plus calmement possible :

« D'accord Patrick. Mais tu connais la situation du spi. Si tu as tort, je te pète la gueule ! Ça suffit comme ça. Si on n'est même pas capable de discuter ! T'es prévenu. Je ne te raterai pas. »

J'étais vraiment sûr de moi. Mais devant son obstination, je suis obligé d'imaginer le moyen de revenir au près sur la ligne avec le spi en l'air, soit exactement ce pour quoi un spinnaker n'est pas prévu.

Nous rejoignons l'arrivée. Nous coupons ce qui doit être la ligne... et surgit un canot pneumatique de la direction de course pour nous informer : « Les gars, vous avez passé la ligne du mauvais côté ! »

Je hurle, je monte dans le mât et de là-haut je crie à Patrick toutes les manœuvres à suivre. Ma colère est terrible. Nous parvenons à étouffer le spi tant bien que mal, nous faisons demi-tour et arrivons à repasser cette fichue ligne correctement cette fois alors que *Brittany Ferries* arrive. Finalement, nous décrochons la troisième place avec seize minutes d'avance seulement sur Gilard et Mabire.

Je ne suis jamais redescendu du mât ! Je hurle encore : « Tu me laisses là-haut. T'as intérêt : si je descends, je te casse la gueule ! » Je suis resté accroché en l'air, tout le temps de la rentrée au port. Une fois à quai, j'ai attendu que Patrick débarque et prenne le chemin de son hôtel pour dévaler de mon perchoir. Nous n'avons pas échangé un mot. Entre nous, le froid est alors sibérien.

Et pourtant... quelques mois plus tard, je me retrouve de nouveau à son bord pour disputer La Baule-Dakar, en équipage cette fois. Une course décevante où le bateau manque de vitesse, à cause de voiles mal adaptées. À l'arrivée, l'armateur, Roger Caillc, est fort mécontent de notre troisième place à l'issue d'une course remportée largement, comme Lorient-Les Bermudes-Lorient, par *Charente-Maritime* devant *William Saurin*.

Une fois à Dakar, décision est prise de convoyer le bateau en Amérique pour tenter le record de l'Atlantique. Mais, avant de rallier New York, port de départ de cette tentative, nous marquons, sans Patrick, une longue escale aux Antilles.

Il était prévu que l'équipage en stand-by, dont moi, devait être payé au Smic. Promesse non tenue : nous ne recevrons jamais le moindre argent. Rapidement, nous n'avons plus rien à manger et surtout rien pour acheter de la nourriture. Alors, afin de renflouer la caisse du bord, nous organisons des sorties avec le bateau dans la baie de Fort-de-France en proposant aux touristes de faire une navigation sur un bateau de course. « Sensations garanties », avions-nous écrit sur les affiches placardées en ville !

Mais nous en avons vite assez et nous décidons d'aller nous promener aux îles Grenadines avec *Jet Services II*, qui n'a pas vraiment les qualités d'un bateau de croisière !

Au bout de trois semaines passées aux Caraïbes, je me fâche de nouveau avec Patrick. Non seulement il ne prend pas notre défense sur les salaires non versés mais il désire en plus que nous convoyions quand même le bateau vers New York. Sans un rond ou presque. Pas question, trop c'est trop, je prends le premier avion et rentre en France où Gilles Ollier me propose aussitôt de participer à la construction du catamaran de Philippe Jeantot, *Crédit Agricole*, dans son chantier.

Je n'en ai pas pour autant terminé avec *Jet Services II*. Roger Caille, le dynamique et bouillant patron de la société de transport, armateur du catamaran, parvient à me convaincre de revenir à bord pour intégrer l'équipage qui doit tenter de battre le record de la traversée de l'Atlantique au départ de New York. J'arrive à l'aéroport Charles-de-Gaulle, à Paris, et me retrouve subitement côte à côte avec Morvan dans la file d'attente à l'enregistrement !

« Qu'est-ce que tu fais là ? me demande-t-il.

— La même chose que toi et je vais au même endroit que toi ! »

Patrick n'a pas été prévenu de ma venue. Du coup, le pauvre Paul Vatine, qu'il a choisi comme équipier, ne participe pas à cette tentative puisque l'armateur insiste pour que j'embarque en plus de Marc Guillemot et Serge Madec.

Dès le départ, nous allumons comme des fous. Sans rien compter, sans rien retenir. Un matin, je vais à l'avant du bateau et je m'aperçois qu'il n'y a plus de carénage de protection des bras de liaison. J'éclate littéralement de rire. Comme j'avais construit ce bateau, je me rends compte que cette avarie n'est pas structurelle mais je mesure d'un coup combien nous attaquons.

Nous effectuons un vrai carton au cours de cette traversée, explosant littéralement le record qui appartenait alors au catamaran *Elf Aquitaine* de Marc Pajot : près de vingt-quatre heures de mieux sur huit jours de mer. *Elf* faisait référence à l'époque. Mais, construit en aluminium, il tenait tout de même plus de la poêle à frire que du coursier comparé à *Jet*.

Au sud de l'Angleterre, nous franchissons victorieux la ligne d'arrivée. Le sponsor nous demande de prendre notre temps pour rejoindre Concarneau et d'y arriver le lendemain uniquement, le temps de monter ses opérations médiatiques. Du coup, nous rejoignons l'archipel des Glénan, au large de La Forêt-Fouesnant et de Concarneau.

Nous jetons l'ancre dans une baie et nous nous rendons à terre en toute discrétion : il ne faut pas que la presse l'apprenne... même si des photographes, finalement arrivés sur l'île, prennent des clichés de notre débarquement. Ce qui ne nous empêche pas de faire une fête de tous les diables.

Nous prenons une cuite magistrale, augmentée par la joie, la fatigue, la décompression et le fait de ne plus avoir touché une goutte d'alcool depuis un moment. Nous repartons tant bien que mal le lendemain matin. Soudainement, en mer, Patrick Poivre d'Arvor nous appelle par radio afin de joindre Morvan pour son journal télévisé. Mais le skipper dort comme un sonneur dans le bateau. Impossible de le réveiller malgré toute mon insistance et il lâche dans un demi-sommeil : « Il me fait chier, ce PPDA. Je l'emmerde. »

Personnellement, je n'en ai pas grand-chose à faire non plus et je laisse tomber la mission impossible qui est de tirer le skipper de son sommeil. Furieux, Madec l'engueule comme du poisson pourri pour lui faire remarquer l'importance que revêt cette interview. Patrick n'en démordra pas et il ne prendra jamais PPDA à la radio.

Nous arrivons à Concarneau dans une ambiance phénoménale. Je ne revivrai une telle arrivée qu'au Vendée Globe, vingt ans après. L'ambiance et le nombre de spectateurs sont incroyables. Patrick Morvan est même porté en triomphe par Éric Tabarly et Marc Pajot, les deux précédents détenteurs du record !

Le temps de bien profiter des festivités et nous décidons de convoyer le bateau à Port-la-Forêt, où nous entrons sous voile dans le port avant de le mettre à quai ! Le genre de manœuvres qui n'est pas à recommander avec un catamaran aussi imposant, mais nous le connaissions tout de même un petit peu... Pour la petite histoire, il se trouve alors à bord un adolescent nommé Michel Desjoyeaux, ébahi.

Décision est prise de mettre *Jet Services II* en chantier après cet immense voyage en Atlantique. Et en quelques minutes, nous mesurons l'incroyable chance que nous avons eue : les câbles qui relient les safrans à la barre ont attaqué les pièces auxquelles ils sont rattachés. Puis, lorsque nous commençons à démonter le mât, nous nous apercevons que l'axe qui permet à l'espar de tenir en l'air est totalement cisaillé. Il n'est demeuré dans son logement que par habitude, peut-être...

Dans ces conditions, jamais ce magnifique bateau n'aurait dû nous permettre ces navigations insensées. Hélas, il restera au milieu de l'océan au mois de juin suivant. Au cours de la Transat anglaise en solitaire, Patrick Morvan percutera un OFNI et abandonnera son catamaran en train de couler.

À peine débarqué du record, je rejoins le projet de catamaran *Crédit Agricole III*, destiné à Philippe Jeantot et à l'élaboration duquel j'avais déjà participé périodiquement, courant 1983. J'avais construit à Vannes, dans un atelier minuscule, les bras de liaison entre les coques. Et le bateau avait été assemblé – pendant la construction de *Charles-Heidsieck*, pseudo foiler totalement raté, mais qui illustrait bien la démesure de cette époque ! – au chantier de Gilles Ollier qui en était aussi l'architecte. Là encore, le seul intérêt de ce bateau est son caractère particulièrement innovant. Mais que Jeantot, une vraie vedette à l'époque, en soit le skipper ou non, ne me fait ni chaud ni froid.

Dès les premières navigations à son bord, *Crédit Agricole III* révèle un tempérament de feu. Nous ratons ainsi d'un rien le record de distance sur 24 heures qui était alors de 512 milles (détenu par le *Formule Tag* de Mike Birch) et nous en couvrons 507.

Les grands débuts en course de cette machine ne sont pas faciles. Lors de la Transat anglaise de 1984 entre Plymouth et Newport, Jeantot chavire. Yvon Fauconnier, qui se déroute pour lui prêter assistance, sera ensuite déclaré vainqueur sur tapis vert alors que Philippe Poupon arrivera le premier aux États-Unis.

Reste néanmoins à sauver le bateau. Une énorme opération de sauvetage est montée. Elle commence par l'affrètement d'un jet privé qui vient me prendre directement à l'aéroport de Quimper. Une fois à bord : direction Marseille pour embarquer des plongeurs sous-marins de la Comex, société où Jeantot exerçait cette profession avant d'être coureur au large. Nous filons aux Açores sur la base américaine de Terceira où nous sommes immédiatement embarqués à bord d'un hélicoptère. Juste avant ce nouveau décollage, un journaliste venu spécialement de France me confie un magnétophone pour effectuer un reportage : la presse n'est pas autorisée à se rendre sur la zone du naufrage.

Là-bas, nous sommes hélitreuillés à bord d'un bâtiment océanographique et de recherche de la Marine nationale, dérouté spécialement et où se trouve déjà Philippe Jeantot qui avait été auparavant recueilli par un cargo. Cette imposante unité devient le camp de base du sauvetage.

Tout d'abord, il nous faut remettre d'aplomb le bateau chaviré. Les plongeurs optent pour un système de ballons gonflables placés sous le bateau et accrochés au mât miraculeusement resté intact. Malgré toutes les tentatives, cela ne fonctionne pas. Désabusés et refroidis par la dangerosité de l'opération, les plongeurs refusent de continuer.

Décision est prise de faire couler une des deux coques. Puis de tirer une élingue entre *Crédit Agricole III* et le bâtiment de la Marine qui, en avançant très doucement, doit ainsi faire basculer le cata. Une manœuvre extraordinaire : redresser un engin de 20 mètres comme on le fait finalement d'un catamaran de sport. Et ça fonctionne.

Mais une fois revenu à l'endroit, nous nous retrouvons avec un bateau dont le mât est orné de ballons remplis d'eau qui, devenus du coup de lourdes masses, risquent de casser l'espar ! Il faut vite les détruire. Jeantot vient vers moi et me demande de grimper au mât pour les décrocher.

Du tac au tac : « Vas-y toi-même ! J'y vais pas. Si tu veux que quelqu'un aille risquer sa peau, t'y vas : t'es le patron ! »

Il n'est jamais monté.

Mais j'ajoute : « Y a des pétards sur un bateau de guerre ? Tirons dessus. »

Cette fois-là, je me suis aperçu combien cela pouvait être difficile d'ouvrir une armurerie sur un bâtiment militaire pour sortir un flingue. La procédure se révèle un peu longue et compliquée. Mais finalement nous trouvons un officier qui accepte de la raccourcir légèrement, voire de la violer, car de minute en minute nous constatons que le mât du cata est en train de se rompre sous les coups de boutoir des ballons. Ils sont crevés en quelques coups de feu même si, à chaque tir, la balle est numérotée pour la traçabilité.

Cela fait, il faut vider la coque que nous avions inondée. Ce n'est pas le plus aisé, l'eau rentrant perpétuellement par les capots, situés sur le pont et alors grand ouverts. Nous plaçons des bouteilles de plongée à l'intérieur pour chasser l'eau, ce qui permet d'amener la coque à fleur d'eau puis d'y installer ensuite des motopompes.

Un travail de longue haleine indispensable avant de prendre en remorque *Crédit Agricole III* jusqu'aux Açores où Hubert Desjoyeaux vient me relayer pendant que je rentre en France. Au total, nous aurons passé une semaine en mer à le sauver.

Dans la presse, qui tente de relater en détail cette incroyable opération, les contrevérités sont nombreuses, certains se donnant à tort le beau rôle. C'est le grand n'importe quoi. Les informations ne sont pas vérifiées, personne n'a été interrogé.

De ce jour-là, j'avoue, me vient le peu de confiance que j'ai dans les médias, d'où mes relations longtemps difficiles avec les journalistes. Entre la réalité et ce qui en ressort, je constate les limites de l'exercice : cette fois-là, tout est faux. Raconter des contrevérités au grand public constitue un crime de lèse-majesté. Je deviens méfiant. Mais, entre les boniments et les photos volées par un reporter à l'arrivée de la Transat en double sur *Jet Services II*, la coupe est pleine.

À l'issue de mon chavirage lors du Vendée Globe 2009, je me suis encore retrouvé au centre d'un article totalement mensonger, écrit avec des informations non vérifiées et où chacun tentait de se protéger en attaquant les autres après mon avarie de quille. Écœurant.

Finalement, *Crédit Agricole III* est remis en état, sans moi, mais Jeantot m'appelle pour disputer Québec-Saint-Malo à son bord. Je rejoins le Canada et je tombe en pleine mutinerie ! Le skipper veut se séparer d'un gars pour lequel l'équipage prend fait et cause. Et tous de débarquer comme un seul homme. Plus d'équipe : la course est finie avant même de débuter. L'ambiance est quelque peu tendue face à un patron de caractère mais qui finit par céder.

Dès le départ, nous prenons le mauvais wagon lors de la remontée du Saint-Laurent vers l'océan avant de nous retrouver face à deux options stratégiques très tranchées. Jeantot est le seul partisan d'une des routes alors que le reste des hommes trouve que la seconde possibilité est nettement supérieure. Les discussions sont acharnées et le skipper ne veut rien entendre. Sa cabine, avec la table à cartes, est installée dans une nacelle située entre les deux coques. Il nous en refuse l'accès. Devant son entêtement, il nous reste une seule solution : glisser du somnifère dans son café afin que, en cachette, pendant son sommeil, nous puissions aller voir les informations météo. Cela ne marche pas aussi longtemps que nous l'espérons mais nous réussissons néanmoins à constater que nous allons droit dans le mur. La sanction sportive est immédiate : nous prenons une tôle monumentale et rejoignons Saint-Malo à la septième place dans une ambiance délétère.

Du coup, peu de temps avant la ligne d'arrivée, alors que la Manche est calme, j'organise à bord une sorte de « pot d'adieu » avec un saucisson, du fromage et une bouteille de vin, de manière à recoller un peu les morceaux avant l'arrivée. Mais, alors que je prépare les verres, Jeantot me hurle dessus que l'heure n'est pas à la fête. Il fait exactement ce qu'il ne faut pas. Je lui lance mon verre à la figure, je pars en crise de larmes et m'enferme dans la coque. Désastre total alors que je veux seulement bien faire. Pourtant : à peine amarré à quai, alors que je prépare mon sac pour débarquer, il vient me voir et me dit :

« Bon, on se revoit pour la Course de l'Europe ?

— Attends, tu rêves. T'as un beau bateau, un bon sponsor. J'ai plus rien à faire avec toi. »

Une fois à terre, je téléphone immédiatement à Frédéric Leclère et je lui explique qu'une place vient de se libérer sur *Crédit*

Agricole III. Je ne me suis plus jamais occupé de ce bateau-là.

Néanmoins entre une mutinerie et une tentative de droguer le patron, j'ai eu un peu l'impression d'être revenu aux plus belles aventures de la marine à voile !

Fort heureusement, je retrouve vite un embarquement nettement plus agréable avec Philippe Poupon. Quasiment voisins de Bretagne, nous nous fréquentons depuis tellement longtemps que naviguer sous ses ordres est un vrai bonheur. J'avais aussi auparavant collaboré à la préparation de ses bateaux de l'époque tels que le trimaran *Fleury Michon VI* avec lequel il disputa la Route du Rhum 1982.

Il cassera d'ailleurs le bas de son safran en sortant de la Manche, sans doute après avoir percuté un objet flottant. Malgré cela, le bateau et « Philou » sont arrivés de l'autre côté de l'Atlantique en neuvième position.

En vue de la Route de la Découverte 1984, je suis placé dans le quart de Luc – « Lucky » – Poupon, son frère, à bord du catamaran géant *Fleury Michon VII*. Chaque bordée de six marins était logée dans une coque : d'un côté les « intellos » avec le skipper, de l'autre les besogneux, nous.

La veille au soir du départ, nous prenons néanmoins une grosse secousse dans un bar espagnol de Benalmádena. Nous nous étions rendus dans un bistrot avec Yann Le Nabour, un seigneur de la fête. Mais Yann démonte littéralement le bar pour me protéger dans une bagarre avinée. Les coups pleuvent. Lors d'une chute, je me retrouve avec un énorme coquard et il insiste pour m'emmener à l'hôpital. Hors de question puisque le départ est le lendemain matin et que, dans mon état, les médecins vont vouloir me retenir. Du coup, pour que Philou ne découvre pas mon visage, je me couvre d'un bonnet bien enfoncé. Et bien qu'il assure aujourd'hui avoir remarqué mon état dès le départ, je reste persuadé qu'il n'a rien vu au début.

À bord, cela démarre très fort. Un des équipiers, qui n'aime rien tant que bronzer, reste en plein soleil toute la première journée et nous le retrouvons le soir victime d'une magistrale insolation, hagard, les yeux révulsés. Yann, qui a quelques notions de secourisme parvient à le sauver.

L'ambiance est excellente même si de temps à autre les discussions peuvent être animées. Je me bats ainsi pour que l'on appuie bien le bateau : Philou m'agace à toujours vouloir moins de toile que ce que l'on pouvait envoyer. Lui, pédale douce, moi, pédale dure. Mais sans souci, ni tension humaine excessive. Le reste de la traversée se déroule sans incident. Alors que nous nous rapprochons de l'arrivée, nous nous retrouvons quasiment bord à bord avec

Charente-Maritime. Grâce au radar, nous parvenons à le contrôler pour le laisser dans notre sillage, mais au prix d'incessantes manœuvres compliquées par de gros soucis de gréement, le mât menaçant de tomber à chaque instant. Nous gagnons finalement avec 25 minutes d'avance seulement.

Ce succès constitue ma première victoire au large en tant que professionnel et met un terme à deux ans de folie hauturière. Dans le même temps, nous projetons avec Hubert Desjoyeaux et Gaëtan Gouerou, les compagnons de toujours, la création d'un chantier naval à Port-la-Forêt !

3

Éric Tabarly

« Des conneries, t'en as assez fait !
Ça suffit. Et tu te tais ! »

Très franchement, en 1981, le service militaire n'est pas ma préoccupation première. Mais puisqu'il faut y passer, je décide de l'effectuer en tant que soutien de famille, mon père étant décédé. En arrivant à Rennes, convoqué aux « trois jours », je m'aperçois que je ne corresponds pas du tout au profil d'un soutien de famille.

Tous ceux qui y postulent le sont pour de bonnes, d'excellentes raisons, même. Je me souviens en particulier d'un garçon qui venait de reprendre la ferme de son père disparu récemment, sa mère étant dans l'incapacité de l'assumer. Un drame bien différent de mon cas. J'avais discuté avec un autre qui le méritait cent fois... avant qu'il sorte en larmes de la petite salle où nous passions devant les officiers, sa demande ayant été rejetée. Il était hors de question que je prenne la place d'un type plus méritant. Du coup, lorsque vient mon tour de défendre mon dossier, je le fais sans aucune conviction déclarant même aux gradés qui me reçoivent que, finalement, je ne suis pas digne du passe-droit qui consisterait à m'exempter de cette manière.

Je me retrouve parmi les conscrits normaux. L'idée me vient d'aller voir l'assureur de mon père, Yannick Le Maguer, qui est aussi celui d'Éric Tabarly : j'espère me faire pistonner pour que mon passage sous les drapeaux se déroule, comme celui d'autres marins avant moi, en « servant » sur *Pen Duick VI*. À son bord, Tabarly doit disputer un nouveau tour du monde en équipage dans le cadre de la célèbre Whitbread.

Le Maguer me conseille de prendre ma 2 CV et de me rendre à Gouesnac'h pour demander directement au skipper ! Pas simple. Je ne connais pas Éric Tabarly, même s'il habite non loin de La Forêt-Fouesnant. Mes camarades de Port-la-Forêt et moi ne sommes pas du sérail. Son monde nous semble même totalement inabordable ; une autre planète, très mystérieuse.

Armé de tout mon courage, je me rends chez les Tabarly. J'emprunte le petit chemin qui descend à la longère dominant l'Odet. Je frappe à la porte et le double vainqueur de la Transat anglaise se dresse face à moi, dans la cuisine, qui est aussi la pièce centrale de la maison. Avec le temps, j'apprendrai que c'est généralement ici que les choses importantes se déroulent chez les Tabarly.

Je rentre. Je me présente avant d'expliquer que je cherche un embarquement. Éric avait entendu parler de moi par son assureur ainsi que par Victor Tonnerre, son maître-voilier qui était aussi celui de mon père, mais sans le moindre détail précis. Il réfléchit deux minutes, dans le plus grand calme, et lâche simplement : « D'accord, je te prends. Mais le bateau (*Pen Duick VI*) est là, mouillé en bas sur la rivière. Viens me donner un coup de main pour y mettre les voiles ! »

Nous partons à la cale. Nous chargeons le doris, nous embarquons. Je fais bien attention de ne pas faire la gaffe ultime avec Éric : ne jamais dire « ramer » mais « nager » !

Mais ce que je n'ai pas osé lui dire d'emblée me taraude : c'est bien dans le cadre de mon service militaire que je cherche cet embarquement... Je n'y arrive pas ! Les mots ne sortent pas dans le silence tout juste troublé par les avirons plongeant dans l'eau. Nous nageons paisiblement sur l'Odet vers *Pen Duick VI*, lui derrière, moi devant. Alors que nous avons effectué la moitié du trajet, je me lance, enfin : « Éric... c'est pour être militaire ! »

Pas un mot. Il ne dit rien et continue à travailler de l'aviron. Pour moi, c'est terminé. Je ne vois pas son visage, juste son dos. Je sais qu'il a droit alors à un quota limité d'appelés à bord de son voilier et que je n'ai guère de chances de l'intégrer. Puis, après une éternité, il lâche simplement : « Si, ça devrait le faire ! » Je manque de lâcher les avirons tellement je suis heureux ! Nous embarquons les voiles sur le bateau et je rentre chez moi, au volant de ma 2 CV, plus que soulagé.

Mais je n'ai pas embarqué sur *Pen Duick VI* du jour au lendemain. Le bateau doit au préalable subir une grande préparation à Vix, au chantier Pouvreau, effectué par les équipiers normaux du bord mais aussi par ceux que nous appelions les « militaires », c'est-à-dire les gars qui effectuent leur service en embarquant : Alain Collet, dit « La Grande », Yvon Daniel, Yves Le Cornec que l'on surnommait alors « Titiphe », etc. Hubert Desjoyeaux devait aussi disputer le tour du monde avec nous. Mais il a laissé tomber. C'est qu'il est amoureux de ma sœur...

Pen Duick VI, rebaptisé *Euromarché* pour le tour du monde en équipage, n'est alors plus de la première fraîcheur. Il s'agit d'un excellent voilier, long de 22,25 m dessiné sur plans

Mauric, mais il avait été lancé huit ans auparavant, en 1973. Avec son gréement de ketch et son dessin daté, il est totalement dépassé en 1981, face à la nouvelle génération de maxi-monocoques comme le *Flyer* néerlandais qui gagna cette édition du tour du monde ou le *Ceramco NZ* de Peter Blake qui représente alors le bateau parfait.

Néanmoins, avec le budget disponible, pas bien épais, nous refaisons l'enduit de coque, nous changeons la quille et le moteur – pour un Mercedes –, nous revoyons complètement l'accastillage et nous bénéficions d'un nouveau jeu de voiles. Éric n'est pas souvent présent lors de la préparation technique. Il ne fut d'ailleurs en règle générale jamais du genre à se prendre la tête avec ce type de « détails ».

Le bateau est finalement remis à l'eau à Marans. Et une fois réuni l'équipage complet – quatorze gars ! –, nous appareillons enfin pour l'Angleterre... que nous rejoignons brillamment : en talonnant dans la rivière de Portsmouth ! À cette époque, Éric avait déjà la réputation de caresser souvent le dos des crabes sur les rochers avec les quilles de ses bateaux. Pour l'avoir bien connu, cette réputation n'était pas usurpée.

Et nous nous retrouvons plantés dans la vase, à marée descendante. Il n'y a alors rien d'autre à faire qu'attendre le flux suivant afin qu'il remette à flot *Euromarché,* couché sur le flanc...

Autour de nous, une fois à quai dans la rade de Portsmouth, l'ambiance est étonnante : nous assistons tous les jours aux débarquements des avions militaires à décollage vertical depuis les porte-avions de retour de la guerre des Malouines.

À Gosport, où nous nous trouvons les jours précédant le grand appareillage, programmé fin août 1981, nous sympathisons avec les autres équipages. Certains, comme les Kiwis de *Ceramco* se révèlent de la même trempe que nous, plutôt solides et fêtards... Lors de cette attente du coup de canon, Yves Le Cornec – entre autres, équipier déchaîné – met un bazar pas possible en se brûlant le visage dans son grand numéro de cracheur de feu, victime d'un retour de flammes mal maîtrisé. L'avant-veille du départ, la moitié de l'équipe se retrouve même en prison.

Je ne suis pas de ce coup-là, mais j'apprends qu'ils se sont engueulés avec un autre équipage dans un pub. Une bonne bagarre s'en est suivie avant que tout ce petit monde soit raflé par la police, direction la taule. Il faut alors qu'Éric joue de tout son poids et de ses relations haut placées en France pour les récupérer in extremis.

Sur le plan sportif, avant même le coup de canon, nous savions que nous n'avions aucune chance face aux avions de chasse de la nouvelle génération. Mais nous étions jeunes et, comme tels, espérions quand même… avant de nous apercevoir dès les premiers milles que la tâche serait impossible à bord de notre plan Mauric « bon rouleur, bon marcheur ».

Inévitablement, lors de la première étape qui mène au Cap en Afrique du Sud, nous sommes rapidement décrochés. Le bateau est trop vieux et son équipage très disparate en termes de niveau. Non seulement nous ne sommes pas aussi pointus que les Kiwis, par exemple, mais les options tactiques prises en mer ne se révèlent pas forcément toujours des plus judicieuses. Nous naviguons à « la latine » face à la rigueur des Anglo-Saxons.

Mais l'ambiance à bord est, du coup, très sympathique. Nous possédons chacun notre couchette – ce qui est inimaginable aujourd'hui. Même si, dans ce bateau en aluminium avec quatorze types à bord, l'humidité est permanente. Sans parler des odeurs…

Les repas tiennent une importance primordiale à bord d'*Euromarché*. Et dans la foulée, il y a forcément les quarts de vaisselle que nous échangeons parfois avec ceux de cuisine lorsqu'il faut aider le cuistot, corvée nettement moins désagréable. C'est encore à l'ancienne : la viande et la morue sont par exemple conservées dans le sel. À l'image du bateau, nous ne sommes pas vraiment en avance non plus sur le plan nourriture par rapport aux Anglo-Saxons qui avaient abandonné depuis longtemps ce mode de conservation faisant plus penser aux grands explorateurs qu'à la course au large moderne des années 1980. Éric a son vin, forcément. Mais comme son pinard est franchement infâme, il est quasiment le seul à pouvoir le boire !

En tant que skipper, Éric est exempté de quart. Selon l'expression consacrée, il vit « hors quart ». Néanmoins, il faut bien le réveiller de temps à autre, pour faire une manœuvre par exemple. Mais personne à bord n'ose le faire. Nous étions arrivés à un tel point de mythification de l'homme que les gars me sortaient régulièrement de mon propre sommeil pour que j'aille tirer Éric du sien. J'étais le seul que ça n'impressionnait pas. Pour moi, Éric était devenu très abordable, avenant et même bavard. La légende de son mutisme est idiote : il parlait quand il en avait envie et ne répondait pas aux conneries. Quand on te pose une question conne, tu n'as pas à répondre. Une manière de réagir qui est aussi la mienne.

De même, l'autorité d'Éric comme skipper n'était pas franchement marquée. Il était même assez tranquille, ouvert. Être sous ses ordres était très agréable. Il se moquait pas mal du « réglage fin d'un point de tire de génois ».

J'étais d'ailleurs beaucoup plus fin que lui en termes de réglage de bateau. Il le savait et nous laissait en la matière une totale latitude, n'imposant jamais son point de vue. Mais son expérience était immense et, en plus de son incroyable sens marin, en skipper attentif, il avait l'œil à tout.

C'est ainsi qu'il me sauva la vie peu après le départ d'Angleterre. Nous naviguions sous spi au largue et, le vent refusant, arrive le moment où nous devons rentrer cette voile, devenue inappropriée et réglée encore à l'époque grâce à des cordages confectionnés à moitié en textile et en câble. Pour le descendre, il faut monter sur le balcon avant d'*Euromarché* puis, en équilibre instable, ouvrir le mousqueton liant le point d'amure au filin en acier, grâce à une grosse pointe spéciale à insérer dans ce fameux mousqueton.

Mais il faut toujours glisser cet outil dans le mousqueton par-dessous, de manière à ne jamais avoir ni son visage, ni son cou à hauteur du câble. Car, libéré de la tension générée par la voile, celui-ci peut battre violemment et tout simplement couper la tête de l'équipier maniant le poinçon. Ce que j'avais un peu oublié… Voyant mon erreur et l'action que je suis sur le point de commettre, Éric hurle comme jamais depuis l'arrière du bateau, me paralysant sur le coup mais me faisant aussitôt prendre conscience du danger. S'il n'avait pas réagi ainsi, j'aurais eu au mieux une terrible blessure, au pire la tête tranchée !

Finalement, les moments les plus mémorables de ce tour du monde restent les escales puisque sportivement, en mer, nous n'avons rien à espérer. Des arrêts longs de trois semaines à un mois, à l'autre bout du monde. Le rêve pour de jeunes marins... Du coup avec certains autres équipages, des bordées de virées se forment assez vite. Même bien des années après, je préfère ne pas entrer dans les détails de certains dégagements terrestres.

Normalement nous vivons sur le bateau mais en certains ports, Auckland par exemple, nous sommes hébergés par des familles d'accueil. Le jour, nous sommes néanmoins rivés à l'entretien du bateau, comme en Nouvelle-Zélande, toujours, où nous le sortons de l'eau avant de l'entourer d'échafaudages incroyablement hauts. Il faut aussi réparer, tant que faire se peut, les neuf spis explosés lors de l'étape entre Le Cap et Auckland. Victor Tonnerre, le voilier, vient spécialement pour les repriser et, de surcroît, Éric passe commande de deux supplémentaires. On ne sait jamais...

En compagnie d'Yvon Daniel, je profite de l'escale de Mar del Plata, en Argentine, pour effectuer un grand voyage en stop en direction de la baie de Rio de Janeiro. À cette époque-là, entrer puis circuler au Brésil, toujours dirigé par la junte militaire, n'est pas simple. Il y a en effet, à l'entrée de chaque ville, de stricts barrages avec contrôle des papiers et surtout d'inévitables bakchichs à payer ! Parfois nous attendons des heures, et même une journée entière, avant d'être pris en voiture, dormant dans les fossés, mangeant trois fois rien. Mais nous voulons découvrir Rio et surtout assister au concert que le groupe Police doit y donner. Arrivés finalement là-bas dans la soirée, après un ultime voyage en stop, nous dormons tout simplement sur la plage de Copacabana, ivres de sommeil... et entourés des rats qui la prennent d'assaut la nuit tombée, avant de nous retrouver au milieu des baigneurs le lendemain. Décision est prise finalement de nous dégoter une chambre meublée qui, hasard de son faible tarif, est une piaule dotée d'un immense lit rond et d'une glace au plafond... Un bordel. Il s'agit du seul établissement dans nos moyens.

Au retour, après avoir bien profité de Rio, du concert magistral de Police mais aussi de la compagnie de Luc Poupon, alors en escale avec son propre bateau, nous reprenons notre périple à travers le Brésil, passant notamment par les chutes d'Iguaçu. Mais Yvon se fait piquer par un insecte. Son pied gonfle et je me retrouve à devoir le porter sur mon dos ainsi que nos sacs. Comme cela ne peut guère durer longtemps, nous montons dans le premier avion en partance pour l'Argentine.

Le bord que nous rallions est à feu et à sang. Éric – comme à chaque escale – est reparti chez lui à Gouesnac'h. Les gars n'ont plus un sou, ne serait-ce que pour manger ! C'est la mutinerie, ce dont ni le sponsor ni Éric ne semblent se soucier. Nous, « les militaires », nous avons la chance de disposer de notre solde. Yvon Daniel est, lui, pris en charge par l'encadrement de *Charles-Heidsieck* afin d'être rapatrié en France où il est immédiatement soigné dans un hôpital spécialisé en maladies tropicales. Il est plus que temps, son pied est sauvé in extremis.

Au terme de ces journées d'attente passées presque à quémander sur le port de Mar del Plata, l'ambiance lors de la dernière étape nous ramenant en Europe est devenue détestable. Plus personne n'est motivé, plus un gars ne se remue pour faire avancer le bateau.

De ce tour du monde, il me reste tout de même ces navigations agréables dans une ambiance étonnante. Des lumières d'océan qui me sont inconnues et que je découvre avec bonheur, cette promiscuité à tant d'hommes dans un espace très réduit et la vie qui s'installe malgré tout peu à peu. Certes, il y eut des moments de tension à l'image de ce début de mutinerie ou, en mer, lors de manœuvres ratées et de spis éclatés. Sur un tel bateau ramener la toile en lambeau puis réparer les dégâts causés, comme des chandeliers régulièrement arrachés, réclamait des heures d'efforts pénibles. Tout le monde à bord n'avait pas la capacité de barrer, dans la tempête des latitudes sud, ce bateau lourd lancé sous spi. Sur l'océan en furie, *Euromarché* se coucha un nombre incalculable de fois à l'issue de départs au lof sauvages. Ce qui était assez impressionnant. Du coup, une hiérarchie s'était installée entre nous. Certains étaient totalement interdits de barre. Bien que très imparfait, ce tour du monde n'était tout de même pas une école de voile !

Plus qu'une course, j'ai vécu une grande aventure, longue d'un an, qui me permet de passer mon service militaire de la meilleure des façons.

Mais il faut bien revenir et trouver le moyen de naviguer et de gagner ma vie.

À peine de retour, un propriétaire privé me propose d'aller disputer un championnat du monde des petits monocoques de compétitions – les 5,5 MJI – sur le lac Léman. J'y vais sans attendre, je passe en Suisse, je prends part aux régates.

Je retrouve Éric Tabarly en Bretagne quelques jours plus tard.

« Tu ne me l'avais pas dit, mais j'ai lu dans le journal que tu as été au championnat du monde de 5,5 MJI...

— Oui.

— Mais tu ne me l'as pas demandé ?

— Non.

— Mais tu sais que c'est hors de France, dit-il en haussant le ton. Et que tu es encore militaire ! »

Je n'avais pas respecté – par ignorance – la procédure consistant à obtenir une dérogation pour un soldat du contingent se rendant à l'étranger ! Il ne m'en voulait pas mais était soulagé qu'il n'y ait eu aucun problème en Suisse. Et m'avait passé un savon façon Tabarly, strict mais sans excès. Il faut juste dans ces cas-là ne jamais recommencer ce genre d'exploit.

Ce n'est que sept ans plus tard que je naviguerai de nouveau avec Éric Tabarly. Ses projets de l'époque, que ce soit la Whitbread sur *Côte d'Or* ou le trimaran du même nom qui suivra, ne me convenaient pas vraiment. Je préférais nettement faire de la compétition engagée plutôt que de recommencer le tour du monde à son bord quatre ans plus tard.

C'est un imbroglio juridico-financier qui nous réunit de nouveau en vue de la transat

Lorient-Saint-Barthélemy-Lorient programmée en 1989.

Lionel Péan, qui vient de remporter la Whitbread 1985-1986, a pris une stature de diva de la voile. En 1988, il passe commande auprès du chantier CDK, que nous avions monté quelques années auparavant avec Hubert Desjoyeaux et Gaëtan Gouerou, d'un trimaran de 60 pieds, très novateur, adaptation à la taille supérieure de nos Formule 40 de l'époque, si souvent victorieux. *Hitachi*, nom prévu, est un coursier équipé d'un safran dans chaque coque, ce qui n'existait pas sur cette taille de voiliers alors.

Mais d'emblée, la vie de ce bateau débute mal : nous le mettons à l'eau et le mât tombe lors de la manœuvre. Puis, soudainement, faute de financement, Péan nous lâche. Le montage financier brinquebalant implique que CDK Compétition en devienne propriétaire et, nous-mêmes, cautions. Nous voilà avec ce bateau impayé sur les bras. Pour le bien de notre petite collectivité, décision est prise de monter un projet avec Tabarly pour disputer la Transat en double, trouvant la société Bottin Entreprise comme sponsor, grâce au nom de mon prestigieux équipier.

Pourtant, cela ne m'amuse pas vraiment. En cette période, je navigue beaucoup et gagne tout autant en Formule 40, avec mon propre bateau et mes propres sponsors. Me voilà obligé de céder *Biscuits Cantreau*, mon joli petit tri si souvent victorieux, à la jeune garde : Michel Desjoyeaux et Roland Jourdain.

Une fois le projet révélé, Patrick Tabarly, le frère d'Éric, vient me voir et me glisse : « Fais gaffe, Éric est un danger public en multicoques. Plus tu mets de la toile, plus il est heureux ! » Il me rappelle que deux ans auparavant ils avaient chaviré ensemble, sans se blesser, lors de La Baule-Dakar, y perdant le trimaran *Côte d'Or II*. Éric est un peu bourrin : il avait tellement chargé le bateau en surface de voile que la coque sous le vent s'était enfoncée dans l'eau, implosant sous la charge avant que l'ensemble, disloqué, se retourne.

Je décide alors d'organiser quelques entraînements hivernaux communs avec Éric. Si *Bottin* est une extrapolation de nos aériens 40 pieds avec lesquels je cours en permanence à cette époque, il est adapté au grand large. Son caractère s'en ressent et j'ai alors l'impression de passer d'une Ferrari légère et surpuissante à un lourd 4 x 4 destiné au Paris-Dakar, même si ce tout-terrain-là est tout de même technologiquement en avance sur tous les autres. De surcroît, et même si notre préparation se ressent de la faiblesse de nos moyens, nous passons commande d'indispensables spinnakers neufs. D'entrée, Éric décide de faire réaliser ses voiles par le maître-voilier qui accompagna toute sa carrière : Victor Tonnerre, sympathique mais devenu totalement dépassé en ce qui concerne le haut niveau. Nous palabrons des heures car je préfère nettement les spis asymétriques de la société brestoise Incidences, alors très en pointe. Il ne veut rien entendre : une vraie et stupide bagarre que je finis par remporter.

Malgré tous ces obstacles, nous effectuons une belle première étape même si je suis obligé d'être omniprésent pour éviter qu'Éric en fasse trop. Entre nous, humainement, tout se passe à merveille, mais je suis vite usé par la vigilance que m'impose mon prestigieux équipier. Sa méconnaissance du potentiel de ce genre de bateaux novateurs m'oblige, à chaque fois que je dois aller me reposer, à choquer un peu le spi asymétrique pour éviter qu'Éric n'attaque trop à la barre. Éric possède un immense sens marin, mais ne sait pas alors que lorsque le profil de ce nouveau genre de voiles, très performantes, accroche, la puissance déboule. Il ne mesure pas les progrès accomplis par la technologie moderne. Alors que, grâce à la Formule 40, j'en ai pour ma part une parfaite connaissance.

Éric Tabarly ne réalise pas du tout non plus l'importance que peut avoir un moteur. Lorsque le nôtre tombe en panne, en cours de première étape, je m'applique à le démonter et le faire repartir. Je revois encore sa tête lorsque, tout heureux, je monte sur le pont avec la culasse du petit monocylindre à la main, ravi de l'avoir démontée et d'avoir trouvé la panne. De l'eau s'était infiltrée dans le cylindre. Éric est alors à la barre, serein, ne se souciant absolument pas des conséquences qu'une absence de moteur génère, à savoir être privé d'électricité à bord de bateaux équipés en matériels électroniques de navigation.

Notre grand adversaire se nomme *Elf Aquitaine III* mené par Jean Maurel et Jean-Luc Nélias avec lesquels nous monopolisons la tête de la course. Peu avant l'arrivée sur l'île de Saint-Barthélemy aux Antilles, nous envoyons le grand spi de 350 m^2 et, malgré le danger que ça représente, je décide d'aller me reposer un peu à l'intérieur du bateau, insistant bien auprès d'Éric pour qu'il m'appelle si le vent se met à forcir.

En trimaran, il y a un indicateur parfait du risque : le bruit. Lorsque l'on se trouve dans la coque centrale et que l'on n'entend plus rien, c'est que celle-ci est hors de l'eau et que, sans une maîtrise parfaite de la situation, le chavirage devient proche. C'est soudain le cas… Je me rue dehors et je le vois à la barre, souriant béatement.

« Mais qu'est-ce qu'il se passe ? me demande Éric, surpris de me voir là.

— Il se passe qu'on va cabaner et qu'on affale tout de suite ! »

Je pousse la barre pour soulager le bateau. Nous descendons le spi et le remplaçons par une autre voile. Soulagé, *Bottin* réagit nettement mieux.

« Tu vois : et en plus maintenant on va plus vite ! »

Je suis alors franchement à bout : il s'agit de mon bateau ; la situation financière nous interdit de le perdre. J'ai la tête sur le billot et Éric ne se rend pas compte de la situation.

J'adorais Éric Tabarly mais il avait un petit côté irresponsable très agaçant ! Et d'autres terriblement attachants. Sur *Bottin Entreprise*, les transmissions entre les trois safrans s'effectuent à l'intérieur avec des drosses, câbles qui transmettent le mouvement entre les pales. Parfois, lorsqu'Éric mangeait dans le carré, je sentais soudainement des vibrations dans la barre, précédant un drôle de bruit de résonance. C'était une bouteille de vin vide qu'il balançait sur l'arrière. C'est lui qui m'a initié au plaisir d'un bon châteauneuf-du-pape dont il était chevalier !

Finalement, nous nous classons deuxièmes de la première partie, arrivant à Gustavia, le port de Saint-Barth, deux heures seulement après *Elf Aquitaine*. Nous avons payé notre route légèrement plus au sud que nous avait conseillée notre routeur alors qu'*Elf* navigua sur un itinéraire nord. Même si je souffre du dos depuis que nous avons maladroitement jeté l'ancre dans la baie de l'arrivée, l'escale se passe à merveille dans une villa locale que nous avons louée avec Éric et son épouse, Jacqueline.

Pour le retour, nous sommes motivés comme jamais ; nous mesurons que nous pouvons très bien gagner cette course. D'entrée de jeu, nos rapports se tendent légèrement à bord. Depuis la terre, notre routeur nous indique de suivre une route sud alors qu'Éric veut obstinément adopter un cap vers le nord. La situation météo est très claire pourtant et, stratégiquement, le nord est une impasse.

Mais comment décider cette tête de mule de ne pas nous envoyer dans le mur ? Du coup, j'appelle en douce le routeur par radio pour lui demander précisément d'expliquer la situation à Éric. Il n'a jamais réussi à lui dire qu'il faisait fausse route, Éric, en peu de mots et avec une désarmante mauvaise foi, le retournant totalement. Impressionné, notre météorologue est en fait incapable de contredire le mythique Éric Tabarly. Reste que le choix ne va pas devenir si crucial que cela.

Peu après, je pars me reposer à l'intérieur et, contrairement à ce que je fais systématiquement jusque-là, j'oublie de libérer un peu de la tension dans le spi asymétrique empêchant ainsi en temps normal Éric d'attaquer excessivement. Nous sommes le 21 mai, cinq jours après le nouveau départ, et nous tenons jusque-là une superbe moyenne, supérieure à 15 nœuds. La situation est gérable : mer belle et vent oscillant entre 20 et 25 nœuds, rien d'excessif.

Et c'est le bruit des casseroles dégringolant dans le bateau qui me réveille ! Nous voilà en train de passer cul par-dessus tête après que le bateau se fut cabré en diagonale en ayant planté dans l'eau la coque sous le vent. Alors que le trimaran entame son chavirage, mon premier réflexe est de sortir mais la prudence me guide de rester protégé dans le carré. Dehors, Éric, qui n'a pas choqué assez vite l'écoute de grand-voile pour éviter la figure libre, est catapulté dans la grand-voile depuis le poste de barre. Il se fracture la clavicule en percutant un câble.

Une fois *Bottin Entreprise* posé à l'envers sur la mer, je me rue à l'arrière de la coque centrale et sors la tête par la trappe qui s'y trouve, soulagé de trouver Éric assis sur le trampoline en se tenant l'épaule. Il me voit et m'interpelle : « Je me jette à l'eau et je te rejoins ! »

Je lui hurle aussitôt : « Des conneries, t'en as assez fait ! Ça suffit. C'est malin ce que t'as fait là, alors bouge pas. Tu attends que je te passe un bout. Et tu te tais ! »

Tabarly ou pas, cela ne me fait ni chaud ni froid. Il voulait nager d'une coque à l'autre sans se sécuriser, au risque d'être inexorablement emporté par la mer. Ma rage est terrible.

Il vient de faire déborder le vase avec un océan entier ! D'autant que Jacqueline Tabarly, peu fière de voir son mari repartir alors sur ce genre d'engin, m'avait bien briefé avant la course, me réclamant à plusieurs reprises de le lui ramener. J'avais la responsabilité du bateau mais aussi de la personne d'Éric !

Je lui envoie un cordage. Il s'attache pour tranquilliser la manœuvre et je le ramène à l'intérieur où nous ne courons aucun risque. Nous enfilons nos combinaisons de survie – ce qui lui est douloureux avec son épaule blessée –, nous nous installons et nous dressons notre plan. L'idée est de préparer un bidon étanche contenant du matériel de survie, de ressortir pour nous installer sur la coque, sans oublier de bien nous accrocher au safran et de contacter un cargo par radio VHF puisque nous sommes sur une route maritime très fréquentée. D'autant que, peu avant de chavirer, nous étions passés non loin d'un bâtiment de commerce. Je déclenche aussi une balise de secours calée sur la fréquence détresse aviation ainsi que, deux heures plus tard, après l'avoir retrouvée flottant sous le trampoline, une autre, satellite cette fois.

Avant de quitter le carré, j'attrape mon appareil photo étanche et je prends quelques clichés d'Éric Tabarly, le mythe naufragé, bien décidé à réaliser au moins une sorte de reportage de notre mésaventure.

Notre position (40° 21' N. -38° 25' W.) est parfaitement connue des organisateurs et des sauveteurs grâce à la balise Sarsat-Cospas. *Jet Services V*, le catamaran skippé par Serge Madec, arrive le premier sur zone, six heures après le chavirage. Nous voyant installés solidement et en sécurité sur la coque centrale, l'équipage du grand catamaran rassure la terre. Il devance de quelques minutes un cargo – l'*Alkyonis*, naviguant sous pavillon panaméen pour le compte d'un armement grec et avec un équipage philippin ! – dérouté spécialement par le CROSS Étel, le centre qui coordonne les opérations de sauvetage depuis la France.

Au terme d'une manœuvre rapide et précise, facilitée par une mer calme, il se met à couple de *Bottin Entreprise* chaviré, au risque de le disloquer. Je mesure qu'il sera difficile de récupérer le trimaran.

Ce qui me soucie le plus est l'état physique d'Éric. Je décide de monter le premier à l'échelle de corde que les marins ont installée le long de la coque pour guider la manœuvre délicate qui se profile. Avec une infinie prudence, je réussis à mener sa récupération à bien, sans la moindre anicroche et sans que sa blessure ne s'aggrave. L'équipage nous installe dans une cabine, nous fournit des vêtements secs et nous voilà en route pour La Nouvelle-Orléans, destination finale de ce bâtiment. Pour ma part, je suis effondré car je viens tout simplement de noyer les seuls actifs du chantier. Après d'innombrables essais, nous parvenons à joindre la terre grâce à la radio BLU à longue portée du bord et je demande à Éric de rentrer en contact avec la Marine nationale pour essayer de monter une opération de récupération du trimaran. Il ne bouge pas le petit doigt.

Aucune envie de réclamer de l'aide ? Peur de déranger ? Insouciance ? Après lui le déluge... Une équipe privée est tant bien que mal mise en place pour tenter de remorquer l'épave, mais la balise satellite arrête trop tôt d'émettre, empêchant la localisation du trimaran.

Je n'ai jamais compris sa réaction alors que, connaissant sa stature, son immense popularité, il lui aurait suffi de deux coups de fil pour débloquer la situation et nous envoyer le *Clemenceau*, l'Invincible Armada ou une navette spatiale. La conséquence du chavirage de *Bottin* sera considérable : nous perdrons le contrôle du chantier naval, CDK Composite, que nous avions créé cinq ans auparavant.

Une fois aux États-Unis, les petits plats sont mis dans les grands pour le débarquement d'Éric. Dans l'avant-port, une vedette des Coast Guards de La Nouvelle-Orléans vient nous chercher, à bord de laquelle nous embarquons par l'échelle de coupée. Le soir même, nous sommes invités à dîner par le consul de France, et doit nous y attendre aussi une jeune femme, venue directement de Paris récupérer la bobine de clichés pris à l'occasion du chavirage. L'agence de photos avec laquelle travaille alors Éric a déjà passé un accord de diffusion d'un reportage exclusif avec *Paris Match*. Le retentissement en France de notre accident est colossal et l'impatience de voir Éric Tabarly, naufragé en combinaison de survie, est insensée. Lorsqu'elle se présente à moi, pendant l'apéritif très chic qui nous est servi, j'éclate de rire et je bafouille en m'étouffant : « Vous savez la meilleure ? Je n'ai pas mis de pellicule dans l'appareil ! »

Elle se liquéfie littéralement sous mes yeux, me prenant pour un fou ou un imbécile. À mes yeux, ces photos n'ont aucune valeur ; aux siens, leur valeur est immense. Mais toute ma vie, je me suis fait rouler dans des cas similaires, ne touchant jamais un centime après avoir confié benoîtement mes documents pris au fil de mes navigations, les retrouvant même parfois signés d'un photographe célèbre dans de prestigieuses publications ! Pour une fois que c'est l'inverse… Sur le moment, je suis assez content de mon petit effet.

Nous rentrons en France le 30 mai. Je ramène Éric à Jacqueline et j'échafaude de nouveaux projets. Les retombées médiatiques ayant été considérables, nous sommes alors persuadés que notre sponsor va continuer avec nous. Il n'en est rien et tout s'effondre. Impossibilité de payer nos dettes, dépôt de bilan, tour de table avec des repreneurs et rachat de notre entreprise.

Pour la petite histoire, *Elf Aquitaine* chavira quinze minutes après nous, Maurel, Nélias mais aussi le bateau, cette fois, étant récupérés.

Je ne naviguerai plus jamais en course avec Éric. Il effectuera encore quelques embarquements, notamment avec Yves Parlier lors de la Transat Jacques-Vabre – mais sur un monocoque. Ou bien lorsqu'il récupéra en 1994 le commandement du maxi-monocoque *La Poste* au cours de la course autour du monde en équipage, après le fiasco du premier skipper. Il avait contacté pas mal de marins expérimentés pour le suivre sur ce bord-là, mais il était hors de question que j'y aille : cette histoire sentait trop mauvais.

J'ai gardé ensuite des relations très amicales bien qu'épisodiques avec Éric, mais Jacqueline est, depuis mon premier trimaran *Biscuits Cantreau*, et sera toujours, la marraine de tous mes bateaux. À cela aucune autre explication que la forte relation nouée avec Éric lors de nos embarquements communs. Je trouvais vraiment sympa de le lui demander. Elle est ma marraine. Point, c'est ainsi. Et au fur et à mesure des bateaux, elle s'est imposée comme la plus parfaite des marraines ! Elle connaît bien la mer et les problématiques qu'elle impose. Et surtout, quand elle casse une bouteille de champagne, elle la casse ! Du premier coup et c'est un élément important, essentiel. Enfin, grâce à la présence de Jacqueline, je n'ai jamais été embêté avec les demandes de certains sponsors qui en choisissent une en interne ou en imposent une plus clinquante pour de la communication. Je coupe court à toutes les idées saugrenues.

C'est elle qui dévoila d'ailleurs bien plus tard le savon passé à Éric en mer après notre chavirage, lorsqu'il voulut rentrer dans la coque centrale, blessé et sans s'être assuré par un cordage. Je n'avais pas osé mais il le lui avait raconté. Ayant trouvé l'anecdote plutôt plaisante, elle se fit un malin plaisir de la relater. Pour s'amuser un peu avec malice et gentillesse face au mythe qu'était devenu son mari ? Peut-être. Pour rétablir la vérité sur cette fortune de mer ? Sans doute. Mais j'avoue en être assez content. J'avais soigneusement tu ce passage car je sais par nature qu'il ne faut jamais élever publiquement la voix contre un mythe. Et des mythes, j'en ai affronté quelques-uns, entre Éric Tabarly, Philippe Jeantot, Florence Arthaud, Laurent Bourgnon, Kersauson pas assez longtemps... dommage !

À sa disparition, en juin 1998, je me trouve sur l'île de Porquerolles où, avec la Classe Figaro, nous disputons la Porquerolles-Solo. Son organisateur, Dominique Vescovali, avec lequel je m'entendais fort bien et qui était plutôt proche des pouvoirs politiques, parvient à convaincre la Marine nationale de nous rapatrier, nous les concurrents, en Bretagne, en faisant affréter un avion militaire spécial entre Toulon et l'île Longue où se déroulent les funérailles. Malgré l'état de fatigue extrême dans lequel nous arrivons – nous n'avions dormi que deux heures avant d'embarquer, de retour de mer, dans l'appareil – nous pouvons prendre part à cet intense moment d'émotion. Et puis nous sommes repartis finir notre régate.

Reste que ce lien d'affection et de respect, cet honneur que me fait Jacqueline Tabarly de baptiser mes bateaux, prolonge les aventures étonnantes de mes navigations avec son mari. Après toutes ces années, suite au drame de sa disparition, malgré lui ou grâce à lui, Jacqueline est une dame rayonnante, belle et forte que nous avons plaisir, Anne, mon épouse, et moi, à fréquenter régulièrement. Aujourd'hui, elle appelle encore certains anciens équipiers d'Éric « mes fils ». Dont moi.

4

Port-la-Forêt, poumon économique

« Ce n'est pas le centre
qui fait les hommes,
mais les hommes qui font le centre. »

Après des années de collaboration acharnée avec le chantier de Gilles Ollier, Multiplast, nous décidons, avec Hubert Desjoyeaux et Gaëtan Gouerou, de prendre notre liberté à l'arrivée de la Transat anglaise 1984 et le sauvetage rocambolesque de *Crédit Agricole III*.

Malgré notre jeune âge, 25 ans de moyenne, notre but est de créer notre propre entreprise scindée en deux structures : CDK Composite – le chantier de construction naval – et CDK Compétition, branche qui engage en course nos propres prototypes.

Le choix de CDK – « Chantier de Kerleven » –, du nom de la plage où nous avions vécu, où vivaient nos parents, et tiré nos premiers bords en mer, ne doit rien au hasard. Nos racines sont fortes.

C'est une nouvelle mutinerie, à terre cette fois, qui en est le déclencheur. Le groupe que nous formons, tous de la région de La Forêt-Fouesnant – Concarneau, est de moins en moins en accord avec Ollier, excellent architecte et constructeur compétent, mais intransigeant et doté d'une sacrée force de caractère. Nous sommes sans doute une belle bande de teigneux, difficilement manœuvrables, mais nous avons nos convictions techniques propres et rien ne nous arrête alors pour les défendre.

Nous sommes donc trois créateurs investisseurs mais sans le moindre sou. Cautions, banques… nous ne possédons rien ! Nous devenons néanmoins caution solidaire. Compliqué et pas gagné.

Hubert endosse le rôle de directeur technique. Il est le plus compétent d'entre nous en la matière. Diplômé des Arts et Métiers, il peut se coltiner les calculs de structure, sait se montrer pertinent sur les détails ou dialoguer avec les architectes. Rien ne prédisposait Gaëtan à devenir le gestionnaire, la mécanique étant sa première spécialité. Mais il est immédiatement à l'aise avec la paperasse et pour résoudre les questions administratives engendrées par une telle société. Quant à moi, avec mon vécu de marin et mon passé de constructeur, je deviens le concepteur-coureur. Notre idée est en effet à la fois de construire des bateaux de course mais en plus de courir avec certains. Nous sommes, Hubert, Gaëtan et moi, tous trois salariés du chantier qui emploiera jusqu'à plus de vingt techniciens vacataires lorsque les besoins s'en feront sentir. Le succès arrive rapidement, notre triplette, même jeune, étant déjà connue et respectée dans le milieu.

Et nous voilà en train de mettre en chantier *Poulain*, un trimaran de 23 m pour Olivier de Kersauson puis un gros catamaran de croisière rapide, long de 20 m baptisé *Kamiloa* sur plans Gilles Vaton mais aussi les planches à voile Crunch de Stéphane Peyron destinées à la traversée de l'Atlantique, des flopées de Formule 40, dont un rien que pour moi chaque année, un petit trimaran que nous revendons à la fin de chaque saison, etc.

Kersauson, qui n'est pas franchement un type facile, a alors une grande confiance en Hubert et son travail. D'où sa décision de demander à notre structure naissante de lui confectionner son nouveau trimaran dessiné par le cabinet Van Peteghem/Lauriot-Prévost, jeune lui aussi, et assez révolutionnaire dans son approche. Pour nous, il s'agit d'emblée d'un énorme travail. Faute d'avoir nos propres locaux, nous construisons les flotteurs dans un atelier relais à Fouesnant puis nous l'assemblons dans notre hangar, à Port-la-Forêt, à peine terminé pour l'occasion. Il se présente juste un souci concernant les bras de liaison, à confectionner totalement de nouveau. Mais comme ils ont été réalisés en Belgique, nous ne sommes absolument pas responsables de la malfaçon. Et, avec le joli *Poulain*, nous lançons finalement notre premier bateau – pas n'importe lequel ! – à Port-la-Forêt en 1986. Notre fierté est évidente.

Contrairement à Hubert, mes relations avec Kersauson sont très limitées. Il travaille avec nous par la seule présence de notre directeur technique. Nous n'avons pas grand-chose à nous dire. Je lui propose de venir essayer le Formule 40 avec lequel je dispute alors le championnat international. Il refuse tout net. Malgré tout, nombreux sont ceux qui me demandent d'aller essayer *Poulain* lors des premières navigations pour donner mon avis. Je n'y vois pas beaucoup d'utilité puisque Kersauson ne porte guère d'intérêt à mon propre bateau. Finalement, j'accepte. Et nous voilà partis pour effectuer le tour de l'île de Groix. Quinze nœuds de vent, mer belle, des conditions absolument géniales, mais il insiste pour sous-toiler le bateau. Et nous naviguons uniquement avec la grand-voile sous trois ris, c'est-à-dire le quart seulement de sa surface envoyée ! Pas moyen de lui faire changer d'avis. Dommage tout de même avec un si joli bateau...

Je n'ai plus jamais eu l'occasion de naviguer avec Kersauson. S'il venait à me proposer d'aller faire un tour, je considérerais cela d'un bon œil.

Car, à mon grand étonnement, nous sommes devenus plutôt bons copains. Cela remonte à la Route du Rhum 2002. Quelques jours avant le départ, le pacha d'un bâtiment de la Marine nationale nous avait invités, Anne et moi, à venir dîner à bord de son bateau qui allait suivre les premiers moments de la course, en compagnie de quelques autres, à commencer par Olivier de Kersauson. Sans que je comprenne pourquoi, « Kersau » avait fait de moi son favori ! Depuis cette soirée-là, nous avons appris à nous apprécier. Lorsqu'il ne joue pas son personnage, son Kersauson, Olivier est un type agréable. Ensemble, nous passons toujours de bons moments à discuter ; c'est drôle, intelligent, ponctué d'incroyables anecdotes. Mais avec un tel personnage, il faut passer un cap pour que la confiance s'établisse. J'ai mis du temps à apprécier sa compagnie. Nous nous voyons de plus en plus rarement mais c'est toujours agréable. Olivier m'a encore appelé rapidement juste après l'arrivée du Vendée Globe 2020, une course qui l'a beaucoup touché. Nous avons des rapports simples et directs.

Bien au-delà de *Poulain*, le carnet de commandes du chantier et l'émulation qu'il génère permettent de créer des emplois sur le bassin de Port-la-Forêt, de constituer un noyau d'activité indéniable dans une zone alors encore peu mise en valeur en ce milieu des années 1980. Et peu à peu tous ceux qui travaillaient avec nous chez Ollier nous rejoignent.

Ce sont toujours les hommes qui sont à la base d'une ambiance, qui génèrent une activité économique intéressante. Si, par la suite, le pôle Finistère Course au large s'est installé à Port-la-Forêt et a rencontré les succès sportifs que l'on sait, ce n'est pas le fait du hasard. Il y avait déjà sur place un esprit de compétition formidable et un rassemblement de compétences qui ne cessait de croître.

Nos week-ends alors n'existent pas ; seul le travail compte. J'endosse le bleu de travail jusqu'au vendredi et le samedi j'enfile le ciré, parfois les deux en même temps lorsque nous faisons des essais en mer ou – plus fort encore pour moi – un vrai costume lors du baptême de *Bottin Entreprise* par Jacqueline Tabarly, avec la Marine nationale et tous les flonflons qui vont avec.

Je porte ainsi un nombre de casquettes incroyable : fondateur de CDK, actionnaire, mais aussi client du chantier puisque je trouve les sponsors avec lesquels nous acheter les Formule 40. Je conçois les bateaux, avec les architectes Marc Van Peteghem et Vincent Lauriot-Prévost principalement. Puis je participe à leur construction. Et enfin, je régate avec !

Cela fonctionne à merveille jusqu'à *Hitachi* que nous commande Lionel Péan, ce trimaran de 60 pieds qui deviendra rapidement *Bottin Entreprise* et à bord duquel je fis naufrage en compagnie d'Éric Tabarly (lire chapitre 3). Conséquence de cette fortune de mer : nous perdrons le contrôle du chantier. Seul Hubert continuera à y travailler. Le chantier a été racheté, s'est développé avec deux sites de production à Port-la-Forêt et Lorient et se nomme désormais CDK Technologies.

Il faut, ici, ne pas oublier les Formule 40. Aujourd'hui, certains redécouvrent l'agrément, la passion et la compétition qu'il peut y avoir avec ces petites classes de multicoques, à l'image de ceux qui s'affrontent en Suisse ou sur certains circuits semi-professionnels. Mais ils ne font finalement qu'imiter ce que nous avions mis sur pied, à un nombre certain de navigateurs soutenus par le quotidien *Le Figaro* et la Fédération française de voile, au milieu des années 1980.

L'idée était de lancer une catégorie de multicoques intermédiaires, longs de 12,18 m (40 pieds) entre les monocoques half-tonners de la Solitaire du Figaro et les catas ou tris géants océaniques afin de mettre le pied à l'étrier aux fidèles de la Solitaire, dont moi.

Ces bateaux devaient en théorie permettre de disputer des épreuves allant de Grands Prix courus en rade ou sur lac à la Multi Figaro – éphémère réplique en double et en multi de la Solitaire du Figaro – tout autant que la Route du Rhum ou la Transat anglaise. Cette catégorie, qui permet d'aligner des engins rapides, spectaculaires et peu onéreux, intéressa rapidement jusqu'aux navigateurs les plus célèbres de l'époque.

C'est ainsi qu'Yvon Fauconnier est, dès 1985, l'un des premiers à initier une opération d'envergure, avec le chantier naval Jeanneau, par le lancement d'un catamaran baptisé alors *GAJ-Neptune* selon des plans de Nigel Irens. Philippe Poupon se greffe au projet et commande un cata de deuxième génération.

Forts de la collaboration CDK-Van Peteghem/Lauriot-Prévost, nous lançons en 1986 un trimaran, *Biscuits Cantreau* avec lequel nous prenons immédiatement des volées face aux catamarans. Mais nous ne changeons pas de cap, certains que naviguer sur trois coques est, dans cette classe, le meilleur compromis technique par rapport aux voiliers à deux coques. Et alors que tout le monde poursuit sur la voie des catas, nous insistons lors de la deuxième saison avec un nouveau tri, optimisé. Cette fois, c'est nous qui éclatons le reste de la flotte. Au départ, notre bateau se révèle très rapide dans le petit temps mais montre plus de mal dans la brise. Nous corrigeons notre copie et plus rien ne nous résiste. Ce qui nous permet de décrocher notre premier titre, fin 1987 : champion international de Formule 40. La saison suivante, l'équipe américaine Full Pelt lance une copie presque conforme de notre machine mais, de notre côté, ayant bien cerné les imperfections de cet engin, nous en retravaillons les plans avec le cabinet VPLP en vue de la confection d'un troisième *Biscuits Cantreau*.

Et nous nous retrouvons encore avec un coup d'avance ! Sans gros moyens, nous étions très performants : Hubert et Bertrand Desjoyeaux construisent des bateaux à la perfection et, en tant que constructeur-coureur, je délivre immédiatement l'analyse technique de ce qui se passe sur l'eau. Nous travaillons sur le sujet en permanence et sans états d'âme ; les architectes dessinent ce que nous voulons, et pas l'inverse.

Je n'ai vraiment pas le temps de faire autre chose, à l'exception notable de la Solitaire du Figaro 1986 que je termine à la septième place, même si de temps à autre, je navigue aussi déjà sur la maquette de l'*Hydroptère*. Je suis ce projet depuis les premières maquettes d'Éric Tabarly avant de collaborer plus tard avec Alain Thébault sur les différentes évolutions de son bateau volant. Mais tout cela représente une sacrée masse de travail avec, en plus de mes propres *Biscuits Cantreau*, la conception et la construction de *Chaffoteaux & Maury* pour Patrick Eliès, *Lessive Blanco* pour Pascal Leys et Christophe Auguin...

Quatre années durant, ce circuit nous emmène partout en Europe, en Suisse, en Belgique, en Italie, en Espagne, en Allemagne, en Angleterre... avec montages et démontages des bateaux, transports par camion, grosse logistique, puis régates au couteau. En compagnie d'Hubert et Bertrand Desjoyeaux qui naviguent aussi avec moi, ainsi que, de temps à autre, Michel Ollivier, notre logisticien, nous sommes vraiment performants et nous décrochons le titre trois ans de suite. Dominique Wavre se joint aussi à nous pour disputer une saison à bord de notre machine de guerre ainsi que Pierre Mas qui fait alors des merveilles sur le Tour de France à la voile. En navigation, ces Formule 40 sont absolument extraordinaires et j'éprouve une affection toute particulière pour les régates sur le lac de Garde, vu la complexité et la beauté de ce plan d'eau.

Malheureusement, à partir de 1989, ce championnat que j'aime tant et pour lequel nous nous sommes battus comme des morts de faim s'éteint peu à peu faute de moyens et en raison de la course à l'armement qu'il a inévitablement générée. Il y avait, en 1986 près de deux douzaines de bateaux engagés pour à peine une seule en 1989 puis six en 1990. Par rapport à l'investissement grandissant, les retombées médiatiques n'ont hélas pas suivi. Certains, nous accusant de trop gagner, n'hésitèrent pas à nous mettre sur le dos la mort de ce circuit. Mais notre savoir-faire nous a permis par la suite de penser et construire quelques multicoques dérivés des Formule 40 pour de fortunés propriétaires helvétiques amoureux de ces engins formidables en vue de naviguer sur le lac Léman.

C'est en grande partie grâce à notre connaissance de ces trimarans que Laurent Bourgnon me propose, ainsi qu'à Jean-Luc Nélias et Roland Jourdain, de disputer le Tour de l'Europe 1991 à bord de son *R.M.O.* Ce bateau est une extrapolation de 18,28 m de tout le savoir acquis sur nos petits trimarans. Avec Laurent, qui débute alors sur ce genre de machines, le contrat est simple : gagner la course pour gagner de l'argent. Recrutés en tant que mercenaires, nous sommes à la prime et nous sentons bien qu'il n'y a pas grand-chose d'autre entre nous et le skipper. Nous ne nous sommes même pas rendus à la remise des prix malgré notre victoire acquise lors des tout derniers milles devant le *Fujicolor* de Mike Birch. Laurent a beau être le vainqueur, c'est nous qui avions été au mastic lors de la course. Il avait d'ailleurs complètement fondu les plombs au cours de la dernière étape. Trop de pression, trop de stress : il dormait dehors sur le trampoline, nous laissant totalement mener le bateau comme nous l'entendions. Ce qui ne nous déplaisait pas car nous agissions ainsi exactement comme nous le voulions pour essayer de gagner. La disparition de Laurent, en juin 2015, a été un véritable choc. Même si nous n'avons jamais entretenu de rapports très proches, j'avais beaucoup de respect et d'admiration pour lui – le marin, l'homme et son remarquable parcours.

La création et la vitalité de CDK lors des années 1980-1990 constituent la clef du développement local de Port-la-Forêt, croissance formidablement accompagnée par une concentration inédite de talents qui conçoivent, construisent, naviguent, gagnent…

Et pourtant, hormis la dynamique du facteur humain, rien ne prédisposait cet endroit à l'essor qui en a fait le port leader en termes de course au large en France des années 1990 à 2010. Début 1984, lorsque nous avons présenté notre dossier de chantier à la mairie, la moitié du conseil municipal dormait. À l'époque, Port-la-Forêt était probablement le plus mauvais endroit à choisir pour rendre notre entreprise viable sur le plan économique.

La victoire à l'issue de la Solitaire du Figaro 1992 de Michel Desjoyeaux, qui se termine à Port-la-Forêt et où je remporte la dernière étape, a définitivement convaincu les politiques qui se faisaient tirer l'oreille pour aider à la création d'un centre d'entraînement à la course au large.

Dès 1990, Christian Le Pape, responsable du centre, est à fond sur le dossier. Et c'est en très grande partie grâce à lui et Loïc Ponceau – l'autre patron emblématique – que Finistère Course au large est devenu la référence nationale. Très occupé par ailleurs, je ne fais néanmoins pas partie de ceux qui se battent le plus ardemment pour la création du pôle même si je trouve la démarche collective intéressante. Elle permet aussi de générer un peu plus d'activité et de dynamisme sur le site de Port-la-Forêt.

Pareil pour les formations qui y sont organisées depuis. J'ai longtemps pris part à celles où je sais que je vais piocher de nouvelles expériences, des idées différentes, que ce soit en météo, en stratégie... où lorsque des maîtres-voiliers viennent présenter des évolutions techniques par exemple. Si je n'ai jamais été le plus assidu aux stages organisés, leur fréquentation ne m'a en tout cas jamais nui. Le plus important demeure la confrontation directe sur le plan d'eau avec ses futurs adversaires.

En revanche, je n'ai jamais adhéré à la préparation physique. Je confesse n'avoir jamais été un acharné en la matière. Je mène mes propres entraînements dans mon coin, la manière collective n'a jamais été mon fort. L'exercice physique me semble plus adapté à la pratique solitaire car la musculation en groupe par exemple tourne rapidement à la confrontation, ce qui n'est pas propice au travail demandé. Chacun doit aller à son rythme.

Reste que pour les jeunes qui l'intègrent et ont encore tout à apprendre – ce qui n'était pas mon cas lors de la création du centre –, l'ensemble de ce qu'il propose est formidable. Les innombrables victoires sportives depuis en sont la meilleure preuve. Néanmoins, il ne faut pas se tromper d'analyse : ce n'est pas le centre qui fait les hommes, mais les hommes qui font le centre.

Pourquoi cette entité, spectaculaire en termes de bons résultats, a-t-elle immédiatement fonctionné ? Parce qu'en 1990 les hommes sont sur place : Roland Jourdain, Michel Desjoyeaux, Jean-Luc Nélias, Marc Guillemot, Christian Le Pape, Loïc Ponceau, moi-même et bien d'autres encore ; parce que de ces hommes naissent l'émulation et l'intelligence collective.

Le centre d'entraînement est indirectement le rejeton du chantier CDK grâce à la présence sur place de marins performants et de compétences techniques.

Lancer une telle structure ailleurs par un coup de baguette magique sur une simple décision politique n'obtiendra jamais une réussite similaire à celle de Port-la-Forêt. Ses initiateurs pourront toujours tenter de s'attacher ou d'acheter un savoir-faire, mais il faudra du temps avant que l'on cimente un tel regroupement de qualités adaptées à l'apprentissage et au perfectionnement de la pratique de la course au large. Ici, sur notre baie, la politique s'est faite par les actes des individualités.

Personne ne connaît la commune de La Forêt-Fouesnant dont Port-la-Forêt n'est que le port. Et pourtant, dans ce village de terriens, c'est de la mer que viennent reconnaissance et notoriété.

Lorsqu'un Olivier de Kersauson colla une étiquette telle que « La Vallée des Fous », « Sikaflex Valley », « trou du cul du monde », sur ce qu'il ne parvenait pas à qualifier autrement, c'est qu'il était interpellé par l'activité locale. Et il s'y passe toujours beaucoup de choses ! Car, si le site de Port-la-Forêt est une réussite, il ne faut pas vivre sur ses acquis mais continuer à aller de l'avant.

C'est ainsi qu'avec Nicolas Venard, ancien directeur du Crédit Agricole du Finistère nous avons dès 2017, l'idée de créer l'incubateur Finistère Mer Vent. Ce montage est une SIC – société d'intérêt collectif – appellation expliquant parfaitement la signification de cette opération : le développement économique d'un territoire par le biais des filières maritimes et nautiques au sens large allant de la préservation du littoral à l'optimisation des performances des bateaux de course, tout en créant de l'emploi sur ce bassin. Nous avons ainsi fait construire à Port-la-Forêt un bâtiment emblématique qui génère une impulsion économique et humaine de partage et ce, de manière à faire bénéficier les entreprises de nos différents réseaux. Nous permettons aux entrepreneurs, jeunes ou moins jeunes, de profiter de soutiens, de se développer, de créer du lien tout en insufflant une force entrepreneuriale locale. Pour ma part, j'essaie de regarder ce que j'ai en main pour l'exploiter au mieux au profit de tous et en toute ouverture. Je suis engagé pour mon territoire mais, pour autant, jamais je ne me mêlerai de politique locale. Nous avons besoin des politiques pour monter des projets, mais ma liberté de ton et de parole pourrait être affectée par un tel engagement. Ce qui ne me ressemble pas.

J'aime cet endroit où je vis. Il est vrai qu'initialement le programme global du centre d'entraînement, à l'origine de l'ensemble, était non seulement breton mais surtout finistérien, comme en témoigne aussi l'association que nous avions lancée en compagnie de Jean-Luc Nélias, baptisée « Coureurs d'océans ».

Je n'ai jamais pourtant adhéré à cette ligne de conduite régionaliste. Port-la-Forêt, Finistère sud contre Finistère nord, Bretagne contre le reste de la France, contre l'Europe : ces querelles de clocher stupides m'insupportent. Mon dégoût des bagarres stériles date de 1982 et de mes neuf mois de bourlingue par les trois caps sous le commandement d'Éric Tabarly. Partout, dans tous les ports de la planète, nous avions été accueillis comme des rois. Je ne suis pas certain que les Français soient tous capables d'une telle générosité, quand je mesure la médiocrité de certains combats et la puissance des égoïsmes.

Ce qui me passionne aujourd'hui touche au développement économique, celui du port, de la dynamique générée ainsi que toutes les actions de détection, de formation et de filière pour les jeunes, coureurs comme entrepreneurs. Aider et transmettre sont des valeurs que je veux prôner autant que faire se peut. Je ne veux pas mourir idiot en traînant avec moi dans la tombe un paquet de connaissances qui deviendraient inutiles après ma disparition.

5

Le « Roi » Jean, d'accord mais un roi nu !

« La beauté des choses
ne tient pas qu'à la place. »

J'ai découvert la course en solitaire à l'âge de 15 ans de la manière la plus naturelle qui soit, grâce aux 110 Milles de Concarneau, épreuve conçue par Patrick Morvan. Cette course, après le coup de canon donné à Concarneau, bien sûr, arrondissait l'archipel des Glénan, allait jusqu'à l'île de Groix et revenait à son port de départ. Et tout ça, à quelques kilomètres de chez moi.

Naviguer en solo n'a jamais été une obsession, une idée fixe, un ras-le-bol des régates en équipage, un quelconque refus des autres. Il s'agissait d'une course, une de plus. Elle se disputait en solitaire ; et alors ? Elle partait à une date précise, je voulais la courir, je la disputais ! Je ne me posais aucune question existentielle sur l'exercice. Je n'avais pas froid aux yeux, rien ne pouvait m'arrêter dans ma volonté de courir encore et toujours. Au total, j'en ai pris le départ six fois, que ce soit en First 35, en Armagnac (à bord de *Mervent*, bien sûr), en Super Arlequin, en half-tonner, la gagnant à deux reprises. Les pilotes automatiques tels que nous les connaissons actuellement n'existaient pas encore et nous utilisions des régulateurs d'allure sur lesquels nous bricolions énormément.

Disputer la Solitaire de l'Aurore – désormais Solitaire du Figaro – devint vite le prolongement naturel, mais plus difficile et plus prestigieux, des 110 Milles de Concarneau. Certes, il existait bien la Mini-Transat, lancée dès 1977, mais son intérêt était à mes yeux limité. Il n'y avait, alors, pour cette catégorie de bateaux de 6,50 m, que cette seule et unique course tous les deux ans. Trop peu pour moi.

Dès l'été 1978, à tout juste 19 ans et une fois encore sur les conseils de Patrick Morvan, je prends le départ de ma première Solitaire à la barre d'un bateau de série que me prête un chantier, Motte Marine, basé à Combrit, non loin de La Forêt-Fouesnant.

Mon voilier avait été fabriqué en Espagne selon les plans de l'architecte américain Gary

Mull. Le but est alors de faire la promotion de ce type de petit bateau rapide que l'entreprise commercialise. Hélas, nous n'avons pas eu beaucoup de temps pour préparer la course, mon embarcation arrivant par la route, toute neuve, quelques jours avant le départ et directement à Perros-Guirec d'où part cette édition-là. C'est alors qu'une vraie armée de copains, de préparateurs et de proches le prend d'assaut pour le mettre en configuration course. Un sacré défi, relevé à une bonne quinzaine de personnes.

La première étape nous emmène à Kinsale sur la côte sud de l'Irlande. Il faut d'abord trouver l'embouchure de la rivière Bandon où se trouve le petit port, alors que je ne possède à bord qu'une gonio comme appareil de navigation ! Quant à la météo, elle nous est donnée seulement avant le départ. La navigation constitue donc la grande problématique de cette époque-là. Et finalement, avec les imprécisions et l'aspect aléatoire de la radiogoniométrie, nous n'étions jamais totalement certains de notre position. En l'occurrence, tu avais vite fait de te retrouver dans une autre baie irlandaise, certaines se ressemblant fortement.

C'est ce qui arriva en 1978 à Patrick Morvan qui avait perdu toutes ses cartes : il était largement en tête et se trompa du coup de port à l'arrivée. Je connus d'ailleurs pareille mésaventure lors de la troisième manche, à destination de Laredo en Espagne. J'effectuais ma navigation dehors, dans le cockpit, avec les cartes sur les genoux et il a suffi d'un souffle pour qu'elles tombent à la mer. Une carte marine vole très bien. Du coup, afin de trouver Laredo, j'avais été contraint de longer la côte !

Je termine onzième du classement général, pas mal pour une première, mais deuxième en bateau de série, à un rien du prestigieux Mike Birch, vainqueur dans cette catégorie. Ça ne me satisfait pas du tout : je visais la victoire de classe.

Mais je prends immédiatement goût à la Solitaire. Jusqu'en 1999, je vais en disputer seize et mettre un temps certain à la gagner…

En 1979, je décide de repartir pour la revanche et sur le même bateau de série en montant une opération dans la continuité de la première. Cette fois la préparation est minutieuse, le plan de voilure est optimisé. Je me déplace chez le constructeur, à Barcelone, afin de superviser la fin de la fabrication. Mais je ne me rends pas compte que la mèche de safran est confectionnée d'un tube en inox prolongé d'un autre en ferraille de manière à réaliser des économies. Ce qui n'a jamais été recommandé. Ils étaient soudés à l'endroit qui cassera en course, lors de la dernière étape entre Kinsale et Concarneau.

Cette édition est tragiquement restée dans les mémoires. C'est cette année-là que les concurrents de la Solitaire croisèrent, au large de l'Irlande, la terrible tempête que l'échelle de Beaufort qualifie d'ouragan. Ce baston fit quinze morts dans la flotte de la course du Fastnet 1979 et reste encore aujourd'hui la plus dramatique épreuve au large de l'histoire.

Même si nous n'encaissons pas le plus gros de cette furie de temps, nous affrontons tout de même des vents de 50 nœuds, une mer gigantesque, des bateaux en détresse étalés partout et des organisateurs en difficulté face à une situation qui ne cesse de dégénérer.

De nuit, Pierre Follenfant, un concurrent de la Solitaire, coule en cinq minutes sans avoir le temps de mettre à l'eau son radeau de survie. Il se retrouve à nager sans but, dans la tempête, engoncé dans un gilet de sauvetage, à la recherche de quelque chose échappé de l'épave pour s'accrocher. Il trouve par miracle une lampe torche flottante provenant de son bateau. C'est grâce à son halo qu'Olivier Moussy, autre solitaire de la course, le repère et le sauve après son séjour d'une bonne demi-heure à la baille !

Il y a, au total, vingt et un abandons… dont le mien. Car c'est dans ce bazar dantesque que la mèche de mon safran casse net, sans prévenir, alors que je progresse difficilement vent de travers. Aussitôt, je demande assistance par radio, le bateau étant devenu incontrôlable. *Wild Rocket*, une goélette accompagnatrice skippée par Yvon Fauconnier, me rejoint dans des conditions périlleuses. Nous passons une première remorque entre lui et mon voilier. Le cordage cède quelques heures plus tard au large d'Ouessant, où la mer est totalement déchaînée. Nous en installons une deuxième qui se rompt aussi peu après. La situation est plus que délicate : je me trouve soudainement non loin de la côte et le bateau menace d'aller se fracasser sur les rochers. Décision est prise de l'abandonner. Au terme d'un transbordement rendu périlleux par la mer démontée, j'embarque in extremis à bord de *Wild Rocket*.

Nous prenons soin de prévenir les autorités navales que mon bateau dérive vide. Il sera retrouvé dans un état impeccable quelques jours plus tard. Bien que totalement livré à lui-même, il avait évité le naufrage !

Cette édition copieuse est survolée par Patrick Eliès, le père de Yann – futur concurrent du Vendée Globe –, qui non seulement gagne la course, devant Moussy, le Saint-Bernard, mais remporte les quatre étapes.

Patrick a un immense talent mais barre aussi un excellent prototype, *Églantine*, construit au Chantier Pichavant, et qu'il revend peu après à Gaston Defferre, l'ancien maire de Marseille passionné de voile.

Il était tout de même rare de posséder de tels engins. Et contrairement à aujourd'hui, où les « Figaristes » disposent à l'année de leur voilier, nous ne les touchions qu'un à deux mois avant le départ.

Le roi de la piste au début des années 1980 est incontestablement Philippe Poupon qui, grâce au sponsoring de Fleury Michon, dispose de ses voiliers jusqu'à un an à l'avance. Il est aussi le premier à naviguer avec un SatNav, l'ancêtre du GPS, qui coûte une véritable fortune.

Pour la majorité, dont je fais partie, il faut déployer un impressionnant système D pour couvrir, avec des budgets particulièrement serrés, la location du voilier, l'achat d'un jeu de voiles, les frais du préparateur que tu retrouves aux étapes, ceux aux escales...

La monotypie, introduite sur ce circuit à partir de 1990, a considérablement changé la donne, mettant les concurrents sur un pied plus égalitaire.

Néanmoins, même aux temps de la course à l'armement et des célèbres « McLaren » (surnom donné à certains protos half-tonners imbattables, comme l'était alors l'écurie anglaise en Formule 1), tous les vainqueurs ont mérité de gagner cette course. On ne gagne jamais la Solitaire du Figaro par hasard. Reste que si tu n'as pas le bon bateau, tu es tout de même comme un con...

Lors de ma troisième participation, je prends enfin le départ avec un half-tonner, un prototype donc, comme les meilleurs, long d'environ neuf mètres, et non plus un voilier de série. Construit par Pichavant selon des plans Joubert-Nivelt, il m'est confié par un propriétaire particulier. J'avais d'ailleurs participé à sa fabrication, notamment en réalisant les barreaux de pont. Même si je n'ai gardé aucun souvenir impérissable de cette Solitaire 1980, terminée sur le minable classement de onzième, j'avais beaucoup d'admiration pour Gilles Gahinet, le vainqueur, décédé quatre ans plus tard. Il était non seulement sympathique et agréable mais représentait l'homme à battre.

Un sacré mec. Il faisait partie des piliers de cette course, les Le Baud, Eliès, Morvan... Il nous accueillait, nous les jeunots de l'époque, de manière ouverte et abordable, donnant aux escales cette ambiance incomparable de la Solitaire. Les quelques jours de repos entre les étapes – en Espagne surtout – participent au plaisir qu'il y a à disputer cette épreuve. Les fêtes y sont parfois magistrales d'autant plus que les barmen locaux servent l'alcool par doses de cheval. Lorsque tu débarques de quatre jours de mer sans avoir dormi ou presque, l'effet est immédiat : tu dors...

C'est en mer que je suis vraiment dans mon élément. Ma tactique est simple : barrer, barrer et encore barrer, à l'inverse d'un Poupon qui le faisait très peu. Avec du recul, je pense que ma façon de naviguer était excessive. Je ne voulais surtout pas me fixer la moindre limite lors de cette course vraiment à part où la longueur des étapes nous amène aux limites de la résistance humaine en termes de sommeil.

Mon comportement n'est pas adapté : un jeune s'endort plus facilement. En repoussant le moment de prendre un peu de repos, je plongeais du coup dans des sommeils beaucoup trop profonds. Pour ne pas sombrer, je restais debout. Si je tombais dans le cockpit, je dormais.

Lorsque tu restes deux jours sans te reposer, tu t'interdis de dormir le troisième de peur de te faire doubler, et arrive le quatrième où il ne faut surtout pas relâcher l'effort... Si tu ne commences pas à te reposer dès le départ, c'est perdu.

Je sentais monter les périodes où, pendant deux heures, résister devient excessivement difficile. Si j'arrivais à les passer, mon organisme repartait. Je parvenais aussi à rester lucide autant que faire se peut. Néanmoins, comme tous, j'ai vécu des hallucinations créées par la fatigue. Voir quelqu'un d'autre sur ton bateau, l'appeler parce que tu ne te sens plus seul, est un grand classique de cette épreuve. Parvenu à un certain âge, à partir de 30-35 ans, une meilleure connaissance de soi et l'expérience aident à combattre ces instants où l'on évolue subitement entre deux mondes.

Ce n'est qu'en 1985 que je parviens à jouer continuellement en tête de flotte à bord de mon joli plan Briand, baptisé *Crédit Naval*. Mais je ne gagne pas. À cause du sommeil justement !

Lors de la troisième étape (entre Crozon-Morgat et Bayona), rendue fastidieuse par le manque de vent, abruti de fatigue, incapable de résister, je puise trop dans mes réserves et je m'endors, quasiment comateux. Je désire juste me reposer quelques minutes : je dors plus d'une heure ! Philippe Poupon, deuxième du général, voit alors mon bateau en vrac, les voiles déréglées, progressant de manière totalement incontrôlée. Le pilote automatique avait sauté de son embase sans que je m'en aperçoive, *Crédit Naval* tourne en rond.

« Philou » passe à côté de moi sans me réveiller alors que, sur cette course, il est de coutume de s'enquérir si le solitaire est bien à bord lorsque l'on croise un concurrent dans une telle situation. Mais Poupon est un malin...

Ma victoire lors de l'ultime manche, au départ de Bayona et à destination de La Rochelle, collé à la barre pour contrôler le bateau lancé à fond dans la brise au portant, ne change rien. Je donne tout ce que je peux, chargeant le voilier comme jamais. Nous ne sommes pas nombreux à le faire : beaucoup avaient été trop marqués par la mésaventure de Luc Berthillier qui, lors de la première étape, avait fait naufrage dans la tempête, passant cinq jours dans son radeau de survie avant d'être récupéré.

De plus, en acceptant de repousser ainsi les limites sous spi, les bateaux s'enfoncent littéralement dans la mer en raison de la forme très ronde des carènes de l'époque. Il y a en permanence 25 à 30 centimètres d'eau sur le pont, ce qui n'est ni confortable ni facile à accepter.

Deuxième de l'étape, une heure derrière moi, Philou gagne finalement cette Solitaire qui se conclut sur une jolie scène : nos deux bateaux naviguant ensemble sous spi entre les tours du port de La Rochelle.

Je n'arrive pas à prendre ma revanche l'année suivante car j'appareille sur un bateau loué à un propriétaire belge, maître-voilier de profession et qui m'impose de naviguer avec ses voiles. De vraies jolies voiles totalement minables, d'où un classement à l'avenant et de vraies jolies boules.

Entre le safran cassé, les problèmes de positionnement, la difficulté de monter de bons projets, d'avoir suffisamment de moyens pour louer le bateau parfait et l'équiper au mieux, mes premières Solitaires sont formidables sur le plan de la navigation et de l'ambiance à terre mais terriblement frustrantes en raison des différences entre armements. Nous ne jouons pas tous dans la même cour de récréation. La manière de naviguer est aussi excessivement différente : l'inégalité de vitesse entre les bateaux, compliquée par la méconnaissance des positions des autres concurrents, implique que nous ne courions pas longtemps en pelotons compacts comme aujourd'hui.

L'arrivée de la monotypie à partir de 1990, accompagnée de la révolution progressive des GPS, et l'irruption des moyens techniques modernes comme les décodeurs météo, créent une course inédite. Elle en devient encore plus acharnée avec un niveau qui ne cesse de croître depuis. En outre, un circuit professionnel se met peu à peu en place. Pour moi, cela tombe à point nommé après la disparition des Formule 40. Le calendrier est désormais composé de rendez-vous fixes et de nouvelles épreuves intéressantes, à commencer par la Transat en double AGRR (qui deviendra AG2R) entre Lorient et Saint-Barthélemy.

Mais je connais alors toujours pas mal de difficultés pour boucler mes budgets. Une véritable horreur. Je suis redevable à Guy Cotten, l'homme des cirés jaunes, bien sûr, d'avoir eu si longtemps le courage de me supporter et de convaincre une autre société, Chattawak, avec laquelle il était en relation d'affaires de me cofinancer six éditions du Figaro durant. Malgré mes résultats indéniables, ces soucis récurrents de sponsors culminent en 1999 où Fleury Michon vole à mon secours, deux semaines seulement avant le départ d'une Solitaire que je gagnerai pour la troisième fois !

Je n'ai jamais su me « vendre » à l'inverse de certains qui connaissent à peine la différence entre l'avant et l'arrière d'un bateau, capables néanmoins d'embobiner des partenaires financiers. À plusieurs reprises, j'ai manqué de raccrocher mes cirés, dégoûté et malheureux ; même mes résultats ne parlaient plus pour moi.

Sportivement, néanmoins, cette jolie décennie en solitaire débute véritablement en 1992. Au départ de la dernière étape de la Solitaire, entre Gijón et Port-la-Forêt, nous sommes trois à pouvoir gagner au classement général : Michel Desjoyeaux, Dominic Vittet et moi. Mais la tempête qui monte peu à peu dans le golfe de Gascogne devient vite dantesque. Alors que, derrière nous, tous les autres affalent leur spi par précaution, nous les conservons vaille que vaille pour remonter à une cadence folle vers la Bretagne.

Vittet, en tête du général avant cette manche, se fait un peu distancer puis démâte finalement non loin de l'île d'Yeu où il trouve refuge. Du coup, nous nous retrouvons en duel, « le p'tit » Mich' et moi, bagarre qui ne cesse pas un instant. À l'arraché, je gagne cette dernière étape mais Michel remporte le classement général avec neuf minutes d'avance, ce qui restera longtemps le plus faible écart entre les deux premiers. Ce succès quasi familial m'enthousiasme. Et la fête ce soir-là à Port-la-Forêt sera monumentale... Mais je suis quand même très déçu d'avoir laissé filer encore une fois le classement général. Une fois de plus depuis 1979...

Même punition en 1993 : je gagne les deux premières étapes, termine deuxième de la troisième, résultats qui me permettent de compter environ 90 minutes d'avance au général sur mon dauphin avant l'ultime navigation qui nous mène de Kinsale à Saint-Quay-Portrieux. Mais dès le départ, c'est Trafalgar ! Il y a juste un souffle de vent sur la mer, qui permet au groupe parti sur le côté gauche de la ligne de s'élancer doucement alors que, à droite, je suis complètement arrêté ! Puis le vent revient peu à peu mais en touchant d'abord toujours en premier le même groupe de tête, celui où je ne suis pas... Il en sera ainsi toute l'étape durant. À tel point qu'en arrivant en Bretagne, les leaders parviennent à passer une marée dans le bon sens puis à rejoindre l'arrivée pendant qu'à cent mètres de la ligne, le courant s'étant inversé, je suis obligé de jeter l'ancre pour ne pas reculer !

Il n'y a plus assez de vent ! Vittet gagne le classement général, et je suis deuxième une nouvelle fois mais à 2 h 39 min. J'ai alors le sentiment d'avoir perdu cette Solitaire par ma faute.

À Saint-Quay, l'ambiance est étrange lorsque je rentre au port. Équipiers, proches, organisateurs, journalistes... tous imaginent que ma déception et ma hargne seront terribles. Je distingue sur le quai des gueules sombres, aucun sourire ; je n'entends pas un mot. Personnellement, j'avais eu le temps de digérer. Je savais pertinemment que, depuis deux jours, tout était joué. Alors je lâche en descendant du bateau : « Arrêtez ! C'est pas mon enterrement ! »

Toute la Solitaire attendait que je gagne enfin. Car je continue à collectionner les victoires d'étape. Mais que faire ? Je me bats comme un lion et elle m'échappe toujours. Il faut attendre 1994.

Cette fois encore, la victoire finale manque de m'échapper lors des derniers milles de la dernière étape alors que j'ai survolé les deux premières manches et me suis classé deuxième de la troisième.

Marc Thiercelin, pourtant très loin au général, effectue un début de parcours incroyable. Après le départ donné à Perros-Guirec, il sème la flotte et passe à Ouessant la pointe Bretagne avec une marée favorable, juste avant que le courant s'inverse, bloquant ainsi le reste des concurrents, sauf lui.

Et je le vois partir, impuissant. Dans mon bateau, je refais tous les calculs de courants, de distance, de vitesse... Nous sommes bel et bien en train de tourner un remake du mauvais film de 1993 où je me retrouve arrêté devant un passage à niveau fermé pendant que, de l'autre côté de la barrière, Thiercelin s'échappe. Je suis effondré. Il va gagner, il ne peut pas en être autrement. Je gamberge tellement que j'en pleure de rage. Ce n'est pas juste. Je ne peux pas perdre.

On me racontera par la suite que, vaincu par la fatigue et manquant de lucidité, Marc arrêta littéralement son bateau devant la ligne d'arrivée de Port-Bourgenay, alors que le vent y est quasiment absent, perdant un temps fou en s'agitant à bord. S'il avait su se calmer, réussir à maintenir son voilier sur son erre, il remportait l'édition du 25e anniversaire !

Aujourd'hui encore, j'en ai froid dans le dos. Mais son manque de clairvoyance fait mon jeu. Et je gagne en Vendée. Enfin ! Mais dans quelle douleur… et dans quelle joie !

Des rebondissements, il y en a toujours lors de cette épreuve que je continue à disputer vaille que vaille. Il en va ainsi de cette incroyable arrivée à Saint-Nazaire en 1996, terme de la deuxième étape, où, après avoir réussi à me ménager une très confortable avance – je ne voyais plus le deuxième ! –, je suis arrêté subitement, sans vent, près de la terre à portée de l'arrivée. Soudain, je distingue peu à peu la flotte au large, parfaitement en ligne sur l'horizon, qui me fond dessus. La brise thermique commence à se lever près de la terre. Je redémarre enfin et je remporte cette étape in extremis, accompagnée de la victoire au général deux manches plus tard. Hormis cet épisode, je contrôle assez bien cette édition.

C'est à cette époque que peu à peu mes adversaires me donnent le surnom du « Roi » Jean ! Un surnom qui reste toujours et avec lequel je n'ai jamais été vraiment d'accord. Trop pompeux ; je n'ai pas tout à fait la dégaine d'un roi et je ne pense pas l'avoir un jour.

Cela ne me plaît pas forcément à l'époque, d'autant plus que, lors des deux éditions suivantes le roi n'a plus rien de royal avec deux places de septième... Et que le roi n'a pas un centime en poche. Aussi généreux soit-il, Guy Cotten ne peut continuer à me sponsoriser et, une fois de plus malgré mes résultats incontestables, je n'arrive pas à trouver de nouveaux financements.

Néanmoins, en vue de la saison 1999, mon financement doit être assuré par le département du Var avec lequel j'avais des projets plus importants pour la suite. L'organisateur de la Porquerolles Solo, Dominique Vescovali, passionné de voile, proche de l'ancien ministre Charles Pasqua, m'appréciait beaucoup. Voir débarquer un type qui n'avait pas un centime mais qui remuait ciel et terre pour être au départ de sa course avant d'y figurer toujours parmi les premiers et la gagner parfois avait forcé son respect. Mais l'idée de partenariat avec les collectivités locales n'aboutit pas et je me retrouve le bec dans l'eau.

Miraculeusement, Roger Caille, patron de Jet Services, garantit ma participation à cette même Porquerolles Solo, que je gagne, mais pas la suite.

Grâce à l'intervention de Philippe Poupon, Fleury Michon et son directeur général, Yves Gonnord, viennent à mon secours en vue de la Solitaire à laquelle Philou participe aussi.

Une édition étonnante avec une étape Brest-Brest où nous devons aller virer une bouée au large de Falmouth en Angleterre avant de revenir en Bretagne. À l'arrivée de cette manche, il n'y a aucun écart entre les premiers : je la gagne et le 27e, Bertrand de Broc, termine à une heure seulement ! Nous nous rendons ensuite en Espagne, à Bayona, lors d'une navigation marquée par une sacrée tempête. Alors que les abandons se multiplient, je prends la tête du peloton avec Éric Drouglazet qui reste dans mon sillage pendant deux jours. Insupportable : je ne peux même pas lâcher la barre pour aller pisser ! Le voir juste derrière me met tellement en pétard que je tire un bord irraisonné vers le large non loin de l'arrivée. Et il gagne. J'ai déconné : jamais je n'aurais dû réagir ainsi mais, accroché tel un morpion à mon bateau, Drouglazet avait réussi à me mettre à bout de nerfs.

Avant la dernière manche, 4 min 39 s seulement nous séparent, Éric et moi, à mon avantage. Un rien. Je rate totalement mon départ. Drouglazet navigue devant en vainqueur virtuel. Pour corser ma course, je percute violemment une baleine en naviguant à fond sous spi alors que nous arrivons au large de la Bretagne. Le bateau s'arrête net : le choc a été tellement violent que j'ai la certitude qu'il est ouvert en deux et qu'il va couler. Je me rue à l'intérieur et là, rien, aucune fuite d'eau. Je remets de la toile.

Nous arrivons au raz de Sein alors que la marée va s'inverser. Il faut impérativement passer ce dangereux et compliqué goulot entre la pointe du Raz et l'île de Sein au risque de se retrouver arrêté à attendre le retour du courant favorable. J'essaie de gagner en vitesse pour forcer le passage à terre pendant que Drouglazet part au large vers Sein. Il y touche avant moi une bonne veine de courant. Je le vois qui accélère puis qui me distance petit à petit. Cela ne dure pas et subitement il s'arrête. Le sens du flux vient de s'inverser. Il se trouve bloqué, le vent n'étant pas suffisant pour qu'il progresse face au reflux.

Parallèlement, c'est à mon tour d'être touché par une bonne veine. Sur ce tapis roulant, *Fleury Michon* démarre enfin, s'en va tout doucement et je passe in extremis le raz de Sein avant de faire route sur Douarnenez, terme de cette dernière manche. Ces quelques instants ont été très, très longs… Je suis tellement épuisé que je manque de m'endormir dans les minutes qui suivent et de finir ma course sur la plage de Douarnenez !

Gildas Morvan gagne l'étape. Je remporte ma troisième Solitaire. J'égalise alors le record de Philippe Poupon de trois victoires. Michel Desjoyeaux nous rattrapera en 2007, puis Jérémie Beyou, Yann Eliès et Armel Le Cléac'h.

Une seule victoire au terme de cette épreuve représente déjà une véritable performance – je le mesure bien : j'ai attendu quinze ans la première – mais trois constituent un véritable aboutissement. Sans être fanfaron, je ne pense pas que cela soit immérité lorsque l'on constate le nombre d'éditions où je suis passé à côté d'un rien, d'une risée, d'une marée, d'un coup de fatigue soudain... Avec huit podiums au classement général, je suis d'ailleurs toujours recordman en la matière. Le niveau de cette épreuve est extraordinaire, les clients sont toujours pointus, il est impossible de temporiser, ce qui impose un rythme unique parmi toutes les courses en solitaire.

À la remise des prix de cette édition 1999, je suis particulièrement touché par la standing ovation que me réservent les autres concurrents. Alors va pour le Roi Jean...

Je n'ai jamais disputé la Solitaire du Figaro depuis, par manque de temps. Mais je reviendrai et si j'en reprends le départ, ce sera uniquement pour gagner, ce qui nécessite un entraînement spécifique et un programme impeccable. La Solitaire n'est pas une épreuve de promotion, un passage dans une carrière qui doit mener aux grands bateaux ; il s'agit d'une épreuve en elle-même, dure et reconnue. Pour notre sport, nous pourrions la comparer au Tour de France cycliste. C'est annuel mais il s'agit du sommet même si nous avons nos Jeux olympiques désormais, avec le Vendée Globe.

Au début des années 1990, le circuit *Figaro* s'enrichit de sa première transat, en double, au départ de Lorient et à destination de Saint-Barthélemy aux Antilles.

Avec Dominic Vittet, nous en sommes en grande partie à l'origine avant d'être rejoints par un organisateur, Match-Racing, qui trouve le financement.

Je dois disputer la première édition, en 1992, en compagnie de Roland Jourdain. Mais le sponsor pressenti ne peut nous financer suffisamment pour monter un beau projet. Du coup, j'embarque avec Vittet, justement. Certes, nous sommes rivaux lors de toutes les épreuves en solitaire et de caractères très différents, mais nous formons un équipage efficace. Non seulement nous effectuons les mêmes analyses météo et techniques mais de surcroît « Mino » est un personnage intéressant. Le dialogue avec ce garçon cultivé est toujours enrichissant. J'apprécie sa détermination pour toujours tenter d'améliorer les courses, la vie de la série, les relations entre les navigateurs et les organisateurs. Mino n'est pas un consommateur : il s'engage.

La première étape mène la flotte à Las Palmas, aux Canaries. Mais il n'y a aucune option à envisager lors de la seconde manche, sur l'autoroute des alizés. De plus, nous devons virer une bouée en Guadeloupe, au large d'un hôtel où se trouvent quelques journalistes, permettant ainsi de faire monter l'intérêt médiatique avant de rallier Saint-Barth.

Par la faute de ce détour inapproprié aux Canaries, le classement de la première étape est quasiment celui du général à l'arrivée. Heureusement, sur la perle des Antilles françaises l'après-course est bien agréable à vivre… Nous terminons cinquièmes, résultat qui n'a rien pour engendrer l'allégresse, mais cette première édition s'est remarquablement déroulée à bord.

Cela se passe mieux encore lors de la deuxième en 1994. Je rejoins cette fois vraiment le bord de Roland Jourdain, dit « Bilou », sur son *Sill Plein Fruit*, et nous naviguons sereinement, toujours parmi les premiers. Le parcours est changé : en lieu et place des Canaries, nous nous arrêtons à Madère. Ce qui permet de vivre une deuxième étape à destination des Antilles beaucoup plus intéressante.

L'arrivée est magnifique. Plus que vingt-quatre heures de mer et nous nous retrouvons bord à bord avec Bertrand de Broc et Marc Guillemot. Alors que Saint-Barth est en vue, les deux bateaux progressent sous spi pleine balle au portant. Tribord amure, leur *Laiterie Le Gall* se trouve légèrement devant notre *Sill* sur une mer forte et au milieu de grains orageux très violents.

Progressivement, nous arrivons à influencer leur stratégie en les poussant au-delà de la route directe. Puis nous changeons rapidement de cap en manœuvrant de manière à revenir sur le meilleur possible. Ils ne nous marquent pas, partent d'un côté et nous de l'autre. Grâce à cette ultime option, nous passons devant in extremis et gagnons avec 63 secondes d'avance après vingt jours et vingt heures de course ! La stratégie du désespoir peut-être mais elle a permis de décrocher une magnifique victoire avec ce qui restera longtemps comme le plus faible écart au terme d'une course océanique.

Aussi sympathique et agréable que soit encore l'accueil à Saint-Barth, je ne me suis jamais senti aussi seul de ma vie que les jours qui suivent ce succès !

Nous sommes à peine à terre qu'un pseudo-journaliste, pigiste à l'époque pour une radio nationale, tente d'allumer le feu pour une sotte histoire de cagnard. L'affaire est simple. Réglementairement, chaque bateau doit porter sur chaque bord, au niveau du cockpit, cette toile où se trouve le nom du bateau, son numéro de course. Mais l'une de celle qui nous avait été donnée au départ de Lorient, de mauvaise qualité, ayant été arrachée par la mer lors de la première étape, promesse nous est faite de nous en remettre une autre lors de l'escale de Madère. Ce qui n'est pas le cas. Lorsque nous appareillons en direction des Antilles, notre voilier n'arbore qu'un seul cagnard. La situation est embêtante car, sur ces toiles se trouvent aussi les logos des sponsors de la course. Et comme nous gagnons, notre voilier est nettement plus photographié et filmé que les autres.

Dur à avaler pour l'organisateur bien que la faute soit plus la sienne que la nôtre. Aiguillonné par cet imbécile qui se prend pour un journaliste, il désire que nous soyons disqualifiés par le jury et multiplie les pressions. Un soir, invité d'une fête organisée par Lionel Péan et Dominic Vittet dans la villa qu'ils avaient louée, je me retrouve nez à nez avec l'organisateur qui me provoque de nouveau sur le sujet.

Il ne faut jamais me traiter de menteur. Fatigué et en colère, je le pousse dans la piscine et, emporté par ma fureur, je lui jette une chaise de jardin en plastique sur la tête. L'esclandre n'en reste pas là : offensé et soutenu par quelques jaloux qui supportent mal de me voir beaucoup gagner cette année-là, il porte non seulement plainte pour coups et blessures mais avertit la Fédération française de voile à Paris qui, très mal informée, décide de me retirer ma licence ! Prise dans cette tourmente, l'organisation de la Solitaire du Figaro menace de m'interdire de participer à la prochaine édition.

Je me sens totalement seul, abandonné, méprisé, personne ne soutenant mon combat. Louis Bopp, chef d'entreprise, grand amateur de voile, est l'unique concurrent de cette AG2R à prendre vertement ma défense. Par la suite, la présidente de la Classe Figaro, Laura Vergne, et Gilles Falc'hun, puissant entrepreneur breton et sponsor de notre bateau avec « Bilou », viennent à mon secours. Gilles menace même de faire barrer la rade de Brest par les pêcheurs locaux, dont il est très proche, au départ de la Solitaire si je suis interdit de participation !

Heureusement, l'affaire se tasse et nous sommes reconnus dans notre bon droit. La victoire ne nous est évidemment pas enlevée et je gagne la Solitaire du Figaro qui suit la Transat !

Mais je tiens vraiment beaucoup à cette épreuve sportivement intéressante. J'y reviens deux ans plus tard, en compagnie de Florence Arthaud cette fois. Si je connais Florence depuis longtemps et le convoyage rocambolesque de son *Miss Dubonnet* en 1980, nous n'avions jamais navigué ensemble jusque-là.

En 1996, elle ne courait plus et j'avais trouvé l'idée de faire équipe avec elle à la fois intéressante médiatiquement comme humainement. Enfin, cette transat est aussi le meilleur moyen de l'aider à reprendre pied dans le milieu de la régate.

Nous nous entraînons tout l'hiver avant le départ prévu en avril et je constate que Florence n'est pas toujours facile à gérer. Seul à seul, c'est parfait. Dès que débarque en Bretagne son aréopage parisien, les choses se compliquent. Je me rappelle l'avoir trouvée en train de découdre les logos de mes sponsors de nos vêtements de mer pour des questions d'image de marque personnelle. De même, à l'escale de Funchal, nous sommes partis chacun de notre côté. Je ne l'ai revue que trois heures avant le départ.

Qu'importe, sa notoriété était alors toujours immense. Victorieuse de la Route du Rhum 1990, elle faisait encore partie des grandes vedettes de la course au large et, médiatiquement, nous réalisons un tabac. Hormis Florence, seuls les vainqueurs existeront lors de cette troisième édition.

En course, la cohabitation se passe plutôt bien. Si elle n'est pas une régatière très pointue, Florence est un excellent marin au large doublé d'une bonne barreuse. Mais son caractère, au moins aussi fort que le mien, provoque quelques échanges tendus.

Nous effectuons une fort jolie transat lors de cette édition. Nous terminons deuxièmes derrière le tandem Alain Gautier-Jimmy Pahun qui avait opté pour une option météo osée mais payante. Ils gagnent avec une heure d'avance.

Nous reformons notre duo à l'occasion de la Transat AG2R 1998. Mais Florence pousse le bouchon un peu trop loin cette fois, à la limite de la mauvaise foi. Lors d'une banale journée de course, je lui demande de suivre, à la barre, une option bien précise alors que je vais me reposer. Je dors et pendant ce temps, elle ne colle pas à la route que nous avions décidée initialement. Ce qu'elle dément fermement à mon réveil. Même en lui montrant la trace suivie par le bateau sur l'océan, enregistrée par l'ordinateur de bord, elle continue d'affirmer avoir respecté scrupuleusement les consignes... L'ordinateur aurait-il menti ? Tout est à l'avenant. Usant !

À l'arrivée à Saint-Barth, sixièmes à 1 h 5 min seulement de Guessard et Jourdren, les vainqueurs, nos chemins se séparent.

Florence est finalement mordue par cette Classe Figaro. À l'image de Kersauson, elle n'avait que dédain pour les petits bateaux, « voiliers de fiottes ! » disait-elle. Mais elle participera tout de même par la suite à la Solitaire du Figaro. Avec plus ou moins de succès.

Pendant ces quelques années, nous essayons aussi de monter ensemble un projet de grand catamaran dans le but de battre les records océaniques. Elle apporte son image médiatique et moi la sécurité de l'aspect technique. Hélas, cet attelage ne voit pas le jour, faute de financement.

Reste que l'aventure de la navigation avec une diva de la voile a été enrichissante. À l'exception d'un point : la suspicion perpétuelle qui entourait un homme et une femme seuls sur un bateau. Ainsi, avant le premier départ en 1994, par manque de vigilance, nous avons percuté une bouée lors du convoyage vers Lorient. Ce simple incident fait le miel des ragoteurs de tout poil. Manque de pot pour les mal intentionnés : un journaliste se trouvait à bord avec nous...

La disparition de Florence en mars 2015 est un sacré coup à l'estomac. Nos deux transats ensemble, le projet de cata géant, avaient su créer des liens forts entre nous. J'estimais le marin, j'appréciais la personnalité. Une grande perte.

Occupé par d'autres projets, je n'ai plus disputé cette transat en double jusqu'en 2008 où, grâce à un trou dans mon programme, je réponds favorablement à la proposition de Gildas Morvan de faire équipe avec lui à bord de *Cercle Vert*. Devant Concarneau, nous prenons un départ tonitruant, virant en tête la bouée de dégagement. Malheureusement, nous nous faisons un peu emporter la deuxième nuit et, au large du Portugal, nous sommes surpris et dépassés par les concurrents ayant suivi une route au large. Néanmoins nous passons Madère – où cette course ne fait plus escale pour des raisons économiques qui vont à l'encontre des magnifiques retombées médiatiques générées par cet arrêt – parmi les premiers et décidons de suivre une option sud à l'image de Luc Poupon et Ronan Guérin alors en tête.

Je commets alors une erreur de jugement. Je sous-estime l'équipage Mouren-Pellecuer qui, en plongeant encore plus sud que Poupon-Guérin, revient peu à peu au classement. Nous n'allons pas les marquer alors que nous aurions dû, même au risque de nous rallonger. Quatrièmes finalement. Cette transat bien agréable avec un compagnon sympathique et peu compliqué s'achève honorablement.

6

La folie multicoque

« Quand tu arrives au bout de l'impasse,
tu rentres dans le mur ! »

Une mer dantesque, un vent en furie, trois ris dans la grand-voile.

Peu à peu, le stress se mue en peur, la vraie. De ma carrière, je n'ai jamais éprouvé jusque-là ce sentiment. C'est la première et la dernière fois. Sous pilote, car il est impossible de tenir dehors, mon trimaran *Bonduelle* progresse au portant. Il cavale. Il ne peut plus que se dérober, chavirer. Je ne cesse de me dire que c'est fini, que c'est inévitable, que le retournement va survenir à la déferlante suivante. Je suis totalement impuissant ; la tempête est trop violente, je ne maîtrise plus mon bateau. Le cauchemar absolu. De nuit.

Je ne vois rien, je sens simplement les mouvements du bateau qui menace en permanence de se retourner, part en accélération dans les creux, avant d'être boxé par les vagues. Et si j'entends le tumulte du vent qui rugit et de la mer dont les lames déferlent, je n'entends pas le trimaran gémir, se détruisant peu à peu. Abrité sous la casquette de la descente, l'œil rivé sur l'anémomètre, je me surprends à prier en espérant que cela se calme, me demandant en permanence ce que je suis venu foutre là. Avant la nuit, par précaution, j'ai enfilé ma combinaison de survie et placé le radeau de sauvetage dans le cockpit prêt à être jeté à la mer. Au cas où... Il aurait fallu affaler le très peu de toile qui reste, mais les creux sont tellement importants qu'il est impossible de mettre le bateau face au vent pour manœuvrer. Alors, il faut subir. Attendre. Et prier.

En fin de nuit, la brise mollit. Il reste encore 50 nœuds établis mais je me sens soulagé. Cela ne pouvait pas être pire que ce que je venais d'encaisser.

Je viens tout simplement, en cette Route du Rhum 2002, de passer la nuit la plus horrible de ma carrière.

Si je suis arrivé à bord de ce magnifique trimaran jaune, c'est grâce à un concours de circonstances agréables au sortir de ma période Figaro. Je suis alors désireux de naviguer sur le circuit dit « Orma » des multicoques de 60 pieds océaniques. Il existe un calendrier annuel très intéressant de Grands Prix, entrecoupés de transats. Malheureusement – ou heureusement peut-être avec le recul, car ce genre de dossier politique est toujours délicat –, le projet un temps ébauché avec le département du Var ne voit pas le jour.

Ayant sous le bras un dossier finalisé concernant la construction d'un nouveau bateau, je suis mis en contact par Havas, qui s'occupe de ce championnat, avec la société Bonduelle, pour monter une équipe commune avec Karine Fauconnier. Elle n'a aucune expérience de ce genre d'aventure. Cette inexpérience étant difficilement surmontable dans les délais impartis, je m'aperçois rapidement que ce montage ne peut pas fonctionner. Je fais savoir au sponsor que je me retire.

Sans doute avais-je tort car Karine trouvera par la suite un financement avec Sergio Tacchini et deviendra une redoutable concurrente. Mais les responsables de l'entreprise me proposent de reprendre en main l'intégralité du programme qui consiste à lancer un trimaran de 18,28 m pour disputer les épreuves réservées à ces voiliers magiques et aériens, avec, en point d'orgue, la Route du Rhum 2002.

Depuis mon passage en Formule 40, j'ai l'habitude de travailler avec le cabinet

Van Peteghem/Lauriot-Prévost, alors spécialiste des multicoques, et c'est tout naturellement auprès de lui que je passe commande du trimaran qui deviendra le premier *Bonduelle*. Les études sont longues et minutieuses et je me passionne pour la gestation de mon nouveau voilier, le premier de cette taille que, de ma carrière, j'ai enfin la chance de faire réaliser pour le mener moi-même en compétition.

Construit chez JMV à Cherbourg et MAG à Fontenay-le-Comte, selon la technique très en avance alors du préimprégné carbone, il est ensuite assemblé et mis à l'eau à La Rochelle. La construction, la recherche et développement de ces engins se révèlent absolument captivants. Large – et même trop, nous nous en rendrons compte plus tard –, *Bonduelle* était équipé des dernières technologies telles qu'un mât basculant cuit dans un four autoclave, un safran relevable, un circuit hydraulique qui se prolonge dans les flotteurs... toutes innovations que les autres n'ont pas encore adoptées.

Ce programme est très attirant mais je n'ai pas mesuré qu'entre la fin de l'année 1999, où le projet définitif est entériné, et la suivante, où nous allons commencer à naviguer, la course à l'armement est passée par là. Les coûts se sont enflammés dans des proportions inimaginables. Le prix des bateaux, les frais de fonctionnement, les équipements... tout a explosé.

Je n'ai pas monté un dossier suffisamment conséquent pour faire face à cette incroyable surenchère. Je me rends vite compte que je manque de bras par manque de moyens financiers. De surcroît, techniquement, personne ne calme le jeu et les trimarans, dopés par une puissance irraisonnée, deviennent vite totalement ingérables lors des courses en solitaire. On tutoie le grand n'importe quoi dans un emballement sans précédent puisque la flotte des multicoques n'a plus connu un tel essor depuis les années 1980.

Ces engins deviennent vifs à l'excès, équipés de mâts trop hauts avec des plans de voilure extrêmes. Ils ne sont plus adaptés à des hommes seuls mais uniquement aux courses en équipages que sont les Grands Prix et quelques rares épreuves au large comme la Route des Phares.

Cinq minutes d'inattention et tu te retrouves cul par-dessus tête. Avec 8 nœuds de vent – un souffle de demoiselle, ce que l'échelle de Beaufort qualifie de « petite brise » –, tu es tranquille. Dès qu'il y en a 10, tu es dans le rouge et les bateaux naviguent déjà sur un seul flotteur, la coque centrale hors de l'eau. À 14 – « jolie brise » –, c'est l'enfer.

Des caractéristiques très embêtantes dans le Pot au Noir, par exemple, cette zone où le vent monte subitement, parfois dans des proportions impressionnantes. En un instant, la brise, jusque-là totalement absente, s'emballe en un grain de 25 nœuds. Le trimaran monte instantanément sur une coque, malgré la grand-voile lâchée en grand, et menace de chavirer en plein milieu de l'Atlantique. Tous les équipages ont frôlé ce genre de correctionnelle.

En ce début des années 2000, les chavirages sont légion, la casse infinie. Certains de mes adversaires, jusqu'au-boutistes, ne veulent pas voir l'impasse dans laquelle nous nous précipitons. Et quand tu arrives au bout de l'impasse, tu rentres dans le mur !

Ce n'est pas encore notre cas lorsque nous mettons à l'eau *Bonduelle* avant de le baptiser, avec Jacqueline Tabarly pour marraine, bien sûr, peu de temps avant de disputer le Grand Prix de Royan d'octobre 2000. C'est là que les emmerdes commencent…

Même si nous gagnons une manche par miracle, nous terminons cette épreuve bons derniers à bord d'un bateau loin d'être mis au point. La grande cavalcade débute. Lors des trois ans passés avec ce voilier, nous allons courir après le temps. Ces engins étaient formidables mais n'arrêtaient pas de casser. À chaque navigation, un élément se brise. Rentrer au port au terme d'une sortie d'entraînement sans avoir rien explosé tient du miracle. Ces trimarans sont bel et bien « trop » et de partout : trop puissants, trop fragiles, trop de paramètres à gérer pour une trop petite équipe. Ce qui est exceptionnel, c'est que parfois nous arrivons à faire des résultats, tels que cette victoire au GP d'Italie ou la deuxième place à l'issue de la Route des Phares 2002. *Bonduelle*, alors bien fiabilisé, y passe au travers d'un coup de vent qui décime la flotte.

La liste des avaries qui touche mon trimaran tourne à la litanie : le mât qui tombe dans le port et se brise ; le bras arrière détruit lors du Grand Prix de Belgique 2002 ; la coque centrale qui prend l'eau lors de ma qualification à la Route du Rhum et menace de faire couler l'ensemble ; les bras – encore eux – broyés au cours de cette même Route du Rhum après avoir percuté *Groupama* chaviré ; le safran explosé dans une Transat Jacques-Vabre... La poisse ! Car, à l'analyse, je me rends compte que tous ces incidents sont souvent le fait d'éléments extérieurs, erreur humaine ou collision, que ce soit avec un autre bateau, un OFNI, comme nous disons dans le jargon, ou un cétacé.

Tout commence par cette chute de mât à Port-la-Forêt. Un équipier avait fait une erreur lors du réglage de hauban, l'espar tombant de tout son long, bouchant totalement l'entrée du port de sa longueur ! Il faut inévitablement en reconstruire un autre mais cette première mésaventure générera un stress permanent dès que l'on touchera cet élément si délicat.

Cette même année, lors d'une régate au contact du Grand Prix de Zeebrugge, *Sopra Group*, le trimaran de Philippe Monnet, tente de passer derrière *Bonduelle*. Nous sommes prioritaires mais ses hommes et lui effectuent mal leur manœuvre d'évitement. En effet, un équipier choque bien la voile d'avant mais aucun n'agit de même pour la grand-voile et *Sopra* ne peut du coup manœuvrer normalement. Il nous percute sur l'arrière, lancé à 25 nœuds ! Le choc, d'une violence inouïe, détruit le bras de liaison de *Bonduelle*.

Les Grands Prix étaient des courses totalement folles, les équipages ne lâchant jamais rien au risque d'exploser leurs bateaux lors de ces épreuves mineures au regard des transats. Au cours d'une de ces régates, le *Fila* de Giovanni Soldini passa si près de *Bonduelle* qu'une de ses coques se trouva sous l'une des miennes, à cinquante centimètres l'une de l'autre.

Je songe alors, et à plusieurs reprises, à arrêter définitivement la course au large. Tout le monde est à cran, nous croulons sous le travail et forcément les résultats ne suivent pas. Prendre du plaisir sur l'eau en naviguant devient exceptionnel. Et il faut des conditions particulières pour y parvenir : une mer plate, un équipage, 10 à 15 nœuds de vent au maximum.

Mes adversaires qui me craignaient quelque peu avant que j'investisse la série, en souvenir de mes années de domination en Formule 40, dont ces trimarans sont les rejetons, jubilent.

Mais il faut continuer, et se rapproche « enfin » le rendez-vous majeur de ce programme : la Route du Rhum 2002. Comme tout concurrent, je suis contraint d'effectuer une qualification en vue de la plus prestigieuse des transats en solitaire. Il s'agit de couvrir mille milles nautiques (1 852 km), seul à bord, afin de prouver son aptitude et d'éprouver la solidité du bateau. Une navigation placée sous la surveillance de la direction de la course. J'appareille dans des conditions clémentes, mon but étant d'aller loin au large vers l'ouest puis de revenir.

Tout se déroule à merveille jusqu'au moment où je percute violemment une baleine sommeillant à fleur d'eau. Je croise alors très au sud de l'Irlande. Et le trimaran, lancé à 22 nœuds, s'arrête net, la dérive plantée contre l'animal. L'accident idiot ! Sous le choc, la dérive a reculé, entaillant la coque centrale immédiatement noyée d'eau. *Bonduelle* ne flotte plus qu'appuyé sur l'eau grâce à ses deux flotteurs.

J'envoie le message suivant à mon PC terre : « 22/09/02. 48° 51' N. -11° 51' W. Coque centrale inondée. Moteur noyé. Informatique hors d'usage. Je ne demande pas assistance. »

Car je tente de ramener le bateau à vitesse très réduite, en le préservant afin que la masse d'eau en mouvement à l'intérieur ne fatigue pas la structure. Pour venir m'aider, Roland Jourdain prend la mer à bord de son monocoque *Sill Plein Fruit* en compagnie de deux de mes équipiers, deux pompes étant aussi du voyage.

Il faut revenir à quai, mais pas à tout prix. À terre, l'arrivée s'organise. Jacques Caraës, alors chef de projet, coordonne déjà le passage des différents techniciens à bord car le départ de la Route du Rhum est dans moins de deux mois. Enfin, quarante-huit heures après l'incident, en fin de journée, « Philoune » Laot et « Riton » Daden sont transbordés à bord de *Bonduelle* depuis *Sill*. Une pompe, mise en action, étale la voie d'eau. Les images que Philoune réalise avec une mini-caméra sont éloquentes : une vague balaie en permanence le carré de *Bonduelle* dont les instruments sont irrémédiablement noyés. Nous rallions finalement Port-la-Forêt. Grâce au dévouement de mon équipe technique qui ne compte ni ses heures ni son labeur, le bateau est remis en état. Il est même le premier à être convoyé à Saint-Malo, le port de départ !

Pourtant, avant le coup de canon, je sais pertinemment que je n'ai pas eu le temps de faire beaucoup d'entraînements en solitaire, pas assez en tout cas. Comme tous les skippers de multicoques, je mesure combien cet exercice en solo est limite. Les jours précédant l'envol, il me suffit de regarder les visages de tous les concurrents pour comprendre l'angoisse ambiante.

Avant chaque grande course, si tu veux savoir la vérité, il faut discuter avec les femmes des marins, pas avec les marins eux-mêmes. Et cette fois-là aucun n'appareille la fleur au fusil. Nous savons très bien que nous allons au carton, la météo prévue étant détestable. Le report est bien envisagé, option que je soutiens à fond, connaissant trop bien la dangerosité de nos bateaux. Mais elle n'est pas retenue. Trop d'intérêts en jeu : sponsors, contrats, télés...

Une fois de plus, je passe pour un con, mais tant pis.

Le dimanche 10 novembre 2002, c'est le départ. Nous naviguons en peloton. En pleine nuit, je vire de bord pour revenir vers la côte, du côté de l'île de Bréhat et soudainement je percute le trimaran de Franck Cammas qui a chaviré ! Sur le coup, je ne vois rien, je ne comprends rien. Je regarde vers le haut, persuadé que je suis entré en collision avec un cargo, cherchant les murailles de sa coque :

toujours rien. Je ne sais pas du tout de quoi il s'agit et pourquoi mon bateau s'est arrêté soudainement et violemment au beau milieu de la Manche. C'est alors que je distingue le nom *Groupama* écrit à l'envers puis Franck assis sur la coque centrale.

Je lui demande comme un abruti : « Mais qu'est-ce que tu fous là ? » La question bête par excellence mais je devais la poser. Franck me répond simplement : « J'ai chaviré ! » Incroyable situation de deux trimarans imbriqués l'un dans l'autre en pleine Manche, l'un retourné, l'autre non ! Surréaliste.

Mais il faut agir et vite. En mettant les voiles à contre, je parviens à faire marche arrière, à dégager *Bonduelle* de *Groupama* et reprendre ma route après que Bertrand de Broc – je l'apprendrai plus tard – fut passé près de nos deux bateaux enchevêtrés, manquant nous percuter à son tour ! C'est en partie en nous voyant ainsi que Bertrand décidera, quelques heures plus tard, d'abandonner. Cette improbable fortune de mer est la goutte d'eau... Une décision personnelle, tout à fait respectable.

À bord de mon trimaran, les avaries – nez du flotteur tribord en chou-fleur, coque délaminée sur un mètre carré – sont trop importantes pour que je puisse continuer. Je suis obligé de faire escale à Camaret où m'attend mon équipe technique. La navigation est délicate non seulement pour veiller que les dégâts ne s'accroissent pas mais aussi parce que le GPS et l'ordinateur de bord sont en panne et que je dois emprunter de nuit, lancé à 25 nœuds de vitesse, le redoutable chenal du Four, seulement guidé par téléphone par Dominique Conin, mon routeur.

J'arrive le 11 au petit matin, mes gars se ruent sur *Bonduelle*, amarré à un ponton, pour entamer les réparations alors que je vais me reposer dans un petit hôtel. Au large, la tempête a enflé terriblement. Déjà plusieurs autres concurrents ont soit fait demi-tour, soit ont chaviré dans le golfe de Gascogne.

Le 13 novembre, alors que *Bonduelle* est de nouveau parfaitement en état, Dominique me signale qu'une éclaircie passagère doit me permettre de reprendre la course. J'appareille, j'arrive au raz de Sein où les conditions demeurent toujours dantesques. Et le vent n'arrête pas de forcir. J'appelle Dominique par téléphone satellite :

« Là, il y a une connerie ! Tu me la fais pas !

— Rentre ! Rentre vite ! » me lâche-t-il simplement.

Les nouvelles prévisions sont pires encore. Je ne peux rien faire d'autre que revenir à Camaret me mettre de nouveau à l'abri. Mais comme je suis de retour en course, je suis réglementairement obligé de moisir à bord du bateau au mouillage et de refuser toute assistance extérieure. Et me voilà sur *Bonduelle*, quarante-huit heures durant sans mettre pied à terre, situation particulièrement absurde, attendant qu'une nouvelle accalmie se profile.

Elle est prévue pour le vendredi 15 ; fausse bonne nouvelle car une fois en mer, j'affronte 65 nœuds de vent (120 km/h) dans le golfe de Gascogne, à la limite du plateau continental, sur une mer déchaînée comme je n'en avais jamais connu.

Durant cette nuit, je vais endurer les heures les plus pénibles et dangereuses de ma carrière, tentant de survivre au milieu de ce que l'échelle de Beaufort, toujours elle, qualifie d'ouragan avec un vent de force 12...

L'aube grise et blafarde du coup de vent perce à peine que je constate, à la faveur d'une très légère accalmie, l'étendue des dégâts : les bras de liaison entre la coque centrale et les flotteurs ont explosé par la seule force des paquets de mer déferlants. Le mât tient par miracle, à moins que ce ne soit par habitude. Je tends des cordages pour essayer de bloquer la plateforme et tenter d'éviter que le trimaran ne se disloque. Puis, au ralenti dans une mer qui reste grosse quoi qu'il advienne, je parviens deux jours plus tard à ramener *Bonduelle* à Porto dans le stress permanent qu'il se désagrège. J'ai rarement été aussi heureux d'arriver à terre qu'en ce lundi 18 novembre 2002.

Mon équipe technique, présente sur place, prend en charge le trimaran que nous voulons ramener par cargo en France. Le problème qui se pose est quasi insoluble : les bras de liaison sont tellement ravagés qu'il est presque impossible de le soulever avec une grue pour le déplacer sous peine de le voir se disloquer. Nous y parvenons tant bien que mal et *Bonduelle* retrouve son chantier où nous en profitons pour réduire sa largeur afin de tempérer son caractère.

J'avoue alors en avoir franchement assez ; ma claque de chez ma claque. Je refais néanmoins une nouvelle saison, tronquée, à son bord, pendant la construction du monocoque *Bonduelle*, prévu pour le Vendée Globe 2004. J'enchaîne le Grand Prix de Marseille puis la course entre Cherbourg et Rimini. Une épreuve en équipage étrange où Alain Gautier chavire au large du Portugal. Nous longeons les côtes marocaines, où nous effectuons un bon coup tactique au passage du sud de l'Italie, et nous naviguons de manière bien agréable entre les îles de l'Adriatique. L'arrivée est nettement moins sympathique. Quarante nœuds de vent, une mer affreuse et ce, dans une zone où les GPS sont brouillés par les militaires. Franck Cammas, en tête, a alors un mal fou à trouver l'entrée du port italien et n'y parvient qu'en longeant la côte dans des conditions périlleuses, naviguant au milieu des déferlantes.

Pire encore : dans cette tempête, l'entrée de Rimini, une fois la ligne coupée, est barrée par des rouleaux gigantesques qui y déferlent. Pour pénétrer dans le port, il faut franchir l'obstacle en surf puis tourner violemment à droite juste après. Un truc de dingues. Pas le droit à deux essais ! Une jolie troisième place vient néanmoins conforter nos performances en équipage à bord de ce trimaran.

Je dispute enfin la Transat Jacques-Vabre 2003 avec Kito de Pavant pour équipier. J'aime bien Kito depuis son irruption soudaine dans le monde de la course au large, en particulier lors de la Transat AG2R qu'il disputa avec un bateau nommé *Les Tortues à carapace molle*.

Après avoir cassé le safran de la coque centrale lors d'un choc avec un objet flottant au large du cap Finisterre, nous sommes obligés de relâcher à Madère pour réparer pendant deux jours. Hélas, le rafistolage ne tient pas longtemps et nous voilà cette fois au milieu de l'Atlantique, privés non seulement de cette pale mais aussi du gouvernail d'un des flotteurs qui se brise peu après ! À chaque manœuvre importante – virer de bord ou empanner –, nous sommes contraints de changer de safran en prenant le dernier valide pour l'installer sur l'autre flotteur, à dix-huit mètres l'un de l'autre. Une incroyable galère qui nous vaut de terminer piteusement à la onzième place… Cette course est la dernière menée à bord du trimaran *Bonduelle*.

Ce sont des bateaux de fous : la preuve, il n'en reste quasiment plus en l'état de naviguer. Lors de cette période, au début des années 2000, un paquet d'entre eux ont été détruits, chavirés, broyés. La liste des fortunes de mer sur la flotte des multicoques, ne serait-ce que pendant la Route du Rhum 2002, est effrayante. Et tout le monde pourtant d'applaudir une fois la course dans le mur.

Certes, il n'y eut aucun disparu, mais nous aurions pu être nombreux à le devenir. Maigre consolation néanmoins car rares étaient ceux qui acceptaient, même devant ce constat technique accablant, de remettre en cause ces trimarans devenus hors de proportions pour la course en solitaire. Certains avaient failli y passer par la faute de ces bateaux : « Et alors ? » semblaient-ils penser.

Ces multicoques étaient déséquilibrés. J'étais partisan de réduire de deux mètres la hauteur des mâts, voire d'adopter la monotypie pour ces éléments vitaux, c'est-à-dire d'être tous équipés du même. Mon idée était de brider le moteur comme cela se fait en Formule 1. Personne ne semblait partager mon opinion. Mais les décisions de Bertrand de Broc – qui abandonna la course en solo sur multicoque lors de ce Rhum 2002, mesurant le risque – puis d'Armel Le Cléac'h, qui refusa ensuite de naviguer en solitaire sur *Foncia,* prouvent que certains en avaient pris conscience.

Mon sponsor n'a pas vécu sereinement non plus cette période du multicoque océanique. Il espéra en permanence de meilleurs résultats mais, après cette litanie d'incidents, nous étions, avec mon équipe technique, en permanence dans le rouge pour essayer de redresser la situation. L'expérience et le défi technique furent intéressants, mais je n'ai pas vraiment aimé ce bateau. Parfois tu réalises un miracle : tu gagnes un Grand Prix, tu termines deuxième ou troisième d'une course. Mais c'est à l'arraché. Car, entre-temps, tu ne vis pas, tu ne vis plus. Il n'y a plus de plaisir, tout le monde en bave.

Je garde un mauvais souvenir de cette période. Je pourrais faire le malin et écrire combien c'était amusant de naviguer sur ces machines. Je ne comprends pas les nostalgiques de cette époque marquée par ce type d'engins de 18 m devenus trop extrêmes. Seul Michel Desjoyeaux l'a bien traversée avec ses victoires dans la Transat anglaise et la Route du Rhum. Une exception !

Il ne navigue quasiment plus aucun trimaran de ce genre : 80 % d'entre eux ont été détruits et ceux qui restent pourrissent sur des terre-pleins. Le bilan est accablant. Et qu'importe si je passe pour le ronchon de service…

En 2003, rincé et usé par cette série de bateaux fous, je propose à Bonduelle une nouvelle orientation, avec le Vendée Globe pour objectif. Le trimaran est vendu à l'écurie du baron Benjamin de Rothschild puis rebaptisé *Gitana XII*. Il sera ensuite repris par l'équipe suédoise de Coupe de l'America qui s'en servira pour tester un gréement à voiles rigides. Acquis par un riche californien, il gagnera tout de même la Transpac entre San Francisco et Honolulu 2013. Depuis 2016, il est en vente en Californie, ne trouvant aucun acquéreur…

7

Seul autour du monde

« Si vous avez des invités,
c'est pour leur donner le meilleur,
pas le moins bon ! »

Des icebergs partout ! Il y a tant de glaces dérivantes autour de *Bonduelle*, que je me vois contraint de passer une nuit entière en veille sur le pont. Heureusement, elle ne dure que quatre heures dans l'hémisphère Sud en cette saison.

C'est le mois de décembre 2004, une vingtaine d'icebergs cernent mon bateau. De toutes tailles, de toutes longueurs... Les plus imposants mesurent bien cinq cents mètres. Au radar, certains, trop loin pour que je puisse les distinguer de mes yeux, ont des mensurations gigantesques, effrayantes. J'essaie tant bien que mal de me conforter dans l'analyse stratégique qui m'a envoyé croiser dans cet enfer, localisé dans le Pacifique sud, mais *Bonduelle* progresse dans un étrange couloir entre les glaces et je ne peux plus l'en sortir.

Vincent Riou, l'adversaire avec lequel je mène ce Vendée Globe depuis des semaines maintenant et avec qui je communique régulièrement, estime que je suis fou de prendre de tels risques. Pas moi. Même si, intellectuellement, accepter un tel danger n'a rien d'évident. Je suis tiraillé en permanence mais je ne peux plus virer de bord ou faire demi-tour.

Je m'habitue progressivement à ces envahissantes présences. Je me surprends, au bout de quelques heures, à intégrer ces glaçons monstrueux dans le paysage qui est alors le mien. Je note néanmoins consciencieusement leurs coordonnées géographiques que j'envoie au PC course à Paris afin qu'ils en informent les autres concurrents naviguant derrière moi.

La curiosité me pousse même à me dérouter pour voir de près non seulement ce qu'est exactement un iceberg mais aussi où se trouvent les fameux growlers par rapport au bloc principal. Et, à un quart de mille, je constate de visu qu'il s'agit presque d'une « mère » de glace entourée de ses petits, petits que tu ne peux pas voir en navigation normale, l'ensemble dérivant de manière identique, dans la même direction et à la même vitesse.

Constater qu'ils se trouvent uniquement à portée des plus importants me rassure un tant soit peu. J'échafaude du coup ma propre théorie, censée me rassurer : si je ne rase pas un gros, je ne toucherai pas de growler. Je suis aussi surpris et fasciné par la beauté qu'ils dégagent dans leur forme comme dans leurs dégradés de bleus. Une fois que tu en as vu un, tu as envie de t'approcher toujours plus, pour le seul plaisir de l'observation.

En revanche, je ne constate ni le souffle froid supposé être dégagé par les icebergs pas plus qu'une baisse de la température de la mer, globalement de 4 à 5 °C. Paradoxalement, elle sera plus froide lorsque je monterai de nouveau quelque temps plus tard vers le nord, loin de l'endroit infesté que je viens de traverser.

Je croise deux jours durant au milieu de la zone la plus dense avant de toucher enfin la bascule de vent que je suis venu chercher et de mettre le cap vers le nord. Je n'en distinguerai plus ensuite que quelques-uns, plus épars. Je m'en suis bien sorti, entier, à l'inverse du pauvre Sébastien Josse qui percutera violemment un growler et endommagera son bateau.

Je ne suis qu'au premier tiers du Pacifique, mais je n'ai alors qu'une hâte : arriver au cap Horn.

C'est évidemment parce que j'ai décidé de participer au Vendée Globe que je me suis retrouvé dans une telle situation, plus qu'inconfortable. Fin 2002, dégoûté et fatigué par les multicoques océaniques, flotte de bateaux que la Route du Rhum a décimée, je propose à mon sponsor d'en tourner la page et de nous lancer à l'assaut du Vendée Globe 2004.

La manière dont cette course avait évolué me correspondait davantage : elle n'était plus la grande aventure des pionniers de 1989 ; les erreurs de conception des bateaux ayant conduit à la tragique édition de 1996, marquée entre autres par la disparition de Gerry Roufs, avaient été gommées.

À l'époque où je refusais obstinément cette épreuve, mon ami Guy Cotten m'avait simplement dit : « Jean, c'est bien le Vendée Globe ! »

Et je lui avais répondu du tac au tac : « Jamais ! Les bateaux se retournent ! Je ne le ferai jamais ! »

Roland Jourdain m'avait de surcroît invité à effectuer en course le Tour des îles Britanniques à bord de son monocoque de l'époque, *Sill*, et j'avais redécouvert la « vraie vie », celle que j'aime en mer où tu cours et tu navigues pour le plaisir, sans stress. Où le voilier peut partir en vrac en se couchant sur l'eau sans gravité. Où tu peux même aller pisser tranquille sans crainte de prendre le bateau sur la tête ! Cela acheva de me convaincre : c'était désormais dans cette catégorie de monocoques que tout se passait.

Fermement décidé, je m'emploie à convaincre mes sponsors, Christophe et Benoît Bonduelle. Et j'obtiens leur accord en janvier 2003, quelques mois seulement après l'éprouvante Route du Rhum 2002.

Afin de réduire les coûts mais aussi de profiter de l'expérience de Roland Jourdain, dit « Bilou », qui brille dans cette catégorie à l'époque, nous décidons de lancer deux bateaux identiques, dessinés suivant des plans du cabinet Lombard et construits par JMV à Cherbourg pour la coque et CDK pour le mât.

Un coursier s'enfante souvent dans la douleur. Cette fois-là n'échappe pas à la règle, avec de nombreux retards dans la fabrication. Rien d'un dossier facile – d'autant que je continue pendant ce temps à disputer une partie de la saison des multicoques avec le trimaran *Bonduelle* –, mais nos deux monocoques sont finalement mis à l'eau en mai 2004.

Sans attendre, nous appareillons pour nous rendre dans le nord de la France afin de disputer les 1 000 Milles de Calais, première course de notre nouveau programme. « Bilou », parti la veille de Normandie avec son propre voilier, a déjà rebroussé chemin : la quille de *Sill et Veolia* vibre de manière très inquiétante ! Trop pour envisager de disputer une course.

La mienne est identique mais ne montre pas le moindre défaut, en grande partie parce que nous naviguons dans un temps de demoiselle.

Une pétole qui continue d'ailleurs tout le temps de la régate, que nous gagnons. Jolie première pour le monocoque *Bonduelle* qui, d'entrée, prouve son grand potentiel, signant une victoire assez large, acquise juste après le phare du Fastnet où, grâce à une belle option tactique et une excellente vitesse, nous avions creusé un trou que les autres ne parviendront jamais à combler.

Mais les soucis de quille qui ont atteint le bateau de Roland Jourdain ne nous laissent aucun répit. N'ayant pas participé aux 1 000 Milles de Calais, il a, pendant ce temps, amené son bateau en Bretagne sud pour travailler aux modifications à apporter.

Après Calais, je dois initialement prendre part à la Transat anglaise. Cette participation en solitaire dans l'Atlantique nord n'est plus du tout raisonnable car les premières analyses fines, menées sur le bateau de Bilou, laissent entendre que nos quilles peuvent se mettre très vite en vibration lorsque le bateau est lancé à vive allure, atteignant ce fameux phénomène dit de « flotting » qui peut disloquer un avion ou rompre le tablier d'un pont. Faire entendre à mon sponsor que je ne vais pas participer à cette prestigieuse transatlantique n'est pas une mince affaire, malgré les résultats implacables des tests de mise en résonance vibratoire. Aucun doute n'est possible : le voile de quille ainsi construit ne peut que se briser.

Roland intervient même dans la discussion pour convaincre mon partenaire financier qui, finalement, me laisse seul juge de la décision à prendre. Il n'est pas facile de défendre ma position sachant que cette menace, sur mon propre bateau, n'est que potentielle.

Nous sommes très inquiets aussi pour Bernard Stamm : l'appendice de son nouveau monocoque – qui n'est pourtant pas dessiné selon les mêmes plans que *Bonduelle* et *Sill et Veolia* – est atteint du même syndrome.

Cette fameuse fréquence vibratoire est identique. Je me rends même en Angleterre pour en parler avec lui mais qu'importe à Bernard : il prend le départ de The Transat en juin. Il casse sa quille, chavire et, n'ayant plus le temps ou les moyens de réparer, ne peut participer au Vendée Globe cinq mois plus tard.

Bonduelle, de son côté, est déjà rendu à son port d'attache où nous décidons, à l'image de ce qu'a entrepris Roland Jourdain, de renforcer ce fameux appendice. Les coefficients de sécurité sont doublés et, en voyant le nouveau voile, je le trouve nettement plus cohérent. Lors du chantier de construction du bateau, j'avais trouvé le premier très souple. Mais je m'étais dit : « Tu n'y connais rien dans ces monocoques-là, alors ferme ta gueule. » L'instinct parfois vaut mieux que bien des calculs peut-être.

Il fallait en tout cas faire vite : le Vendée Globe approche à grands pas et je dois me plier aux obligations de la qualification au cours de laquelle je fais en solo un aller-retour entre la Bretagne et les États-Unis sans aucun souci technique.

J'ai pourtant le sentiment que, une nouvelle fois, nous sommes à la bourre dans la préparation du Vendée Globe. En vue d'une telle course, il y a ceux qui y ont participé et les autres. Je suis dans la deuxième situation et cette incertitude génère forcément des interrogations et des tâtonnements : combien de voiles emmener ? quel matériel de rechange ? Quels sont les éléments les plus sujets à des casses éventuelles ? Quel kit de stratification prendre ? Embarquer un groupe électrogène de secours ou non ? un safran de rechange ? L'exacte nourriture, ce dont se charge Anne, mon épouse... Chaque élément a une importance déterminante.

Ne rien oublier, penser aux trois mois seuls à venir.

Quelque temps avant le départ, nous dînons chez Jacqueline Tabarly en compagnie d'Olivier de Kersauson. Il y a toujours des choses à apprendre de ceux qui ont effectué plusieurs tours du monde. Comme ne jamais être surtoilé pour ne pas être rapidement débordé ensuite. Il y insiste beaucoup. Des détails que je connais déjà mais qu'il est intéressant de considérer à nouveau avec une personnalité aussi forte que celle d'Olivier.

J'essaie de me renseigner auprès des uns et des autres, ceux qui ont déjà disputé cette épreuve, mais au final, j'effectue seul les choix définitifs. C'est ainsi que je partirai avec beaucoup trop de voiles à bord, certaines se révélant totalement inutiles en course...

Au fur et à mesure de la préparation, je me rends compte de la difficulté du challenge. Certes, il y a la compétition, moteur de mes navigations, mais je commence à percevoir peu à peu l'aventure que représente un tel défi, ce grand pas vers l'inconnu. Jusqu'au jour du départ, je ne sais toujours pas si le Vendée Globe va me plaire.

Un mois avant le départ, il faut convoyer *Bonduelle* aux Sables-d'Olonne. Je décide de ne plus m'occuper de la fin de la préparation du bateau, laissant cela à mon équipe. Les sollicitations, aussi bien médiatiques que générées par l'organisation ou mon sponsor, sont nombreuses. Elles permettent aussi de se vider l'esprit du casse-tête technique.

Je ne m'étais jamais rendu à Port Olona avant le départ du Vendée Globe 2004. Je me rends compte alors de la passion que cet événement suscite. La veille du départ, Philippe de Villiers – l'incontournable président du conseil départemental de Vendée avec lequel je m'entends bien même si je ne partage pas du tout ses idées politiques – et l'organisation mettent en place une soirée obligatoire au casino des Sables. Nous aurions tous, nous les concurrents, aimés être ailleurs mais il faut s'y plier. J'en profite pour faire des oreilles de Mickey à Villiers lors de la photo de famille... L'occasion était trop belle. Je termine la soirée tranquillement avec Anne mais sans mes filles, Morgane et Thaïs. Je ne suis pas de ceux qui ont besoin de la présence de leurs enfants jusqu'au dernier moment, et puis, lors des ultimes préparatifs d'une course, je ne suis pas assez disponible.

Il est 9 heures du matin, en ce dimanche 7 novembre 2004. J'ai quitté quelques minutes plus tôt l'hôtel où nous logions, je me rends au port en compagnie d'Anne et je me vois interdire l'accès au ponton où se trouve mon bateau. Devant moi, un vigile m'empêche de pénétrer dans l'enceinte du village réservé aux coureurs et organisateurs ! Impossible d'aller plus loin.

« Mais je suis concurrent du Vendée Globe !

— Je ne veux pas le savoir, vous n'entrez pas ! »

Les explications durent bien cinq minutes. Je bondis hors de la voiture et, depuis toutes ces années, je ne sais toujours pas ce qui s'est passé à ce moment-là...

Je ne le touche pas, je ne dis rien et soudainement, il accepte d'ouvrir la barrière. Anne m'expliquera plus tard en riant qu'à la vue de ma fureur, il valait mieux nous laisser passer. En 2008, Philippe de Villiers enverra des motards me cueillir à mon hôtel pour m'encadrer jusqu'au port...

Ce coup de sang derrière moi, l'émotion monte peu à peu. Décidément, le Vendée Globe n'est pas une course comme les autres. Il y a d'abord le cérémonial des adieux sur le quai ; les officiels qui passent de bateau en bateau ; les amis qui te saluent ; les dernières questions des journalistes ; les concurrents qui larguent les amarres les uns après les autres, pris en remorque par des chalutiers en direction de la haute mer via l'infini chenal des Sables-d'Olonne. J'évolue dans un autre monde lors de cette remontée entre les deux quais submergés de spectateurs. Les applaudissements, les encouragements, les cris, les banderoles... Formidablement prenant, magnifiquement chaud. De ce moment, je retiens avant tout la sympathie et l'affection du public que j'essaie autant que possible de lui retourner.

Mais le plus fort est encore à venir : à peine la remorque lâchée, à peine *Bonduelle* libre de se rendre sur la ligne de départ, voilà que le pilote automatique rend l'âme. Nous appelons les techniciens du fabricant, ils viennent illico à bord, changent une pièce, réinitialisent le compas électronique et une heure après, l'ensemble fonctionne de nouveau ! Petit moment de... tension, pour rester modéré.

Les heures en mer avant le coup de canon passent vite, comme d'habitude, dans la routine des ultimes préparatifs. À l'inverse du départ d'une autre course, plus personne ne parle. Et lorsqu'Anne, mes derniers équipiers, mes sponsors quittent le bord, troublés, l'émotion est à son comble. Un départ de Vendée Globe est bien à part. Rien n'équivaut à l'ambiance qu'il génère, pas même une Route du Rhum en multicoques où le stress surpasse tout. L'événement Globe, accompagné du respect et de la passion qu'il impose, chavire toutes notions raisonnables.

Au coup de canon, je prends un envol correct en franchissant la ligne parmi les premiers par un vent et une mer calmes.

Je navigue sous grand-voile haute et petit gennaker et, au terme du parcours côtier mis en place par les organisateurs, je vire la dernière bouée nous libérant avant le large en bonne position, derrière Jean-Pierre Dick et après avoir passé Sébastien Josse lors de la remontée au près vers cette marque. Le jour décline, la flotte s'enfonce dans le golfe de Gascogne. Les Sables-d'Olonne s'effacent dans le sillage. Les vedettes de mes équipiers, des spectateurs et de la presse rebroussent chemin, les hélicoptères aussi. Il n'en reste plus qu'un. Il fait demi-tour. Débute alors vraiment le Vendée Globe. Je suis en course autour du monde en solitaire. Là où je voulais être.

Sincèrement, cet écartement progressif d'avec la terre et les suiveurs fait plaisir. Je retrouve cette sérénité qui me manquait les jours précédents.

Je me change pour passer mes vêtements de mer. J'endosse la course. Je suis chez moi.

Les réflexes reviennent immédiatement et j'attaque d'entrée. Il est hors de question, lors des premiers jours, de laisser filer quelques adversaires, au risque de ne plus jamais les revoir.

La route est assez facile, les premières heures sont plutôt clémentes, le vent favorable permettant de progresser vite sous spi, jusqu'au cap Finisterre où, au lendemain du départ, je fais le vrac de la mort ! Je n'ai que peu de recul par rapport à *Bonduelle,* mis à l'eau peu de mois avant le départ du Vendée Globe et dont j'ai encore du mal à cerner parfois les limites. Cette fois-ci, il s'allonge de tout son long sur l'eau à cause d'une surface de voilure trop importante. Cela me calme immédiatement ! Je ne casse rien, j'affale le spi, non endommagé heureusement, je redresse le bateau sans mal mais l'alerte est donnée. Et le ton de la course aussi.

Jusqu'au Pot au Noir, cette édition du Vendée Globe est assez simple. Nous naviguons dans de bonnes conditions, en peloton et au portant. Peu après le passage de Madère, je réalise quelques bons petits coups tactiques qui me permettent de prendre la tête, juste avant l'archipel du Cap-Vert, avec Vincent Riou non loin. Je suis en effet celui qui s'est le plus rapproché de la côte africaine, ce qui m'a permis de revenir aux avant-postes. Les autres concurrents ont compris trop tard. Rebelote aux Canaries, où je décide de passer entre l'Afrique et les îles pendant que Vincent choisit de slalomer entre les îles, justement. En naviguant plus à l'est, je parviens à lui reprendre jusqu'à 54 milles en vingt-quatre heures. Je me recale derrière lui, juste après ce passage toujours délicat, puis je le passe.

Cette année-là, le Pot au Noir, cette zone de vents instables, où oscillent calmes plats et grains violents, que les encyclopédies baptisent « zone de convergence intertropicale » et qui s'étend autour de l'équateur, est particulièrement large. Et active. Tellement que, dans les nombreux orages qui se succèdent, je suis obligé de couper à plusieurs reprises l'électronique du bateau pour éviter qu'elle ne grille.

Pour ma part, je suis plutôt satisfait de cette première partie de Vendée Globe. Sans gros pépin technique, le bateau va bien. Je trouve les bonnes solutions stratégiques qui me permettent, sinon de me maintenir en tête, du moins d'être toujours parmi les leaders. Le scénario est idéal. Seul fait marquant : la vitesse. Nous franchissons l'équateur après dix jours de course seulement.

La moyenne tenue cette année-là est phénoménale, grâce à des conditions météorologiques particulières : des vents toujours au-dessus de 15 nœuds ; il y a des moments où tu réclames un peu de répit…

La course me plaît. Je suis heureux. C'est génial. Je sors de quatre années de multicoques pénibles et je me retrouve en tête d'un tour du monde sur un bon bateau qui ne chavire pas lorsqu'il part en vrac. La classe !

Cela se ressent, paraît-il, lors des liaisons, effectuées par téléphone satellite, avec le PC course à Paris. Globalement, je ne communique pas beaucoup. Quotidiennement avec mon équipe technique, ma famille, mais le minimum. Je suis dans ma bulle, dans mon monde. J'y suis bien.

L'avantage d'un Vendée Globe, c'est que le travail à bord est permanent. Du coup, pas de prise de tête possible. Il faut vérifier le bateau et ses différents composants, les entretenir sans relâche, faire le plein de fuel du moteur lorsqu'il en manque, « matosser », analyser la météo, le positionnement des autres concurrents… Je reçois quotidiennement quatre fichiers informatiques contenant la météo. C'est le passage de ce facteur du ciel qui impose avant tout le rythme de vie ainsi que les vacations obligatoires avec la terre.

Physiquement, je suis entré dans un fonctionnement habituel qui m'est idéal, marqué par quatre à cinq heures quotidiennes de sommeil, la longueur des tranches de repos variant d'une demi-heure à trois heures en fonction des conditions extérieures. Lorsque la mer est mauvaise, je me hisse sur une couchette latérale où, plus fréquemment, sur celle ménagée au centre du bateau, devant la table à cartes. Par beau temps, je dors à l'extérieur, allongé dans le cockpit.

La nourriture a été soigneusement préparée et je me régale des petits plats confectionnés par Fleury Michon – l'un de mes anciens partenaires – et un autre traiteur avec lequel Roland Jourdain est sous contrat. Un peu de lyophilisé a été glissé dans mon avitaillement – mais pas trop, il ne faut jamais en abuser...

La course est belle !

Arrive le contournement de l'anticyclone de Sainte-Hélène, dans l'Atlantique sud. Le moment clef en est le passage d'une dorsale malgré un manque de vent total. J'ai bien analysé la situation météo et je sais que si j'arrive à franchir en premier cet écueil, les autres derrière vont rester englués dans le petit temps et moi, devant, je cavalerai comme jamais grâce au retour du vent. Je ne ménage pas mes efforts, je barre beaucoup, histoire de soulager « mon Popaul », ce bon vieux pilote automatique, et d'avoir un minimum de finesse. Les manœuvres sont incessantes pour s'extirper de l'endroit. J'imagine un instant distancer Riou mais il s'accroche et nous franchissons l'obstacle in extremis tous les deux. « Vincent le Terrible », comme j'ai pris l'habitude de le surnommer désormais, ne laisse rien passer. Pas une miette ne va à la poubelle. Il finit bien son assiette !

Derrière, ils sont bloqués et se retrouvent avec plus de 200 milles de retard sur nous. Il fallait être au bon endroit au bon moment. La situation a fait que notre positionnement par rapport au phénomène est idéal.

Le plus surprenant se déroule peu après. Un matin, alors que nous nous enfonçons en direction des Quarantièmes Rugissants, je regarde de près le classement envoyé par la direction de course et je m'aperçois que la position géographique de *PRB* est très proche de la mienne. Je sors sur le pont. Je ne vois d'abord rien, rien. Puis paf ! Il est là, juste devant, à 200 mètres ! Mon premier réflexe, comme celui de Vincent, est de nous filmer l'un l'autre puis d'envoyer ces images à terre. Lors de la vacation avec Paris, je me délecte à raconter cette rencontre du bout du monde.

« *PRB* et *Bonduelle*, faits l'un pour l'autre. Cela aurait été plus simple de le rencontrer à Port-la-Forêt, au bar de *La Hune* ! »

Sincèrement, nous étions contents de nous voir. Mais Vincent n'est pas un grand bavard. Moi, tout dépend des heures. Alors, la conversation que nous lions par radio VHF dure juste le temps qu'il faut. D'un autre côté, je suis un peu vexé. J'étais persuadé de l'avoir légèrement distancé mais soulagé finalement de le savoir proche alors que nous arrivons dans la zone dangereuse du parcours. Mon sentiment est ambigu. « Merde, il est là », mais « chic, il est là ! » Cette fois, c'est certain, nous allons faire la course à deux.

Et elle promet de se durcir sérieusement. Je prends minutieusement le temps de préparer le bateau pour les conditions du Grand Sud. D'abord positionner ce fameux matériel à matosser sur l'arrière. Puis monter dans le mât pour le vérifier entièrement et changer une girouette tombée en panne. Et checker méticuleusement *Bonduelle* dans son ensemble.

Dans un premier temps, la température de l'air plonge incroyablement vite au fur et à mesure de la progression vers le sud. Un jour tu portes un tee-shirt, le lendemain tu enfiles les fourrures polaires. Puis la mer peu à peu se rappelle à toi. Elle se croise, enfle au fur et à mesure des dépressions qui arrivent, méchantes, mais pas plus au final qu'au cours d'une grosse tempête en Atlantique nord dans le golfe de Gascogne. Lors d'une vacation radio avec une classe d'enfants, je parle comme tout marin d'une « mer blanche » simplification que nous utilisons pour décrire un état de l'océan couvert de moutons ou de déferlantes.

Et l'un des petits garçons de me demander, effaré : « Mais, dans le Sud, la mer est blanche ? pas bleue ? »

Alors peu à peu, aux abords de ce célèbre Grand Sud, les vracs se multiplient.

Le premier – bateau à l'horizontale sur l'océan – m'impressionne. Toilé correctement sous solent avec un ris dans la grand-voile, je me fais cueillir par une brutale accélération du vent, passant de 30 à 50 nœuds en un rien de temps. D'un coup, le bateau en furie est propulsé sur les vagues, très croisées. Je ne touche à rien. Je sais simplement qu'il va se passer quelque chose de fort, voire dangereux ; que la sortie de route est l'imparable conclusion à cette ruade ! L'angoisse, soudain, me prend : on ne stresse que face à l'inconnu et je manque encore franchement de recul par rapport au comportement du bateau lors de ce genre de figure libre.

En sentant *Bonduelle* s'emballer ainsi sous mes pieds, je me demande si le mât va résister, dans quel état le bateau va finir sa course, si les safrans vont tenir... Je suis totalement impuissant. Alors que je suis bien incapable de réduire la voilure au risque de tout exploser, soudainement, *Bonduelle* se jette à l'abattée et termine sa course étalée de tout son long sur un océan Indien tempétueux dans un vacarme d'enfer.

La grand-voile passe violemment d'un bord sur l'autre. Mon premier réflexe est de regarder si le mât a tenu, si les lattes sont entières et si les safrans ont résisté. Le bateau a beau être couché au milieu des déferlantes, c'est presque le soulagement qui m'anime. Mais il faut agir, vite et sans précipitation. Et surtout sans faire la moindre connerie. Je réfléchis minutieusement à la manière de le relever sans que cela entraîne une avarie.

Je décide, à cheval sur le moulin à café à l'horizontale, d'enrouler d'abord tranquillement ma trinquette afin de ne plus avoir à gérer de toile à l'avant. *Bonduelle* se trouvant à l'horizontale, la manœuvre est relativement facile car le vent ne se prend plus dans la voile. Puis, je positionne la quille pivotante dans l'axe de la coque. La symétrie de l'ensemble est assurée et le bateau se redresse peu à peu.

La grand-voile, prise dans une des deux bastaques, je borde la seconde (celle qui n'est pas sous tension) sans jamais libérer la première sinon le mât se casserait, puis j'essaie de virer de bord en prenant grand soin de ne pas briser les lattes. Il me faut un bon quart d'heure pour remettre *Bonduelle* en route. Une fois revenu à l'endroit, je crois avoir dit ouf !

Ce vrac me prend à froid juste avant le passage du cap de Bonne-Espérance ; ils vont vite devenir une habitude. La vitesse devient, elle aussi, routinière. Lors des premiers jours, tu t'inquiètes au cours des surfs à plus de 22 nœuds ; puis ils deviennent acceptables, normaux, et à la fin tu regrettes de ne pas avoir plus attaqué.

Je m'installe dans ma petite routine en ayant du mal à ressentir les sensations vécues à bord d'*Euromarché* vingt ans auparavant. Je retrouve certaines lumières, plus crues parfois, plus fortes aussi. Puis les oiseaux, ces formidables albatros qui arrivent de nulle part et planent éternellement dans ton sillage.

Dans le Sud, le froid et l'humidité sont saisissants. Cinq degrés dans la cabine, des grains de grêle ou de neige parfois. Lorsque celle-ci s'installe sur la grand-voile, tu entends subitement un grand : « plouf ! » La première fois, tu t'inquiètes. Tu te demandes si une baleine n'est pas en train de sonder à côté du bateau. En fait, il s'agit de plaques de neige qui, en se détachant de la voile, tombent à l'eau. Il m'est arrivé, rarement, de retrouver le pont largement couvert de neige.

Toute source de réchauffement, comme le démarrage du moteur, constitue un petit bonheur, même fugace. Lorsque tu te fais un café, tu es heureux de coller tes gants à la bouilloire. Je porte parfois jusqu'à quatre couches de vêtements, y compris le ciré.

C'est de cette lutte permanente contre le froid qu'est né mon « Marsupilami » ! Je dispose en effet d'un tuyau annelé destiné en temps normal à la ventilation. Je décide de le brancher sur le ventilateur situé à la sortie d'air du moteur afin de dériver le flux chaud jusqu'à mon duvet, y créant un courant douillet. Ce tuyau capable de s'allonger ou se raccourcir présente finalement presque toutes les caractéristiques de la queue du Marsupilami. Et en me lovant dans mon sac de couchage, j'effectue alors ce que je baptise la « marsupilamithérapie » que je me plais à raconter en long en large et en travers aux vacations avec la terre. Mon Marsupilami est devenu si célèbre que mon sponsor m'offrira en grande pompe à l'arrivée un « vrai » Marsupilami !

La « marsupilamithérapie » ou le surnom « Vincent le Terrible » plaisent beaucoup à terre. Le public et la presse s'en délectent. Pour ma part, je ne me rends absolument pas compte de l'ampleur que prennent mes trouvailles ou mes déclarations. Bonduelle, mon sponsor, organise aussi de temps à autre des liaisons avec la terre pour ses employés. Quant à l'intox qui prévaut parfois entre les concurrents par vacations radio interposées – et que l'on m'accuse de pratiquer –, ma manière de faire est simple : je préfère refuser de répondre à une question technique qui me dérange ou pourrait informer mes adversaires que de rentrer dans ce jeu-là ou, pire encore, mentir. Mais je m'amuse, je suis heureux, épanoui. Les relations radio lors de cette édition constituent des petits instants de plaisir. Elles sont bien organisées, humaines et chaleureuses. Je passe ainsi fréquemment de bons moments à échanger publiquement avec la direction de course et les journalistes.

Quatre ans plus tard, la froideur et le sérieux prévaudront malheureusement. La magie ne fonctionnera plus. Mettez la pièce dans la machine, attendez que votre boisson soit chaude, parlez et au revoir…

Une fois Bonne-Espérance dans le sillage, nous naviguons toujours de concert en tête avec Vincent Riou sur *PRB*, forts d'une avance importante. *PRB* est toutefois plus nord que *Bonduelle* ; nos chemins se sont légèrement écartés. Alors, à la radio j'explose de rire en déclarant ma « flamme » à Vincent ! « Dites-lui, que je regrette. On s'est séparés sur un coup de tête. C'est idiot ! »

Derrière nous, Roland Jourdain et Mike Golding commencent à allumer comme des fous pour tenter de combler leur retard. Avec Vincent, nous sommes impuissants et légèrement inquiets. Leur allure nous semble trop élevée et je préfère ne pas tomber dans ce jeu-là. Finalement, ils reviendront à portée de nous mais tous deux casseront par la suite. Je ne sais pas si leurs avaries respectives de quille seront les conséquences de ces attaques forcenées, mais elles peuvent en tout cas y avoir contribué.

L'option la plus évidente, même si elle rallonge la route, est de passer au nord de l'archipel des Kerguelen, situé à peu près au milieu de l'Indien. Ce qui nous permet aussi, mais sans le savoir, d'éviter une zone d'icebergs que croiseront plus tard certains concurrents classés derrière nous. À bord, la fatigue du matériel commence à apparaître. Du jeu se fait ainsi progressivement jour au niveau des ferrures qui relient les deux pales de safran au bateau. Je suis obligé de les serrer avec des pinces-étaux en croisant les doigts pour que cela ne s'accroisse pas. Une avarie vite résolue mais très inquiétante à long terme si elle dégénère.

De nouveau, alors que nous naviguons au sud de l'Australie, survient le risque d'une collision avec *PRB* tellement nos deux bateaux sont proches. Avec Vincent, nous sommes contraints d'appeler Denis Horeau, le directeur de course, pour qu'il nous renseigne chacun sur la position de l'autre, ce qu'il refuse tout net par respect du règlement mais sans tenir compte de la sécurité entre deux navires progressant dans un univers marin hostile. Vincent et moi décidons de nous passer de l'aide du PC et nous échangeons alors directement les informations nécessaires à prévenir tout abordage, ce qui serait tout de même un comble !

C'est au même moment, mi-décembre, que j'apprends la casse de la tête de quille de *Sill et Veolia* au niveau de l'ancrage des vérins. Je l'encaisse difficilement, sachant que Roland Jourdain dispose de la même que la mienne, renforcée qui plus est de manière identique. La quille de *Bonduelle* tourne à l'obsession. Tous les jours et à plusieurs reprises parfois, je la vérifie méticuleusement. Rien, rien, rien. Mais elle me hante. Pourquoi a-t-il cassé ? Pourquoi pas moi ? A-t-il tenu une cadence trop élevée ? Quand cela va-t-il m'atteindre ? Je suis en rapport constant avec mon équipe technique à terre, architectes, bureaux d'études... Personne n'a de réponse à m'apporter ; personne n'est vraiment fier de la situation. En 1993, Bertrand de Broc avait été obligé d'abandonner à peu près au même endroit – le sud de la Nouvelle-Zélande – suite au rapport des architectes de son voilier, laissant entendre que les boulons de la quille de son *Groupe LG* pouvaient éventuellement se rompre. Ce n'est pas mon cas. Personne ne tire la même sonnette d'alarme. Je ne suis pas à l'aise, mais je ne baisse pas mon propre rythme et n'envisage pas une minute de renoncer tant qu'aucune avarie ne se déclare.

Pourtant la situation se dégrade franchement. La direction de course nous signale la présence d'importants bancs d'icebergs, dans l'océan Pacifique, une fois la Nouvelle-Zélande passée. Vincent Riou décide alors de ne plus jouer. La meilleure route possible nous fait partir vers le sud, au risque de croiser les glaces, mais il assure et met le cap au nord pour écarter toute probabilité.

Je ne fais pas la même analyse. Et soudainement, je me retrouve entouré de ces fameux icebergs qui me feront vivre ma plus périlleuse aventure lors de cette course. Malgré leur présence, je décide de continuer vers le sud : ce ne sont pas 200 milles de plus ou de moins qui vont changer la donne. Contrairement à Vincent, aucune porte de sortie ne se présente devant *Bonduelle*. J'ai décidé d'aller chercher vaille que vaille cette bascule de vent très favorable à ma progression, pas la sécurité... Et puis les organisateurs ont vraiment bien fait les choses : une énorme baleine fait irruption devant moi, au beau milieu du terrain de jeu recouvert de glace.

L'avance que je creuse ainsi sur Vincent Riou me conforte un peu plus : le 31 décembre, elle est supérieure à 250 milles nautiques. J'ai fait un vrai carton en acceptant de passer dans les glaces. J'aurais même pu aller plus loin et accroître cet avantage, mais il faut savoir être raisonnable.

Le reste de la traversée du Pacifique se déroule sans difficulté majeure. Après cette longue période glacée où nous naviguions au près, face à la mer, nous terminons au portant, rapidement. Mais à l'atterrissage sur le cap Horn, je suis psychologiquement cuit, entre la crainte permanente que la quille ne se brise, les safrans tenus par des pinces à étaux et les risques de percuter des icebergs, lointains désormais mais qui m'ont usé mentalement plus que je le pensais. Le ciel n'est pas de la partie car j'arrive en Amérique du Sud plongé dans une sorte de brume perpétuelle. Le soleil existe-t-il encore ? J'ai envie de ciel bleu, de naviguer en Atlantique avec des systèmes météo classiques, de passer à autre chose !

Je suis largement en tête. Vincent deuxième, cravache pour revenir. Mike Golding a effectué une remontée épatante tout en étant encore lointain troisième. Mais je me sens assez à l'aise. À tort.

À la veille de virer le cap Horn, mais bien avant, un hélicoptère me survole de jour, un photographe effectuant quelques clichés. Puis, quelques heures plus tard, vers 11 heures, soit à la tombée de la nuit australe et peu de temps avant de rallier le rocher, c'est au tour d'un avion de la Marine chilienne avec un journaliste de *L'Équipe* à son bord qui réalise une interview.

Je suis vraiment content. Les océans du sud, Indien puis Pacifique, s'achèvent enfin. Je vais retrouver l'Atlantique et mettre le cap vers la France. La libération.

Et surviennent ces deux rencontres étonnantes, émouvantes. Depuis le départ, je n'ai rien vu d'autre que la mer ; pas une terre. Ce retour dans un environnement différent me fait tout drôle. Au crépuscule, j'ai discerné subitement des îles. Islote Cabezas, islote Peñailillo, islote Martínez (le minuscule archipel Diego-Ramírez au sud-ouest du Horn). Rien durant deux mois et là, quasiment sans prévenir, elles se sont trouvées devant moi. Je n'ai pas croisé d'autres hommes non plus, sinon Vincent Riou furtivement à Bonne-Espérance.

L'émotion est grande lorsque je réponds à l'interview qui tourne vite à la discussion à bâtons rompus. Le faire ainsi, d'avion à bateau, en voyant presque son interlocuteur est très différent d'une vacation radio. Et puis, ces gars-là se sont donné un mal fou pour se rendre au bout du monde ! Alors à la radio VHF, je me laisse aller :

« Ça me fait plaisir que vous soyez là. C'est sympa d'être venus. C'est vrai. Et puis, il faut être là pour comprendre cette course, y a pas à chier. Ça met tout de suite une autre ambiance. Quand les gens sont sur place, ce n'est pas pareil. Ça donne le moral. C'est vachement bien que des gens se démènent pour venir voir passer un bateau au cap Horn. Ça me touche. J'ai du mal à réaliser que vous êtes au-dessus de moi, là, en ce moment ! C'est rigolo : ça rappelle "Quéquette volante"[1] de la Solitaire du Figaro. C'est tout à fait ça. C'est top ! Ce sont des bons moments. [...] Vous ne pouvez pas imaginer combien ça fait du bien d'être au Horn. Je suis content d'y être. On est sorti d'affaire. C'est la fin des grosses difficultés. On attaque l'Atlantique. Enfin... enfin ! C'est sympa. Dans cette course, c'est quand même le Horn le point de passage qui compte le plus. Que c'est bon ! J'en avais assez du Sud. On a donné, pfou... comme jamais. Naviguer vite, c'est épuisant. La vitesse, on a beau dire, ça fatigue ! [...] Quelque part, on a déjà fait le tour d'un monde, non ? On savait où on allait mais elle tient bien sa réputation, cette course ! C'est quand même quelque chose. Il y a de tout. [...] Merci d'être venus. Et à bientôt aux Sables ! Saluez l'équipage pour moi et bonne route de retour. »

La nuit est tombée. Le bateau avance correctement dans une brise médium. Au Horn, que

1. Voir le Glossaire en annexe

je distingue tout juste sans le voir vraiment et que je vire peu avant 5 heures du matin, le 3 janvier 2005, le vent s'évanouit totalement ! C'était prévu. Bien la peine de venir jusqu'au cap dit des Tempêtes ! La pétole est là. Sur l'ordinateur, une grosse bulle bleue désignant la masse d'air mollassonne a envahi l'écran.

Pendant ce temps, Vincent arrive derrière avec du vent. J'essaie d'aller au large, pétole encore. Et *PRB* qui cravache sans relâche. Lorsqu'il surgit comme une fleur, arrondissant le rocher en le frôlant presque quinze heures après moi, il y a de la brise partout ! Je me trouve alors un peu plus au large, toujours dans un endroit sans vent. En l'espace de quelques heures, il a comblé son retard. Je suis toujours en tête mais de nouveau sous la menace de « Vincent-plus-que-jamais-le-Terrible ».

La joie de retrouver l'Atlantique est vraiment trop courte ! Par rapport à la terre, Vincent Riou se glisse à l'intérieur – comme un pilote automobile le fait dans un virage – et moi à l'extérieur. Nous entamons ainsi le début de la remontée le long des côtes sud-américaines, lui en suivant une route plus à l'ouest que la mienne. La météo prévoit un nouveau ralentissement du vent au passage des îles Malouines et j'estime alors être en meilleure position que *PRB* lorsque nous aborderons cette nouvelle difficulté. Mais une nouvelle fois le phénomène annoncé ne se déroule pas comme prévu. La brise aurait dû m'être favorable, elle l'est de nouveau pour Vincent qui prend le commandement de la course. J'ai alors franchement les boules. Vraiment fâché ! Rien ne marche ! Plus au nord, quelques jours après : la porte claque de nouveau au nez de *Bonduelle* et *PRB* accroît son avance.

Pendant que nous nous expliquons ainsi en duel, Mike Golding continue à revenir à cadence forcée, cette fois en tentant une option extrême le long des côtes sud-américaines. Il est presque à notre niveau, me chipe la deuxième place, prend le commandement à Vincent, lorsque la drisse de grand-voile de son Ecover se casse, pour la deuxième fois. La réparation est délicate, il perd de nouveau le contact et mon *mano a mano* avec Vincent reprend.

Pas question d'être hypocrite : l'avarie de Mike et l'abandon de Roland Jourdain quelques semaines auparavant – même si « Bilou » est un ami et que je suis attristé pour lui – signifient deux dangereux adversaires de moins. Le plus important était que Jourdain puis Golding, lorsqu'il perdra sa quille à la veille de l'arrivée, s'en tirent sains et saufs.

Sur l'eau, je paie toujours mon positionnement à l'extérieur lorsque nous touchons les alizés. À l'équateur, au Pot au Noir... partout la position de *PRB* est meilleure. Durant toute la remontée de l'Atlantique sud au près, j'encaisse banco les conséquences de mon positionnement initial au cap Horn. Peut-être aurais-je dû jeter l'ancre non loin du Rocher afin d'attendre que le vent revienne, plutôt que de partir au large chercher une brise qui ne vint jamais et me place ainsi à l'extérieur sans moyen de me refaire ? A posteriori il est évident que j'aurais dû rester à la côte. A posteriori…

C'est bien là-bas, au large de la Terre de Feu, pour un décalage au Horn inférieur à 20 milles (37 km) entre *PRB* passant au nord et *Bonduelle* au sud que s'est jouée la victoire du Vendée Globe 2004-2005.

Une situation stratégique infernale que je subis pendant des semaines. Mais je profite néanmoins du retour de conditions clémentes et de meilleures températures pour me refaire une santé. Les safrans ne m'inquiètent plus vraiment et je ne me pose plus de questions concernant la quille, les appendices étant moins sollicités que dans le Grand Sud.

Avant l'arrivée, il me reste une ultime possibilité de rattraper Vincent, voire le dépasser : le contournement de l'anticyclone des Açores dans l'hémisphère Nord. À une semaine des Sables-d'Olonne, je sais fort bien que seul un miracle peut inverser la course. Je tente néanmoins une petite option en essayant de me glisser un peu plus au sud de la zone de haute pression que *PRB*, tout en faisant attention de ne pas me faire piéger par Mike Golding, encore une fois bien revenu.

Lors des derniers jours, cela tourne au « reaching de la mort » et je suis obligé de tirer sur le bateau au passage d'un ultime coup de vent au sud des Açores. Alors que nous allons arriver, je fais subir à *Bonduelle* un traitement que je ne souhaite pas à mon pire ennemi. Cela me tue de maltraiter un bateau. J'en suis vraiment désolé pour lui mais c'est la seule manière de tenter de réduire mon retard. Impossible de dormir, il faut tenir. Le plus important n'est plus le temps qui reste, mais l'intensité dans la durée.

Je suis tellement fatigué que je me surprends même à pleurer, soixante-douze heures avant l'arrivée, au passage d'un avion venu spécialement me survoler.

Mais reprendre trente milles à un navigateur de la trempe de Riou ne se fait pas en cinq minutes. Plus au nord que moi, Vincent le Terrible va taquiner l'anticyclone, au risque d'avoir moins de vent si ce fameux anticyclone se décale. Il n'en est rien. Et il gagne. Un beau vainqueur. Beaucoup de constance, très peu de fautes et une pointe de réussite.

Je rejoins la Vendée par le nord-ouest et je prends grand soin de ranger *Bonduelle*, sur le pont comme à l'intérieur, afin de faire une aussi belle arrivée que possible après quelques heures encore difficiles passées à brusquer le bateau pour alléger l'addition. À 6 h 22 min, le 4 février 2005, *Bonduelle* coupe la ligne au large des Sables-d'Olonne après 87 jours 17 heures 20 minutes et 8 secondes de course et avec 6 h 32 min 13 s seulement de retard sur *PRB*.

Mais une fois l'arrivée franchie au large du port, je suis contraint de patienter quelque temps en mer que le jour se lève pour pénétrer dans le chenal. Durant cette attente, Anne, mais aussi mes équipiers et le jaugeur chargé de vérifier la conformité réglementaire du voilier à son retour, embarquent. Une joie intense nous étreint tous mais je ne peux m'empêcher de vivre leur présence à bord comme des gens débarquant chez moi à l'improviste, dans cette intimité préservée trois mois durant.

C'est alors la grande fête des retrouvailles. Avec le public tout d'abord, venu de nouveau en masse autour du chenal d'accès au port, à ma grande surprise, par un froid matin. Des moments aussi intenses qu'avant le départ. Je les vis cette fois beaucoup plus décontracté, enfin libéré avant le cérémonial habituel mais si émouvant : les bousculades sur le ponton lorsqu'on y amarre le bateau ; Vincent qui vient à bord et avec lequel je débouche ma quatrième et dernière petite (25 cl seulement !)

bouteille de vin rouge ; le champagne ; le podium, la conférence de presse surréaliste qui s'ensuit où sont mêlés les spectateurs, les journalistes, les organisateurs, mes proches... Je me laisse porter par la force de l'événement et là encore, je me lâche. Je cite ainsi en grande pompe tous ceux qui m'ont accompagné durant mon voyage : Popaul (mon pilote automatique, que je me suis surpris parfois à embrasser en mer ainsi que mon bateau !), le grand Léon (mon grand spi) disparu en mer quelques jours auparavant après la casse d'une drisse, « Ciao Léon ! », la grande Denise (la grand-voile), Gertrude (l'antenne satellite), René (le solent), Sylvie (la trinquette)...

Anne et mon entourage m'avaient prévenu que le courant était passé entre moi et le public durant la course. Les vacations radio avec la presse, relayées pour le public, sont faites pour donner du plaisir aux auditeurs terriens. Si vous avez des invités, c'est pour leur donner le meilleur, pas le moins bon.

J'étais si content d'imaginer des personnes de tous âges suivre cette aventure extraordinaire par mon entremise. Alors pour elles, en mer, je voulais profiter de tout au maximum : pour que tout le monde se régale ensuite de ce que je raconte.

J'ai aujourd'hui encore du mal à comprendre pourquoi l'alchimie fonctionna si bien entre le public et moi, mais cette fois j'en use et j'en abuse. Et me voilà hilare devant la foule, debout sur la table de conférence de presse, en train de battre la mesure de « L'Envie » la chanson de Johnny Hallyday, une de mes préférées, avec dans les bras un Marsupilami géant, en peluche, cadeau tellement à propos.

Sportivement, je n'estime pas avoir perdu. Me classer deuxième était déjà évacué de mon esprit, avant même de toucher terre. Certes, ce Vendée Globe fut grandiose et chaque course s'achève par un classement. Mais il y a aussi le Vendée Globe, celui que tu as non seulement couru, mais surtout celui que tu as vécu. Et celui-là passe au-dessus du résultat. Je suis arrivé, j'ai traversé une grande aventure partagée avec des milliers d'anonymes à terre, j'ai mené la course plus de la moitié du temps avec un bateau mis à l'eau et préparé tardivement, le tout grâce à une gestion globale de l'événement que je trouve plus que satisfaisante. Il faut savoir se satisfaire de ce que l'on a pour ne pas laisser de place aux regrets.

J'ai apprécié ces trois mois de solitude même si la vraie solitude n'est pas celle que je viens de vivre puisque j'ai entretenu des relations permanentes avec la terre. Je ne me suis occupé que de ma course, que de mon bateau, que de raconter du mieux possible mon voyage, sans prendre le temps de lire ou d'essayer de connaître l'actualité du monde autour duquel je naviguais, mes seuls rares instants d'évasion étant les moments passés à tourner quelques vidéos.

J'étais bien, là-bas. En ces endroits où les moments de bonheur extrême surpassent les pires difficultés. Lorsque je croise Vincent dans l'Atlantique sud, lorsque je pars devant avec lui en décrochant le peloton, lorsque mon bateau progresse à la perfection sur la route idéale que j'ai moi-même décidée, lorsque j'arrive au cap Horn, lorsque je rallie l'arrivée de cette course – ce qui est déjà une fin en soi – avec un voilier en parfait état. Certes, j'ai pleuré en mer mais des pleurs de libération, de soulagement. J'ai découvert autre chose en moi ainsi que dans mon métier de coureur au large : la vie, la vraie.

8

Chaque histoire a sa propre fin...

« L'inconnu fait que les histoires
sont belles. Si elles sont écrites avant,
il n'y a pas de magie. »

Je rentre de ce premier Vendée Globe, après trois mois de cette pseudo-solitude, comme si j'étais parti la veille. Je retrouve ma vie de terrien sans aucun problème de réadaptation, sans le moindre décalage entre ce que j'ai vécu et ce qui se passa à terre. J'ai tellement bien traversé cette course que je n'ai qu'une envie : la disputer de nouveau. Un besoin qui me prend en mer bien avant le terme de mon premier tour du monde en solo. Je connais les facteurs sur lesquels je peux m'améliorer et développer encore mon bateau, exploiter au mieux toute l'expérience acquise lors de cette épreuve d'une richesse et d'une intensité unique.

D'emblée, je sais dans quelle direction partir pour améliorer un projet.

Mais je sens mon partenaire financier incertain. J'ai beau tenir une dizaine de conférences, organisées par Bonduelle, le discours des responsables de la société sonne bizarrement. Dès mars 2005, soit un mois après l'arrivée, j'exprime auprès de mon entourage les doutes qui m'habitent.

En juin, je donne une nouvelle conférence à Lille, devant huit cents personnes, la veille d'un rendez-vous avec Christophe Bonduelle où, en mettant l'accent sur un début de récession économique et un manque d'internationalisation de la course, il m'informe du non-renouvellement du contrat qui nous liait jusqu'à la fin de l'année.

Cette décision intervient aussi peu de temps après le Tour des îles Britanniques de mai. Nous avions eu le temps de mettre le bateau en chantier puis de le préparer en vue de cette épreuve disputée en équipage.

Malheureusement, le mât se casse au large des îles Shetland. Nous affrontons alors une sacrée tempête dans ces parages avec 60 nœuds de vent établi. L'espar se brise subitement, deux mètres au-dessus du pied de mât, alors que nous naviguons au reaching avec un minimum de toile, soit le foc ORC à l'avant et la grand-voile réduite aux trois quarts. Nous étions alors en deuxième place et menacions sérieusement Mike Golding et ses hommes, les leaders du moment. Ce mât était neuf. Sa structure était différente de celle de l'espar utilisé durant le Vendée Globe. La cause de cette cassure réside certainement dans un mauvais échantillonnage de matière carbone dans sa partie basse.

Une fois les éléments dangereux détachés du bateau pour ne pas perforer la coque, nous faisons route au moteur vers le port le plus proche. Et nous patientons dix jours aux Shetland, archipel où il ne fait pas franchement chaud au mois de mai, avant de reprendre la mer pour convoyer le bateau au moteur vers la France et le réparer.

La dernière course programmée sous les couleurs de Bonduelle est la Transat en double Jacques-Vabre que je dispute de nouveau en compagnie de Kito de Pavant. Non seulement nous avons une revanche à prendre sur le désastre vécu deux ans auparavant à bord du trimaran, mais mon équipier est particulièrement intéressé à l'idée de naviguer sur un tel monocoque car il travaille déjà sur son propre projet de Vendée Globe en vue de 2008.

Cette édition s'avère d'un ennui mortel. Tout se joue au cap Finisterre, à l'entrée de l'anticyclone des Açores, avant d'emprunter une véritable autoroute de vents alizés en direction du Brésil où ne se présente plus aucune option tactique. Nous parvenons néanmoins à terminer deuxièmes, une belle conclusion tout de même à cinq ans de compétition sous les couleurs Bonduelle.

Dès l'annonce de cette fin de contrat, je m'étais mis en chasse d'un nouveau sponsor. Une tâche qui ne m'a jamais été et ne me sera jamais aisée. Nous rédigeons un dossier de sponsoring suivi d'un mailing en direction d'entreprises ciblées... ce qui ne fonctionne jamais. Nous envoyons ainsi une soixantaine de dossiers pour absolument aucun résultat !

Généralement, ce n'est pas après ce genre d'envois spontanés que l'on tire un rendez-vous avec les décideurs d'un partenaire potentiel. Ces rencontres s'effectuent toujours par le biais d'une personne qui connaît les bons interlocuteurs au sein d'une entreprise intéressée. J'ai rarement eu de tels rendez-vous dans ma carrière. En général ceux décrochés débouchent souvent sur un partenariat. Je présente le projet, ses atouts, la communication interne comme externe que l'on peut mettre en place. Ce qu'une course, le Vendée Globe en l'occurrence, peut amener en termes de notoriété mais aussi les liens qualitatifs qu'elle peut générer au sein d'une société.

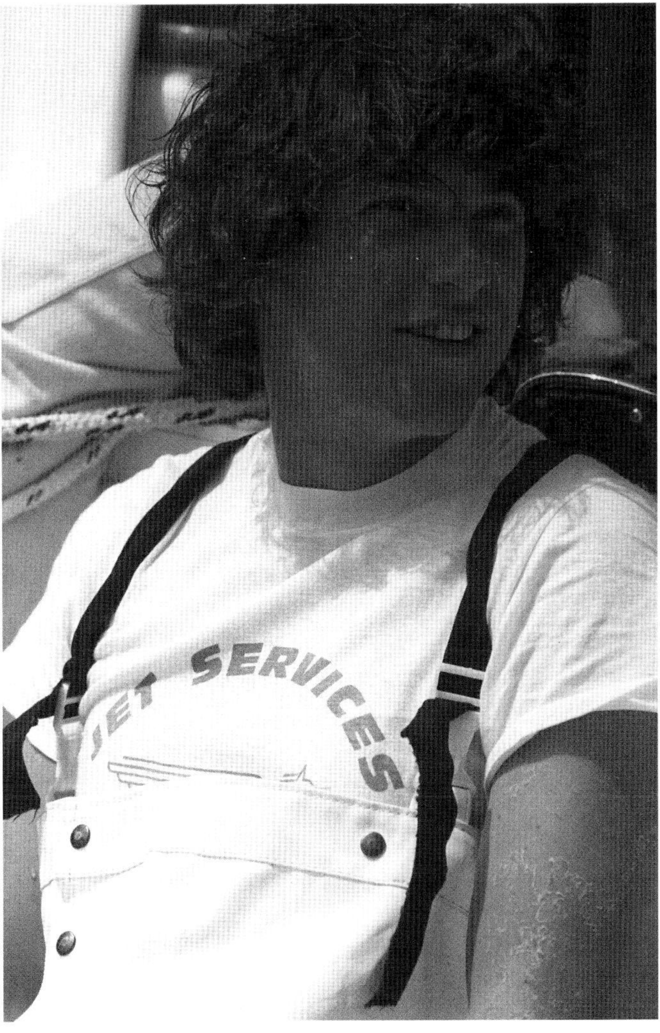

Jeune équipier prêt à tout, c'est à bord de *Jet Services II*, au début des années 1980, que je me familiarise avec les multicoques océaniques.

En compagnie de Patrick Morvan (à ma droite), nous avons terminé la première course de *Jet Services II* sur le podium. Au centre, se trouvent les vainqueurs de Lorient-Les Bermudes-Lorient 1983, Pierre Follenfant et Jean-François Fountaine (*Charente-Maritime*) et à leurs côtés les deuxièmes, Eugène Riguidel et Jean-François Le Ménec (*William-Saurin*).

Je dispute ma première Solitaire – alors Solitaire de l'Aurore, devenue depuis Solitaire du Figaro –, en 1978 à bord de *Motte Marine*, voilier de série espagnol qui me permet de terminer onzième.

Naviguer en course avec Éric Tabarly reste un grand honneur.
Il me le fait pour la première fois lors du tour du monde en équipage 1981-1982 à bord de *Pen Duick VI* rebaptisé (ci-dessous).
Pour la présentation de *Pen Duick II* (ci-contre) totalement rénové au Salon Nautique 1994, nous sommes un certain nombre de ses équipiers à encadrer notre ancien capitaine.

En 1996 et 1998, je dispute à deux reprises la Transat Ag2r en compagnie de Florence Arthaud. Familière du monde des « peoples », Florence parvint à faire dédicacer le tableau arrière de notre bateau par Johnny Hallyday ! Florence a hélas disparu en 2015, puis Johnny en 2017.

Il a bien grandi celui que nous surnommions « P'tit Desj » lors de notre jeunesse commune à Port-la-Forêt. Ici, en 1998, il gagne sa deuxième Solitaire du Figaro et égalise alors mon nombre de victoires. Aujourd'hui, nous sommes toujours à trois partout !

Naviguer à bord de *Bonduelle*, mon trimaran de 60 pieds, n'était vraiment appréciable qu'en équipage, tant, à cette époque, ce genre de multicoque était surpuissant.

Lors de la Route du Rhum 2002, toujours sur *Bonduelle*, je suis contraint de faire escale à Camaret. Je suis encore en train de passer une amarre depuis le dessus du trampoline que mon équipe technique (au premier plan) inspecte déjà les dégâts sur la coque centrale.

Après les années de galère vécues en multicoques, je retrouve le plaisir de naviguer à bord du monocoque *Bonduelle* grâce auquel je termine deuxième du Vendée Globle 2004-2005.

Un cadeau magnifique m'attendait à l'arrivée de mon premier Vendée Globe : un Marsupilami, offert à l'issue d'une conférence de presse mémorable ! En mer, pour lutter contre le froid, j'avais en effet branché un tuyau de ventilation rétractable (comme la queue du Marsupilami) sur le ventilateur du moteur et j'avais glissé l'autre extrémité dans mon duvet pour créer un courant d'air chaud. J'avais baptisé ce système la « marsupilamithérapie », ce qui avait alors beaucoup fait rire à terre.

Le Vendée Globe permet que se tissent des liens particuliers entre concurrents. Ici, je me retrouve aux côtés de Mike Golding, Vincent Riou, Sébastien Josse et Dominique Wavre, tous engagés en 2004 puis 2008. Et si, en 2004 nous avions tous les cinq terminé aux cinq premières places, aucun de nous ne boucla le tour du monde lors de l'édition 2008 !

C'est dans l'épave retournée de mon pauvre *VM Matériaux* que j'ai passé 18 heures avant d'être sauvé par Vincent Riou. Je l'ai laissé dans cet état-là dérivant très au large du cap Horn.

Le 7 janvier 2009, il ne fallait pas manquer l'occasion d'immortaliser notre passage du cap Horn en double avec mon sauveteur, Vincent Riou ! Malheureusement, quatre heures après, son bateau démâtait.

Anne, mon épouse, vint me retrouver à Port Williams, au Chili, où je touchais terre après mon naufrage du 6 janvier 2009. Et c'est à deux que nous avons affronté ensuite les interminables conséquences de cette fortune de mer.

Avec Vincent Riou (au centre) nous sommes allés accueillir Armel Le Cléac'h (à gauche) au terme du Vendée Globe 2008, Armel ayant été partie prenante de mon sauvetage au cap Horn.

À bord de *SynerCiel* avant le départ du Vendée Globe 2012. Ce bateau était un vrai coffre-fort que nous avons préparé au sein de l'équipe de Jean-Pierre Dick, Absolute Dreamer.

Mon premier tour du monde à bord du bateau que je rebaptiserai *Hubert*. C'était à l'occasion de la Barcelona World Race 2014, sous les couleurs de *Cheminées Poujoulat*.

J'ai particulièrement apprécié de naviguer avec Bernard Stamm (à gauche), que je connaissais finalement peu avant le départ, lors du tour du monde en double 2014. D'autant plus que nous terminons vainqueurs !

Avec Anne, au matin du 6 novembre 2016, jour de départ du 7e Vendée Globe, le quatrième que je dispute. Sans elle, jamais tout cela n'aurait été possible.

Le 6 février 2013, j'en termine avec le 6e Vendée Globe et je suis bien heureux de remonter le chenal des Sables-d'Olonne à la 5e place.

Non, je ne suis jamais seul durant le Vendée Globe. Mes peluches sont de toutes mes joies comme de toutes mes peines !

Le ciel se dégage lors de mon arrivée au terme du Vendée Globe 2012-2013. Pourtant, les dernières heures furent apocalyptiques avant de rejoindre Les Sables-d'Olonne lorsque je dus affronter la plus grosse tempête de ce tour du monde.

En novembre 2013, Vincent Riou me propose de participer à la Transat Jacques-Vabre en double en sa compagnie à bord de son *PRB*. Une course (ici le jour du départ) que nous gagnerons sur un rythme d'enfer.

Une nouvelle arrivée – celle du Vendée Globe 2016-2017 – disputée à bord de *Finistère Mer Vent*. Ce sont toujours des moments exceptionnels de partage et de communion avec le public.

Avec Yann Eliès (à gauche) et Jean-Pierre Dick (au centre) nous avons effectué quasiment bord à bord le tour du monde 2016 et nous sommes arrivés aux Sables-d'Olonne séparés par moins de trois heures, après 80 jours de mer !

En février 2020, je suis invité à participer aux « Barrés de la Yole » en Martinique sur ces bateaux traditionnels menés par 14 marins, voiliers instables, physiques et rapides. Un vrai régal !

Le portrait fut réalisé par Titouan Lamazou ; le slogan a été imaginé par un de mes amis, Marc Guyot. Tout est dit…

Cap vers le sud après le départ du Vendée Globe 2020-2021, le neuvième de l'histoire et mon cinquième de suite.

Derniers adieux aux photographes embarqués à bord des hélicoptères qui nous survolent. Je suis particulièrement satisfait du départ de mon 5e Vendée Globe : j'ai coupé la ligne en premier !

Arrivée du Vendée Globe 2020-2021 : je suis entouré des deux skippers *PRB*, le nouveau (à gauche) Kevin Escoffier que j'ai sauvé dans l'Atlantique sud et l'ancien, Vincent Riou (à droite) qui lui-même me sauva au large du cap Horn en 2009.

Je rythme les derniers accords de la chanson de Zaz avant la conférence de presse organisée à l'arrivée de mon dernier Vendée Globe. Je vais enfin pouvoir raconter librement le calvaire que j'ai vécu depuis presque deux mois !

FOOTBALL

Une bronca pour Neymar

Des huées pour Nantes

1,90 € jeudi 31 décembre 2020 75e année N° 24 262 France métropolitaine

L'ÉQUIPE

VOILE Vendée Globe

LE CAM TÊTE DE VAINCŒUR

À la barre de son antique bateau, Jean Le Cam poursuit sa route après avoir sauvé Kevin Escoffier lors de son naufrage. Il ne remportera sans doute pas la course mais, avec sa trogne et ses bons mots, le vieux loup de mer a conquis le public.

Un petit salut amical pour *L'Équipe* et ses lecteurs le 31 décembre 2020. J'aime bien *L'Équipe* et ses journalistes qui m'accompagnent depuis si longtemps, mais de là à traiter mon bateau « d'antique »... *Hubert* mérite mieux !

L'un des arguments les plus importants tient au nom donné au bateau : celui du partenaire principal. Il s'agit quasiment du seul sport où l'objet porte le nom de la marque. Du coup, en interne, les employés s'approprient cet objet : il devient leur bateau. Une Formule 1 n'a pas de nom, un vélo non plus. Enfin, tout cela est accompagné d'un budget sur lequel la moindre approximation est interdite.

Lors de telles présentations, je suis très confiant en détaillant le retour sur investissement qu'offre la voile à un sponsor. Depuis que je cours, les sociétés qui me parrainent ont toujours été satisfaites.

Démarcher et trouver des sponsors fait partie intégrante du métier de coureur au large. Il est rare qu'un intermédiaire trouve à ta place. Le seul bon vendeur, c'est le marin. Les sponsors t'achètent toi, ta personnalité, ton palmarès, ta manière de bâtir les projets… autant d'éléments qui doivent aussi correspondre aux valeurs de l'entreprise.

Un refus n'est pas forcément un échec. Fréquemment, il tient au fait que la voile ne cadre pas avec la stratégie de communication de la société rencontrée. Je sais très bien que je ne suis pas un bon commercial. Je navigue. Il y a des marins qui passent des années à chercher des budgets et du coup vont en mer deux fois moins que moi. Lors de ma période Figaro, lorsque je ne parvenais jamais à trouver de partenaires financiers et que j'ai traversée finalement grâce à l'aide de relations proches, je me suis bien rendu compte que je n'avais pas cette fibre. Mauvaise stratégie certainement, mais je suis toujours là !

Ayant appris que Patrice Carpentier arrêtait de courir le Vendée Globe après les deux disputés grâce à la société VM Matériaux, je rentre en contact avec ses dirigeants par le biais de Philippe de Villiers qui, pour l'occasion, joue l'entremetteur pour décrocher cette fameuse et cruciale rencontre. En vue de l'édition 2008 du tour du monde, je n'ai qu'un rendez-vous : le bon.

Les négociations avancent assez vite et nous trouvons un accord fin 2005 après avoir appris à nous connaître. Ils étaient en effet assez frileux au préalable, étant un peu impressionnés par l'ampleur d'une opération où il n'était plus question de faire de jolis Vendée Globe, comme ceux de Patrice, mais de jouer la victoire.

Le projet finalisé est de refondre totalement *Bonduelle*, acheté à ses anciens propriétaires, pour accroître son potentiel. Cette base, saine et performante, a toujours, j'en suis certain, une belle carte à jouer.

Le chantier dure quelques mois. Il ne s'agit pas encore de modifier le voilier de fond en comble mais de lui adapter des évolutions techniques transitoires. Devenu *VM Matériaux*, le changement visuellement le plus marquant est l'adoption du rose dans son aménagement grâce à une décoration qui fera date, signée de la graphiste Isabelle Keller. Remis à l'eau en septembre, il est présenté en grande pompe aux employés de mon nouveau sponsor. Et 1 500 personnes viennent le visiter en trois jours dans le port des Sables-d'Olonne !

La communication externe est importante pour VM Matériaux mais les relations internes à l'entreprise sont aussi déterminantes, d'où cette gigantesque opération programmée avant la Route du Rhum 2006, première course commune sous ces nouvelles couleurs où, de nouveau, d'innombrables salariés et clients se sont mobilisés pour le départ à Saint-Malo.

La première partie de la transat en solo vers la Guadeloupe se déroule au mieux. Je navigue dans le peloton de tête en compagnie de Jean-Pierre Dick et Roland Jourdain avec Mike Golding non loin derrière. Devant nous se profile un changement de cap déterminant compte tenu de la météo. Il faut empanner, ce que nous effectuons les uns après les autres. Mais « Bilou » se rate dans sa manœuvre, explose la bôme de son bateau ainsi que les lattes de grand-voile. Et le voilà contraint de partir vent arrière pour réparer. Du coup, il se met à suivre une route plus sud, totalement différente de la nôtre.

Nous nous envolons. Je parviens à dépasser Jean-Pierre au passage d'un front. Le plus dur semble fait. Mais par le sud, Bilou revient comme une balle. Son avarie, qui l'a placé sur cette voie, lui ouvre le chemin du succès ! Certes, jamais il ne l'expliquera de cette manière, mais c'est bel et bien ainsi que la plus prestigieuse transat en solo s'est jouée. Il parvient à porter son avantage à quelque 300 milles.

En tirant sur le bateau plus que de raison lors des derniers jours, j'arrive presque à le rattraper. Lorsque de nuit il coupe la ligne en Guadeloupe, je n'ai plus que 2 milles nautiques (3,7 km) de handicap. Ce sont les flashs des photographes crépitant à l'horizon qui m'informent de sa victoire. Il gagne et je termine deuxième avec 28 minutes de retard, au bout de douze jours et demi de course ! Une belle course, achevée sur un résultat qui, s'il me frustre, ravit d'autant plus mon nouveau partenaire qu'il possède des intérêts économiques aux Antilles.

L'année suivante est encore passée à améliorer le potentiel de *VM Matériaux*, en particulier lors des épreuves du programme habituel composant les années impaires : Calais Round Britain Race (le Tour des îles Britanniques,

3e derrière *PRB* et *Delta Dore*) puis l'inévitable Jacques-Vabre. Cette fois, après deux éditions passées en compagnie de Kito de Pavant, Gildas Morvan embarque à mon côté.

Mais le sort s'acharne sur moi lors de cette transat en double et nous nous faisons rapidement des inquiétudes pour la tenue de la quille. Il y avait eu en effet un claquement sévère et bruyant à peu près au passage du cap Finisterre. Nous tentons d'observer l'appendice en nous penchant par-dessus bord, prenons des photos, les envoyons à terre où, comme nous, les techniciens ne décèlent pas d'avarie majeure. Tous, nous imaginons que ce bruit suspect n'est pas autre chose qu'un choc contre un objet flottant entre deux eaux.

Michel Desjoyeaux et son équipier gagnent ; nous terminons quatrièmes. Une fois à Salvador de Bahia, nous couchons le bateau sur l'eau pour vérifier l'appendice et nous nous apercevons qu'une immense fissure est apparue sur le voile de quille. Nous sommes vraiment arrivés par chance au terme de cette course. Impossible néanmoins de convoyer le bateau vers la France en naviguant normalement. Il faut le ramener par cargo, ce qui prendra au total un mois et demi, soit un temps précieux perdu dans la préparation de l'objectif majeur : le Vendée Globe.

Ainsi, au lieu d'être acheminé en Bretagne fin décembre 2007, il y arrive mi-février 2008 et jamais nous ne parviendrons tout à fait à combler ce retard.

Car les modifications que nous avons prévu d'effectuer cette fois-ci sont colossales. Tableau arrière ; safrans et système de fixation de ceux-ci ; voile de quille en caisson d'acier, non plus en carbone, et à la finesse accrue ; mât et gréement allégés de 150 kg ; cure d'amaigrissement drastique sur l'équipement général ; voiles neuves ; suppression des ballasts à l'exception de ceux placés à l'arrière et à l'avant...

Seule la coque est identique. *VM Matériaux* n'a plus rien à voir avec le *Bonduelle* du Vendée Globe 2004. Il est encore alors perfectible mais absolument magnifique malgré une mise au point très juste en temps. Je l'ai voulu léger, ce qui va à l'encontre d'une puissance extrême. Toutefois, grâce à ce poids plume, cette finesse et cette facilité d'utilisation, il présente un potentiel de vitesse épatant ainsi qu'une fiabilité accrue. Je reste persuadé qu'un voilier puissant paie, à long terme, les efforts réclamés au matériel.

Je suis particulièrement satisfait de ses performances, que je constate lors de la qualification effectuée durant l'été puis au cours des stages organisés au centre de Port-la-Forêt où, à une dizaine de concurrents, nous nous confrontons directement. Il va vraiment vite, non seulement sur ses points forts mais aussi aux allures où les bateaux puissants sont normalement avantagés et le mien désavantagé !

Enfin, fort de l'expérience d'un premier tour du monde en solo, je demande de réduire au maximum le matériel de secours embarqué. C'est ainsi par exemple que j'appareille avec onze voiles seulement et non plus quinze.

Quant à moi, je suis beaucoup plus zen dans mon approche. J'ai été rassuré par le potentiel du voilier. Je n'ai aucun complexe face au plateau particulièrement relevé de ce Vendée Globe 2008-2009 et qui compte un nombre important de bateaux neufs, lancés à cette occasion.

De retour aux Sables mi-octobre, trois semaines avant le départ, un programme strict de soirées établi par mon sponsor m'attend. Il comporte trois à quatre rendez-vous hebdomadaires en la présence de 300 à 400 invités, salariés et clients. Les questions sont toujours les mêmes – Qu'est-ce que tu manges ? Comment dors-tu ? – mais la richesse vient des situations, de l'ambiance générale. La participation est vive, les dialogues amusants, les propos intéressants et je suis touché de croiser autant de gens qui portent une écharpe du même rose que la couleur de mon bateau, symbole de reconnaissance des « VM ». Ils viennent avec chaleur et bonne humeur sur le ponton où le voilier est amarré. Je ne trouve rien de plus triste qu'un concurrent que personne ne rencontre. Il manque quelqu'un à la fête. Moi, je suis heureux de savoir que je vais emmener tant de passionnés autour du monde : je les ai vus, rencontrés. Ils sont fédérés autour du projet. Je veux répondre à leurs attentes. Ils sont là parce qu'ils attendent un retour de ma part et de celle de tous les autres concurrents.

Je ressens aussi que nous vivons une période formidable pour la course. Le mot « crise », lâché en permanence dans les médias, ne signifie plus rien. D'où ce besoin d'évasion qu'apporte le Vendée Globe.

La fameuse crise, étonnamment, participera au succès de cette édition qui rentrera dans la vie quotidienne des foyers. Tout le monde en parlera, du plus petit au plus vieux, de l'école à la maison de retraite en passant par le bureau.

Les témoignages de sympathie seront innombrables et parfois particulièrement touchants. Avant le départ, je rencontre ainsi, dans un centre de rééducation vendéen, un garçon victime d'un grave accident du travail. À mon retour, je le verrai de nouveau, par hasard en Vendée, remis sur pied. Il me dira que la course l'avait aidé en grande partie à s'en sortir : « Quand je savais où tu étais et ce que tu vivais, je n'avais pas à me plaindre. Ça m'a donné les forces nécessaires pour guérir. »

Seule la dernière semaine est allégée de manière à ménager mon repos. Mais, globalement, je trouve que les sollicitations, tant de la part des médias que des sponsors ou de l'organisation sont plus nombreuses que quatre ans auparavant. La rançon d'une édition où je figure cette fois clairement parmi les favoris ? Je les vis sans déplaisir : plus le niveau d'une épreuve sportive augmente, plus la qualité des interlocuteurs tels que les journalistes croît. D'où des échanges plus enrichissants. Et je mesure aussi que le Vendée Globe a pris une nouvelle dimension. Tout est « plus » lors des derniers jours passés à terre.

Les organisateurs de la course ont eu la bonne idée de ne plus programmer d'événement obligatoire à la veille du départ comme quatre ans auparavant !

Je passe du coup ma dernière soirée avec ma famille : Anne, mon épouse, ainsi que Thaïs et Morgane, mes deux filles, présentes pour la première fois au départ d'une course majeure.

Au matin, Philippe de Villiers fait envoyer une escorte de motards à mon hôtel de La Motte-Achard où loge aussi Sébastien Josse, de nouveau concurrent du Vendée Globe. La veille, grandiloquent comme à l'accoutumée, Villiers avait déclamé : « Jean, ne t'inquiète pas ! Demain, les voitures s'écarteront devant toi comme la mer Rouge devant Moïse ! »

Et nous voilà, fendant la foule à bord de notre camionnette, derrière celle de « Jojo ».

À Port Olona, je retrouve peu ou prou les mêmes sentiments que quatre ans auparavant : l'attente sur le ponton, le défilé des officiels, journalistes, familiers, la folle remontée du chenal vers l'océan au milieu de la foule...

L'émotion est un peu moins forte qu'en 2004 à l'heure où mes équipiers, au large, me quittent pour me laisser seul.

Les organisateurs ont écouté les coureurs. L'habituel parcours côtier a été supprimé : nous avons juste la ligne à couper au top horaire puis route directe sans avoir à virer de bouées près de la côte. C'est tout, c'est bien. Ces navigations côtières des premières heures sont beaucoup trop dangereuses pour les bateaux dans l'optique d'un tour du monde. De ma carrière, c'est une première : jamais nous, coureurs, n'avions pu auparavant non seulement nous faire entendre sur ce sujet mais surtout le faire appliquer. Contrairement aux premières heures de mon premier Vendée Globe, le début de celui-ci est vraiment inconfortable.

Le 9 novembre, le départ est donné par bonne brise sur une mer pénible et je suis mécontent. Je ne trouve pas la bonne carbu en naviguant au près. Pas terrible. Je pensais, avant le coup de canon, que le bateau se comporterait mieux. Sans doute manque-t-il alors d'un peu d'inertie pour mieux passer face à la forte houle. J'arrive à me maintenir correctement sans plus.

Nous partons tous vers l'ouest afin de toucher une bascule de vent favorable pour ensuite faire cap vers le sud. Comme prévu sur les fichiers météo, la première nuit n'est pas sympathique du tout.

Le vent rentre, rentre, rentre. Je suis obligé de réduire la voilure, d'arriser la grand-voile lors de manœuvres effectuées dans des conditions galères car la toile est pleine de flotte. Je reste rivé à la barre : au près, lorsque nous progressons face à un océan désordonné dans une brise soutenue, le pilote automatique manque de finesse.

La brise dépasse maintenant les 50 nœuds dans les grains. *VM Matériaux* navigue sous foc ORC et trois ris dans la grand-voile, le minimum de toile possible, en cognant dans les vagues. Je suis trempé, harcelé par les paquets d'eau qui dévalent le pont, frigorifié. Je ne suis pas bien, l'estomac retourné, conséquence du brusque passage de trois semaines de flonflons à terre à un méchant coup de baston sur l'eau. Rude entrée en matière pour aller chercher cette fameuse rotation de vent qui arrive avec une violence telle que, soudainement, le bateau se retrouve avec les voiles à contre.

Et pan ! Sans avoir le temps de tirer sur la barre pour faire abattre *VM Matériaux*. De ma carrière, je n'ai jamais vécu une bascule aussi franche. Jean-Yves Bernot, grand gourou de la météo pour la course au large, me confiera après course qu'elle était absolument exceptionnelle.

Cette fois le vent est parfait pour prendre la route du sud. Il continue même à adonner ; la situation devient délicate car, si cette belle brise se montre toujours plus favorable, la mer ne s'ordonne pas pour autant. Courte, croisée, violente, elle empêche de faire de la vitesse. Il faut savoir rester sage et calmer les ardeurs du bateau. Ne pas aller trop vite au risque d'exploser le matériel. Allumer, alors, signifie casser. Je suis partagé entre la tentation de renvoyer de la toile et celle de temporiser.

En vivant ce passage délicat, je me doute que la flotte ne va pas le vivre sans dégâts. Et au lendemain du départ, j'apprends les événements survenus lors des premières heures, entre le démâtage de Kito de Pavant, les retours au port de Michel Desjoyeaux, Dominique Wavre, Bernard Stamm... Bien d'autres surviendront lors de cette tempête : le mât cassé de *DCNS* ou la structure ravagée d'*Hugo Boss*. Je m'attendais à des avaries mais pas dans ces proportions.

Je ne suis pas non plus épargné : l'antenne du radar, fixée sur l'avant du mât, fut arrachée de son support par une lame lors de la première nuit. Elle ne tient plus que par le câble et se balance en l'air. La faute à un écrou de rien, en plastique, pas adapté, et qui n'avait pas été changé... Le truc rageant qui va m'obliger à aller perdre du temps à quatre mètres de haut, accroché au mât, pour réparer ce qui jamais n'aurait dû céder. En l'effectuant progressivement, cela me demandera au final deux semaines entre l'attente de conditions propices et le respect des temps de séchage de la stratification.

Le troisième jour se présentent aussi des soucis de courroies d'alternateurs, éléments indispensables à la charge des batteries – vitales, évidemment, avec tous les éléments du bord fonctionnant à l'électricité. Je les détruis les unes après les autres. Franchement pas terrible en début de Vendée Globe. Je n'ai pas le choix : il faut régler le problème, et rapidement, au risque de devoir abandonner. Je suis contraint de tout démonter : alternateur, renvois, poulies, courroies... de tout reprendre, limer, réajuster. Je réussis à m'en sortir à peu près en ponçant chaque cannelure au papier de verre, en démarrant avec un grain de 120, puis en passant au 240 pour terminer au tampon Jex. Enfin tout nettoyer, réaligner... J'y ai consacré... « un peu de temps », pour rester poli.

Et je passe sur le bidon de gasoil mal arrimé et qui se déverse dans les fonds. C'est soudain la marée noire dans le bateau ! Des stupidités qui me font pester et que je paie à cause d'un manque global de recul sur la préparation.

J'essaie rapidement de savoir ce qui s'est passé sur tous les bateaux endommagés afin de faire la meilleure analyse possible des événements, ce qui me conforte dans ma gestion raisonnable des premières journées. Au fur et à mesure que nous descendons vers le sud, les conditions s'améliorent assez vite.

Physiquement, je me sens mieux mais la météo a dicté ce passage infernal jusqu'au cap Finisterre. À partir de là, je peux lâcher la bride au bateau avant que se présentent de nouveau les passages toujours délicats des archipels de Madère, des Canaries puis du Cap-Vert au large des côtes africaines. Je décide, pour le premier, de le passer à l'est puis de plonger plus vers l'ouest ensuite et je franchis le Cap-Vert en son centre. Ce qui me permet de me maintenir dans le haut du classement avec Loïck Peyron, Sébastien Josse et Jean-Pierre Dick lors d'un début de course serré et aussi palpitant à vivre en mer qu'à suivre à terre. Après les Canaries, je me hisse à la deuxième place derrière Loïck et croise devant « Jojo » sous spi en revenant me caler de nouveau à l'ouest. Un joli petit coup qui me permet de me placer pile dans le sillage de Peyron, toujours leader, et de le dépasser le 18 novembre. Je prends d'un souffle la tête du Vendée Globe. Mais très brièvement.

Car survient une panne de pilote automatique !

Je branche le deuxième : même chose. Sur les écrans de contrôle s'affichent : « panne aléatoire » et « erreur de puissance ». À n'y rien comprendre. Sans pilote, il est illusoire de vouloir faire le tour du monde. J'affale mon spi et j'arrête le bateau en travers de la route. Je dois trouver la cause du mal. Je me rue à l'arrière, dans le logement où sont installés les pilotes. Je démonte tous les éléments un à un, vérifie le circuit électrique, appelle mon équipe à terre pour expliquer la situation et joindre des spécialistes... Je pars de la batterie, je reprends les fils, isole les calculateurs, en change, isole ensuite chaque paramètre les uns après les autres, change le vérin hydraulique du pilote. Toujours pareil. Pilote de secours : pareil. Rien, rien, toujours rien. Personne ne comprend... Et aussi soudainement que la panne est venue, le système se remet en marche !

Mais l'addition est lourde.

Je viens de passer quatre heures en naviguant à 4 nœuds, presque perpendiculairement au cap idéal, pendant que les autres cavalaient à 14 nœuds sur la route directe.

Non seulement ils me relèguent du coup à près de 40 milles (75 km) d'eux, mais en plus ces milles-là étaient très précieux stratégiquement : ils correspondaient en effet à un recalage tactique déterminant, impossible à effectuer plus tard compte tenu de l'évolution de phénomènes météo qui, comme les premiers de la course, ne m'attendent pas.

Loïck est loin devant maintenant, puis « Jojo » me dépasse à son tour ; Vincent Riou, pourtant loin derrière, revient comme une balle… Je dégringole à la cinquième place mais je me retrouve de plus très mal positionné par rapport aux déplacements des masses d'air environnantes. Mon recalage stratégique n'a servi à rien.

À terre, certains analystes pensent que je me suis fait coincer dans un pseudo-trou de vent. Je ne veux surtout pas raconter la vérité trop vite pour que mes adversaires ne soient pas au courant de mon avarie. Une fois le bateau relancé, je me penche de nouveau sur cette mystérieuse panne qui n'est pas résolue définitivement. Il y a un truc qui ne va pas dans l'histoire : il est impossible de se satisfaire du maniement du système sans comprendre pourquoi il fonctionne de nouveau.

Je me tords le cerveau, épluche un à un, de la manière la plus analytique possible, tous les éléments constitutifs du réseau. Et je pense à un ultime câble qui arrive dans une boîte de distribution sur laquelle sont branchés les pilotes mais aussi un calculateur. Je démonte cette boîte et constate que la prise femelle, à quatre fiches, est défectueuse. Il manquait une vis sur l'une des maudites fiches, d'où un contact électrique aléatoire et le défaut de puissance constaté. Je passe la semaine à tout démonter de nouveau. Je soude enfin l'ensemble, fiche sur fiche, allongé à l'arrière du bateau, le fer à souder dans une main, les fils et le métal dans l'autre !

La cause est finalement simple : le technicien chargé d'installer cette boîte n'avait pas pris le temps de bien vérifier tous les éléments constitutifs ! Un mauvais montage peut arriver à tout le monde mais on n'a pas le droit de ne pas vérifier ensuite. On peut me traiter de casse-pieds mais il est alors difficile de me calmer après toutes ces pannes à répétition subies depuis le départ. Quelques noms d'oiseaux ont volé. Ça forge le caractère...

Plus tard dans le Grand Sud, le pilote tombera de nouveau en panne sans prévenir. Et ce n'est pas vraiment l'endroit idéal pour en être privé. Évidemment, le bateau, déboussolé, part en vrac en se couchant sur l'eau. Je le remets en route puis je branche le pilote de secours qui fonctionne. Mais dès que j'essaie de remettre en fonction le principal, rien ne se passe. Je téléphone au technicien de la société qui a effectué l'installation – celui-là même qui avait oublié de vérifier la conformité de la prise – et il me dit :

« Oh ! mais regarde donc le capteur de télécommande (il y a à bord une télécommande de pilote, que je n'ai pas utilisée jusque-là), si c'est pas lui qui merde. Ben oui ! cela nous est arrivé sur plein de bateaux déjà depuis longtemps !

— Comment ? Comment ? »

Je bafouille de rage. Je manque de m'étrangler. Et là, j'avoue lui passer une deuxième couche. Il ne nous avait jamais parlé avant le départ de ce défaut de fiabilité ! Du coup, je démonterai tout le système de télécommande et le réseau fonctionnera de nouveau sans souci.

La chance dans mon malheur que constitue ma première grosse panne de pilote est de constater que, contrairement au Vendée Globe 2004, les premiers ne s'envolent pas sur un coup météo.

Je ne suis plus en tête mais je ne suis pas non plus hors du coup. Le Pot au Noir nous ralentit mais un groupe de dix navigateurs, dont moi, franchit l'équateur en moins de huit heures entre le 22 et le 23 novembre. Avec deux jours de retard par rapport à la course 2004. La moyenne n'a pas été terrible. Elle ne va pas s'améliorer en tombant dans les pièges de l'anticyclone de Sainte-Hélène. Nous naviguons presque une semaine au près face au vent avec une mer pénible sans pouvoir tenter la moindre option tactique.

La stratégie de contournement de cette zone de haute pression avait été mise en place avant même que nous nous coltinions à ce passage éreintant. Plus moyen de réagir ensuite. Croiser plus à l'ouest se révèle un bien meilleur choix qu'à l'est où je me trouve contraint de naviguer à la suite de mon avarie de pilote.

Je continue à traîner comme un boulet ces quatre heures de réparation d'une panne stupide : en étant coincé trop près de l'anticyclone, j'ai souvent moins de vent que les leaders du peloton de tête. J'occupe la huitième place.

Devant, Loïck Peyron et Sébastien Josse trouvent en premier la sortie de cet anticyclone. Ils parviennent à creuser l'écart sur le groupe de chasse avant que Yann Eliès puis Jean-Pierre Dick, cravachant comme des fous, les rejoignent peu à peu.

Nous arrivons à la première porte de sécurité, positionnée peu avant Bonne-Espérance. Je croise très près de Roland Jourdain, à peu près au même endroit que lorsque j'avais vu Vincent Riou quatre ans auparavant ! Une rencontre toujours aussi amusante, plus plausible qu'en 2004 vu la densité de concurrents « dans le bourg » et au cours de laquelle je prends le temps de le filmer en train de manœuvrer. C'est aussi bien agréable de se confronter directement avec un autre tout en ralliant les latitudes dangereuses du sud des trois grands océans.

La physionomie de cette édition est totalement différente de la précédente lorsque nous étions déjà face à face Vincent et moi. Un duel est toujours plus facile à gérer. Cette fois, nous sommes neuf et bientôt dix…

Car Michel Desjoyeaux est en passe de réussir l'impossible. Si je sais combien il navigue bien, vite et proprement, j'ai longtemps estimé que son retard consécutif à sa panne initiale, l'ayant contraint à revenir réparer aux Sables-d'Olonne au lendemain du départ, était trop important pour qu'il puisse se mêler à la lutte pour la victoire… Longtemps, je ne le calcule pas. À moins d'un miracle, on ne rattrape pas un handicap de 600 milles (1 111 km). Impossible. Cela n'existe pas en course au large, d'autant qu'il est très rare que les conditions de navigation tournent à l'avantage des attardés. Au contraire, ils butent souvent sur des passages à niveau météorologiques fermés, obstacles que les leaders ont franchis depuis longtemps.

Mais dans le cas de « Mich'Desj », tout s'inverse. Il a réussi un triple jackpot. Avant de faire demi-tour pour réparer aux Sables-d'Olonne, il affronte à peine le gros de la tempête du départ et n'est pas victime de l'une de ces avaries pénibles, à l'image de mon antenne radar décrochée, comme il y eut à bord de tous les bateaux ayant dépassé le coup de vent.

Ensuite, il n'est pas ralenti par le Pot au Noir qui, au moment de son passage, n'a plus rien de méchant. Enfin, il subit très peu les effets néfastes de l'anticyclone de Sainte-Hélène, dans l'Atlantique sud, qui freina longtemps le groupe de tête. La zone de haute pression s'est en effet décalée à son approche !

De plus, il a tenu sa propre cadence sans être pollué par celle d'adversaires directs : lorsque tu navigues en peloton, la part de tactique au contact joue un rôle important. Mich' trace sa route sans avoir à tenir compte des autres. Il ne vit pas la même course.

Surtout, il va vite, navigue remarquablement bien, tout en étant un excellent marin. Il a tout de son côté : météo, bateau et talent.

Lorsque, a posteriori, on constate que c'est Jean-Baptiste Dejeanty, avec un bateau construit au Brésil n'ayant rien d'un foudre de guerre, qui réussit le meilleur temps entre Les Sables-d'Olonne et la porte de Bonne-Espérance (après une longue escale technique dans le port vendéen, il était reparti avec une semaine de retard) grâce à des conditions météo en permanence favorables, on comprend encore mieux comment un Desjoyeaux avec son engin de guerre et fort de son talent est revenu.

Avant que Michel fasse définitivement liaison avec le groupe de tête, la course s'emballe peu à peu dès que nous touchons le Grand Sud. En constatant la cadence de certains, je suis persuadé que moins de la moitié sortira indemne de l'Indien et du Pacifique. Ce n'est pas de l'intox lorsque, au cours des vacations par téléphone satellite avec le PC course, je souligne fréquemment le rythme trop élevé de quelques concurrents.

Yann Eliès allume le premier. Il attaque l'océan Indien comme il le fait d'une étape de la Solitaire du Figaro et prend la tête. Il est dans le rouge, explose des voiles... Pour faire ce qu'il réalise alors, je mesure parfaitement les risques pris et la toile portée. Des efforts incroyables qui ne peuvent guère durer longtemps mais je suis loin d'imaginer quelle sera l'issue dramatique de la course de Yann.

Jean-Pierre Dick non seulement en fait de même – ce dont il est coutumier –, mais en plus, plonge au sud. Certes, il est évident pour tous les concurrents qu'il emprunte la meilleure route météo théorique. Toutefois, outre le vent qui va y souffler en tempête, une zone importante d'icebergs est annoncée.

Je sais que le chemin que je choisis, au nord, n'est pas l'idéal. Mais je ne veux pas me laisser embarquer à naviguer à fond, propulsé par le train de dépression qui nous harcèle. Certains ébauchent la descente vers le sud.

Tout le monde laisse finalement Jean-Pierre partir, à l'exception de Mike Golding.

Je veux demeurer au contrôle sans trop prendre de risques dans le mauvais temps permanent qui règne d'emblée dans ces parages. Peut-être suis-je trop sage ?

Au final je me retrouve dans les quatre premiers car les avaries et les blessures pleuvent très tôt sur le peloton de tête, une fois les îles Kerguelen passées, soit longtemps avant d'atteindre l'océan Pacifique. En sont victimes Loïck Peyron, Mike Golding, Jean-Pierre Dick ainsi que Yann Eliès, qui se casse le fémur dans une manœuvre et passe de longues journées à attendre les secours, accident que j'apprendrai tardivement...

Il y a des moments dangereux lors des cavalcades dans le Grand Sud. Je connais bien ceux où l'on peut se faire mal, voire pire. À chacun, depuis son bateau, de faire le choix de prendre le risque ou non. Derrière aussi, l'écrémage est conséquent, avec les abandons de Dominique Wavre ou Bernard Stamm. Le seul retrait qui m'étonne est celui de Loïck Peyron, sur dématage. Je sais combien il est raisonnable en mer.

À la fin de l'Indien, il ne reste plus que Michel Desjoyeaux, désormais en tête, Sébastien Josse, Roland Jourdain et moi, quatuor qui évolue en avant du tandem composé de Vincent Riou et Armel Le Cléac'h. Et nous sommes encore loin de la libération que constitue le passage du cap Horn.

Mich' m'épate. Il va régulièrement plus vite, creuse toujours un peu plus son avance mais facilement, sans donner l'impression de forcer. Il est dans son rythme, celui adopté lors de sa remontée, faisant presque abstraction du reste de la course, froid comme un serpent. Les autres tombent comme des mouches autour de lui, le temps est mauvais, il arrive, il passe, il double... Il taille sa route, fort d'une belle préparation, d'une excellente connaissance de son bateau et de ses capacités personnelles. Il navigue tout en finesse, ne se met jamais dans le rouge. Mais je ne le crois pas lorsqu'il déclare ne pas savoir pourquoi il va si vite. Il possède une aisance évidente due à un bateau neuf, particulièrement intelligent dans sa préparation et son ergonomie, et la gestion globale de sa navigation qu'un tel engin peut lui procurer.

Il ne possède pas d'arme secrète : c'est juste l'ensemble des paramètres parfaitement maîtrisés qui lui permet de mener une telle cadence en naviguant en permanence avec un dixième de nœuds plus vite que les autres. Énorme différence à l'échelle d'un tour du monde. Enfin la chance s'ajoute à son festival comme cette avarie de safran le jour de Noël où, par miracle, son appareil à gouverner, disloqué par une vague, se remet en place dans son logement en retombant…

En arrivant sur le Horn, Desjoyeaux n'hésite pas à en rajouter une couche en fonçant tête baissée dans le centre d'une tempête de manière à décrocher Jourdain. Il n'en a pas besoin – il est capable de lui régler son compte à la régulière après le « Caillou » – mais n'hésite pas, au risque de tout exploser. Il joue avec le feu. Je le vois partir dans ce méchant coup de vent où « Bilou » ne veut pas aller. Il sait fort bien alors qu'il va gagner le Vendée Globe si Mich' y casse son bateau.

Desjoyeaux passe sans encombre, une fois de plus. Il est bon, il va vite, il fait son truc et nous prend tous, le reste de la flotte, pour des crétins. Et il a raison puisqu'il effectue une démonstration. Pas un d'entre nous ne s'est pas dit à lui-même, en le voyant faire ainsi : « Il a raison ! Et toi, t'es qu'un con ! » Sa manière de prendre les gens de haut est une part de sa force. Mais elle génère aussi une vraie capacité à faire grincer les dents de tous ceux qui ne comprennent pas un mode de fonctionnement que je connais par cœur depuis ma jeunesse avec sa famille.

Pour ma part, je vis un Pacifique tendu. Je passe la quatrième porte des glaces, située après la Nouvelle-Zélande. Elle a été remontée vers le nord fort justement par la direction de course. Je vois alors se dessiner sur les fichiers météo l'arrivée d'une violente tempête. Une grosse dépression qui s'affiche en rouge sur l'écran de l'ordinateur et couvre une surface presque équivalente à l'Atlantique nord ! Impossible de la contourner ou de fuir. Au sud, il y a les icebergs, au nord la route serait trop rallongée.

Jour de Noël : nous allons souffrir. Je prépare *VM Matériaux* et m'accroche. Recouverte de déferlantes, la mer est infernale, relativement ordonnée mais gigantesque. Et je suis bien incapable d'en estimer la hauteur. Le vent hurle à plus de 65 nœuds (120 km/h) dans les grains de neige et de grêle qui frappent le bateau. Je suis le cul entre deux chaises, obsédé par la course et désireux d'aller vite mais incapable d'en rajouter. Je suis mal toilé en permanence, la brise passant soudainement de 40 à 65 nœuds puis revenant aussi vite à 40 (74 km/h). Soit j'ai trop de toile, soit pas assez. Il ne faut pas lâcher mais si je vais trop vite je suis piégé : l'étrave du bateau enfournerait dans la mer, je partirais en vrac et au pire tout casserait. En veille permanente, je surveille les grains qui défilent, prêt à modifier le cap à toute ruade de *VM*. Mais il tient, vaille que vaille, sans rien exploser.

Ce n'est pas le cas hélas de Sébastien Josse avec lequel je navigue sur une route plutôt médiane, entre « Bilou » plus nord et Mich' plus sud. Son bateau, roulé par une vague déferlante, est défoncé au niveau du roof. Impossible de continuer, demi-tour vers la Nouvelle-Zélande. Le lendemain de son avarie, je prends le temps de l'appeler, histoire d'essayer de lui remonter le moral.

Il était, jusque-là, auteur d'une course magnifique, choisissant toujours la plus propre des trajectoires possibles.

La succession de tempêtes, alliée au froid et à l'humidité qui règnent en permanence, ainsi que le rythme élevé de la course rendent cette navigation dans le Grand Sud plus pénible physiquement que quatre ans auparavant.

Contrairement à 2004-2005, je dispose d'un petit chauffage à air pulsé que je fais tourner deux ou trois heures par jour. Il permet de réchauffer un peu le carré, de me changer dans de bonnes conditions et de dormir plus serein. Il s'agit du seul luxe de *VM Matériaux*, beaucoup plus spartiate que dans sa version *Bonduelle*. Je n'ai pas de couchette mais juste un large pouf à billes qui épouse parfaitement la forme du corps et qui, une fois calé, se place exactement à l'endroit que je désire. Je n'ai pas de sac de couchage non plus mais une couverture polaire réalisée spécialement par Cotten et dotée d'un emplacement pour glisser les pieds. La nourriture est aussi globalement meilleure et mieux organisée. Avant le départ,

Fleury Michon m'a préparé spécialement des plats à réchauffer à la poêle ou au bain-marie.

Le bruit permanent et assourdissant du bateau lancé à pleine vitesse ne me dérange plus. Je n'ai pas embarqué cette fois de casque antibruit. D'ailleurs lorsqu'un voilier ne fait plus de bruit, c'est en général très mauvais signe.

Moralement en revanche, cette longue traversée des Quarantièmes Rugissants et Cinquantièmes Hurlants se révèle moins stressante. Certes, les coups de tabac sont plus fréquents mais l'organisation a judicieusement mise en place des points de passages géographiques à respecter – appelés « portes » – afin d'empêcher les concurrents d'aller trop sud, c'est-à-dire dans les zones d'icebergs. Cela évite l'important stress et la nervosité que génèrent les glaces.

Je le mesure très bien alors que le cap Horn se rapproche : je me sens nettement plus affûté qu'en 2005. La rapidité du bateau m'offre un confort intellectuel certain, le seul qui vaille, selon moi, en mer. La vitesse rend intelligent ; si tu es intelligent, tu vas plus vite ; si tu vas vite, tu es en forme.

Après l'abandon de « Jojo », je me retrouve troisième mais un peu esseulé dans le Pacifique sud, derrière le tandem Desjoyeaux-Jourdain, qui s'envole, et devant le duo Riou-Le Cléac'h.

Le 1er janvier, je franchis la dernière porte de sécurité du Pacifique avec 400 milles de retard (740 km) sur le premier et 300 (555 km) d'avance sur les deux derrière moi. La situation n'est pas géniale, mais la course n'est pas finie, loin de là.

La litanie des avaries du bord cesse. J'ai juste cassé, voilà peu de temps, mon petit gennaker. Alors surtoilé avec cette voile d'avant, le bateau cabré volait de crêtes en crêtes, sur une mer bien formée. Je ne pouvais plus bouger une oreille. Mais il passait merveilleusement bien, la vitesse oscillant entre 22 et 26 nœuds (40 à 48 km/h) avec des pointes à 28 (51 km/h). Puis, soudainement : départ en vrac, bateau couché sur l'océan, la voile claque deux fois avant d'exploser.

Autre incident : subitement il m'est impossible d'enrouler le grand gennaker pour le ranger (les voiles d'avant sont montées sur des enrouleurs afin de faciliter leur utilisation). Et de nuit, pour corser l'affaire – alors qu'il devient urgent de réduire la voilure, un renforcement important du vent étant attendu. J'essaye tout. Mais je suis incapable, dans la pénombre, de distinguer que, en haut du mât, la drisse qui permet de hisser la voile s'est enroulée. Le casse-croûte est copieux. Il faut trouver la solution, et la seule possible est de le descendre au plus vite.

Du coup, je l'affale sans le rouler et je me retrouve à me débattre avec 300 mètres carrés de toile que je tente de sangler de cordages sur le pont avant ! Au bout de deux heures, je parviens enfin à le glisser dans la cabine. Mais le boulot n'est pas fini. Je dois le préparer de manière à ce qu'il soit prêt à être hissé de nouveau. Dans ce cas, une seule solution : le « lainer ». Il faut entourer la toile de petits brins de laine tous les 30 centimètres sur les 28 mètres de long de la voile au beau milieu d'un habitacle pas vraiment adapté à un tel exercice. Et le bateau qui joue à saute-mouton sur la houle ! J'y passe six heures.

Puis, il faut le hisser de nouveau en prenant un maximum de précautions afin que le vent ne fasse aucune poche lorsque je l'envoie. Enfin, il est en haut. Je tire sur l'écoute, et pan ! Il se déploie majestueux dans une explosion de brins de laine. Et là, je suis heureux !

À la régulière, j'estime être en mesure de revenir sur « Bilou » avant l'arrivée lors de la remontée de l'Atlantique mais pas sur Mich'. Si je n'y parviens pas, au pire, je termine sur le podium. Ce qui est tout de même un sacré résultat lors d'un Vendée Globe. Je sais très bien où j'ai péché : lors des quatre heures perdues à réparer mon pilote automatique après les Canaries, il y a huit semaines de cela déjà.

Demain, le cap Horn. La dernière station avant l'autoroute ou le dernier virage d'un avion devant l'aérogare. En ce 5 janvier 2009, je viens d'achever des essais concluants de visioconférence avec la terre de manière à célébrer le si célèbre passage, le sommet du Vendée Globe, l'Everest des marins selon l'adage éculé. Début de soirée. La lumière décroît. Le jour va bientôt s'achever. Je suis heureux.

9

Naufrage au cap Horn

« Vivre, un point c'est tout ! »

Le cap Horn est à portée. La délivrance, enfin. Dans quelques heures, dans la matinée du mardi 6 janvier 2009, je vais non seulement passer de Pacifique en Atlantique mais surtout en terminer avec un mois de navigation dans les parages les plus dangereux que l'on puisse imaginer. Le cap des Tempêtes, selon les anciens cap-horniers, est incontestablement le haut lieu d'un tour du monde. Si j'ai moins souffert dans les mers du Sud cette année que quatre ans auparavant, le rallier constitue un des moments les plus intenses d'une telle navigation.

La mer est grosse mais bien ordonnée. Le vent régulier qui souffle à 25 nœuds (46 km/h) permet d'entretenir une bonne moyenne.

Je manœuvre de manière à placer le bateau sur le cap idéal. Le Horn n'est plus qu'à 250 milles (460 km) en route directe.

Une fois les voiles de *VM Matériaux* parfaitement réglées, je branche le pilote automatique puis rentre dans le carré et m'installe derrière la table à cartes. Le panneau où se trouvent les instruments électroniques et autres écrans d'ordinateurs est recouvert d'une très fine feuille de bois, histoire de rendre l'endroit un brin chaleureux. Le reste de l'intérieur demeure d'un blanc clinique.

Alors que je viens de m'installer, la sonnerie du téléphone par satellite retentit. C'est Vincent Riou qui m'appelle. Il navigue environ 200 milles (187 km) derrière moi. Mon grand adversaire de 2004 est devenu peu à peu un bon compagnon et nous entretenons régulièrement quelques conversations de bateau à bateau. Nous parlons de tout et de rien, de la course, surtout, où nous sommes alors classés respectivement troisième et quatrième derrière Michel Desjoyeaux et Roland Jourdain. Ils ont viré le cap Horn en ce 5 janvier, séparés par un écart d'à peine neuf heures.

Puis c'est le choc.

Énorme, effrayant, totalement imprévu. Il survient alors que nous sommes en pleine conversation.

Brusquement, le bateau ralentit puis se comporte anormalement. Il commence à prendre une gîte beaucoup trop importante.

« Je te laisse. Y a un truc bizarre ! Je te donne ma position : 56° 17' sud, 73° 46' ouest », ai-je à peine le temps de lancer à Vincent.

En quinze secondes, *VM Matériaux* est couché sur le flanc, pas à la manière d'un départ en vrac habituel mais, je le perçois immédiatement, suite à une avarie. La seule possible, c'est le bris de la quille car le bateau est totalement déséquilibré. Soit elle s'est totalement désolidarisée de la coque, soit elle est cassée en deux. En tout cas, il n'y a plus cette masse indispensable à la stabilité de l'ensemble.

Je m'agrippe tant bien que mal à la table à cartes et j'appuie sur une touche préenregistrée de mon téléphone correspondant au numéro de Michel Ollivier, responsable de mon équipe à terre. Il est 1 h 28 à Port-la-Forêt ; 21 h 28, soit quatre heures de moins, au cap Horn. Miracle : il me répond dès la première sonnerie alors qu'il est en train de dormir.

« Michel, je suis couché sur l'eau ! Je vais chavirer, je vais chavirer ! Note ma position : 56° 17' sud, 73° 46' ouest ! Michel, ça se retourne ! »

La communication s'arrête net, l'antenne satellite, située sur le pont, se trouve désormais sous l'eau.

VM Matériaux est totalement retourné, le pont posé sur l'océan Pacifique, les voiles, couchées sur la surface, ayant, quelques secondes seulement, retardé le chavirage.

Dans le carré, je marche désormais sur ce qui était jusque-là le plafond du bateau ; la rotation a été rapide certes, mais suffisamment lente pour que je ne me blesse pas.

Au-dessus de moi se trouve du coup le moteur, toujours accroché au fond de la coque évidemment, à l'envers désormais. Je l'entends qui essaie de démarrer. Peuf, peuf, peuf... Il tousse trois fois puis s'étouffe.

Mon bateau est équipé d'un système de démarrage automatique en cas de baisse importante de la capacité des batteries, sanglées sous le siège de table à cartes, de manière à les recharger. Alors, il a tenté le coup...

Par la trappe de survie, située sur le tableau arrière du bateau, je jette dans l'océan une balise satellite de détresse. Ces appareils émettent lorsqu'ils se trouvent au contact de l'eau salée. La terre va recevoir les coordonnées géographiques précises de mon bateau.

Peu à peu, la vie quitte *VM Matériaux*.

Les ordinateurs s'éteignent doucement puis la lumière, progressivement. Moins d'un quart d'heure après le naufrage, je suis plongé dans le noir autant que dans l'eau, dont le niveau se stabilise enfin au livet du pont.

Dès le chavirage, la mer a pénétré à l'intérieur du cockpit. Les vagues s'y engouffrent, entraînant avec elles tous les cordages. Cette masse compacte m'empêche de fermer la porte donnant sur le pont.

Si le carré et l'arrière se remplissent rapidement, l'avant demeure encore hors de l'eau, bien que les trappes des compartiments étanches ne soient pas toutes verrouillées. Dans le capharnaüm charrié par la flotte, je parviens à mettre la main sur le sac contenant ma combinaison de survie qui flotte, côté tribord, sous le roof. Je sais d'ailleurs que deux sont embarquées à bord. Lors de chaque départ, Michel Ollivier en charge toujours une supplémentaire au cas où, dans la précipitation, un assistant aurait à se jeter à l'eau en cas de problème. En quittant le bateau, peu avant le coup de canon du 9 novembre dernier, ce préparateur l'avait oubliée !

Malheureusement, dans ma tentative pour l'attraper, je me mouille totalement. Mes trois couches de sous-vêtements et de fourrures polaires sont trempées. Il ne faut surtout pas que je prenne froid au risque de réduire mes chances de survie. Lors d'une fortune de mer, l'hypothermie est le pire ennemi.

Je me hisse sur les quelques sacs à voile qui ne sont pas encore immergés. Je m'assieds tant bien que mal au-dessus de l'eau afin de me déshabiller et d'essorer consciencieusement mes vêtements. Je les enfile à nouveau, avant de revêtir ensuite ma combinaison. Je saisis une lampe frontale semi-étanche, attachée à une main courante, et l'installe sur ma tête afin de percer l'obscurité.

Soulagé d'être ainsi vêtu, je peux commencer à réfléchir calmement à l'organisation de ma survie. Il est évidemment hors de question de sortir de la coque. Je dois tenir à l'intérieur tant bien que mal, en espérant que les secours arrivent avant que la carène ne s'abîme, voire se disloque.

Je dresse dans ma tête la liste de ce qui me sera indispensable pour tenir le plus longtemps possible. Je fouille dans le bateau, plonge à droite, à gauche. J'attrape des packs d'eau douce qui nagent entre deux eaux. Je récupère mon gros pouf à billes qui me sert de matelas, une couverture de survie doublée en fourrure polaire, la pharmacie, des rouleaux d'essuie-tout conditionnés sous vide, des vêtements secs car sous vides eux aussi, la caisse à outils, un seau, une éponge, le petit container dit « de survie » contenant une radio VHF à courte portée, un téléphone portable par satellite Iridium, des fusées de détresse, des phoscars, de la fluorescéine, une corne de brume, un miroir réfléchissant… Et bien sûr le plus de nourriture possible.

Progressivement, au fur et à mesure de mes recherches, je transbahute tout ce matériel et l'installe proprement dans la soute à voile, sèche, située à l'avant du mât. Je crois y trouver refuge : raté. Le capot d'accès de cette cale au pont – qui débouche donc maintenant sur l'océan ! – se met à fuir de manière inquiétante, victime de la pression de la coque sur la surface. Puis il s'ouvre, laissant pénétrer l'eau qui envahit un peu plus l'épave.

Celle-ci est dressée, l'étrave vers le ciel. L'arrière s'enfonce dans la mer : les ballasts sont remplis d'eau, cette masse plongeant la poupe dans l'océan. Lors du chavirage, j'étais en effet en pleine opération de vidage de ces énormes réservoirs participant à la stabilité du bateau. Le schnorkel, qui permet de les désemplir, est donc resté ouvert. Du coup, une fois *VM Matériaux* retourné, ces énormes réserves d'eau de mer se sont remplies par les évents désormais sous la mer. Je m'en aperçois rapidement, mais un peu tard quand même, et je ferme aussitôt le schnorkel. L'épave a désormais une assiette peu commune, cul dans l'eau, tête à l'air.

Par la faute de ce foutu panneau, tout ce que j'ai amoncelé dans la cale a repris l'humidité. Je suis obligé d'aller chercher refuge ailleurs, coincé comme un rat dans l'ultime compartiment sec du bateau, tout à l'avant, protégé néanmoins par une cloison dotée d'une porte étanche. Une soute plus petite que la précédente mais solide et parfaitement sécurisée, cette fois, grâce à cette hermétique trappe d'accès. Je reprends mon travail, courbé en deux, ballotté par les mouvements de l'épave secouée par la mer. Et je transfère de nouveau le matériel.

Ma nouvelle niche est sombre, toute noire, aspect fibre de carbone brut, seul le fond, devenu le plafond, est blanc.

Je m'y éclaire grâce à ma lampe frontale aux piles heureusement encore vivaces. Je chasse l'humidité en épongeant le moindre recoin. J'essore et je sèche ma couverture. Puis, je me blottis tant bien que mal sur mon pouf à billes.

Il me faut analyser clairement la situation. J'ai de quoi tenir un bon moment en eau et nourriture. Ma combinaison de survie et les trois couches de vêtements que je porte m'empêchent d'attraper froid. J'imagine parfaitement que la position de *VM Matériaux* est connue à terre. Le bateau semble encore suffisamment solide pour résister. Ma survie est organisée autant que possible. Ne pas faire de conneries, bien réfléchir avant chaque action, tenir ; le temps est un ami. À moi de rester calme et lucide. Je me contrôle du mieux possible sans énervement. Si je m'excite, si je panique, si je stresse, si je « pète une Durit » : je me mets encore plus en danger.

Il me faut tout simplement accepter d'attendre les secours que l'on ne devrait pas tarder à organiser. Rien d'autre à faire. J'ai toute confiance en l'organisation de la course même si la situation n'est pas, pour le moins, très « confortable »... Les parages du cap Horn ne sont pas forcément le meilleur endroit pour faire naufrage mais il n'y a aucune raison de devenir fou.

De plus, Vincent Riou et Armel Le Cléac'h n'étant qu'à 200-250 milles (185 à 246 km) derrière moi, ils devraient arriver demain sur la zone du naufrage.

Il faut que je dure, que je m'accroche. Dans mon esprit, une attente de trois jours est un grand maximum avant que l'on vienne me tirer de ma coque retournée. Il faut « simplement » tenir le coup. Ne pas paniquer, ne pas céder au stress, combattre l'hypothermie surtout car la température de l'eau qui a pris possession du bateau est de 5 °C. Et enfin, gérer au mieux les réserves dont je dispose. Dehors, la météo reste encore clémente même si cet endroit, par 56° sud à la jonction des océans Pacifique et Atlantique, n'est guère fréquentable. Je connais pertinemment la vitesse avec laquelle y arrivent les tempêtes et l'effrayant visage qu'elles peuvent prendre au sud de la Terre de Feu. D'autant plus que, lors de mes ultimes analyses météo avant le chavirage, j'avais constaté qu'une nouvelle dépression était attendue dans les heures suivantes au large du Horn. Pour affronter un coup de baston avec *VM Matériaux* en état de marche : aucune inquiétude. À bord de *VM Matériaux* à l'état d'épave, cela peut vite devenir préoccupant.

Pendant que je cogite, mes tympans commencent à devenir très douloureux. Non seulement le bruit de la mer qui s'agite dans le bateau est assourdissant mais le souffle de l'eau qui va et vient crée un système pression-dépression particulièrement désagréable. Cela devient même vite insupportable ; ça tourne à l'obsession. J'en suis à me demander si mes oreilles vont tenir, si mes tympans ne vont pas éclater. Je ferme la trappe étanche qui mène à la soute à voiles, trempée désormais non seulement par l'eau qui l'a envahie peu à peu mais aussi par les affaires mouillées que j'y ai laissées. Ainsi, le phénomène agit moins sur mes oreilles. Mais je suis cette fois totalement enfermé dans cet étroit coqueron.

Une fois remis, je me rends une nouvelle fois à l'arrière du bateau avant que la nuit de l'été austral, longue de quatre heures, ne tombe définitivement, afin d'inspecter l'épave et vérifier qu'elle ne s'enfonce pas davantage dans l'océan. Mon expertise est concluante : ce n'est pas dans les heures à venir que la coque va couler ou se rompre. Mais, à terme, la masse de la vague prisonnière à l'intérieur peut très bien défoncer peu à peu les cloisons, brisant ainsi la structure du bateau avant de le désagréger totalement. Cette mésaventure est déjà arrivée à d'autres par le passé. Je m'inquiète aussi pour le mât. Il ne s'est pas cassé lors du chavirage et je me demande si, maintenant qu'il se trouve sous l'eau, il ne peut pas venir perforer le pont et créer des trous supplémentaires.

Il faut manifestement que les sauveteurs ne tardent pas trop…

Par prudence, je décide de me confectionner une ultime retraite au cas, bien improbable, où l'eau pénétrerait finalement dans la soute qui me sert de refuge. Avec les toiles de matossage – solides bâches servant à entreposer du matériel dans la soute à voiles –, je fabrique un hamac collé au plafond que j'investirai pour rester hors de l'eau en cas d'extrême nécessité. Je possède maintenant un coup d'avance sur l'océan qui mange peu à peu mon bateau.

Rassuré autant par l'intégrité de *VM Matériaux* que par ce « hamac de survie », j'essaie de m'installer le plus confortablement possible. J'enlève ma combinaison de survie puis mes vêtements encore humides afin d'en enfiler d'autres totalement secs et propres, conservés dans des sacs étanches depuis le départ (à l'exception de mon pull en fourrure polaire que je n'ai rien pour remplacer). Auparavant, je prends bien soin de sécher mon corps avec des feuilles d'essuie-tout.

Je décide de passer la deuxième combinaison de survie, la doublure intérieure de la première étant en effet légèrement humide. Vaincre l'hypothermie, toujours... J'ouvre la poche la contenant et j'y trouve, soigneusement protégée, une bouteille de champagne ! Il s'agit de celle offerte par Philippe de Villiers, le président du conseil départemental de Vendée, à tous les concurrents lorsqu'ils quittent le quai aux Sables-d'Olonne et que Michel avait glissée dans le sac de manière à la débarquer.

Me voilà, naufragé au large du cap Horn en train d'œuvrer à ma survie en compagnie d'une bouteille de champagne. L'heure n'est pas à la déboucher mais tout est bon à prendre...

De nouveau habillé et bien sec, j'installe mon matelas-pouf à billes au sol – en l'occurrence le pont du bateau – isolant ainsi parfaitement mon corps du froid et je m'enveloppe dans la couverture. J'en possède bien une autre dans mon petit conteneur, dite « de survie » et se présentant sous forme d'une feuille métallique. Mais celle confectionnée par Cotten et que j'utilise depuis le début du tour du monde est non seulement en fourrure polaire, mais une couche identique en métal a été glissée entre les épaisseurs en tissus. Chaleur garantie.

Je grignote ce qui me tombe sous la main : des chips, des barres énergétiques... Je bois un peu d'eau.

Je m'allonge... et je m'endors sans même être dérangé par le vacarme des vagues ayant envahi la coque : la porte de ce poste étanche coupe parfaitement le bruit.

Mon but est alors très simple. Je suis bien organisé pour tenir au moins trois jours si le bateau ne s'endommage pas plus. Il faut que je reste lucide et donc en bonne forme physique pour réagir parfaitement lorsque les secours seront là. Ils devraient arriver dès le lendemain. Le repos est donc indispensable. Sans oublier que dormir fait passer le temps.

Enfin, il n'est pas l'heure non plus de se torturer la tête avec de pseudo-questions existentielles. Vivre, un point c'est tout !

Je m'enfonce vite dans le sommeil, perturbé quelque temps plus tard par un étrange ronronnement. Enfermé dans le noir et n'ayant pas de montre, je n'ai aucune notion du temps. Je ne sais pas si mon sommeil a été long ou court. Ensuqué, j'ai du mal à me réveiller. J'ai l'impression de rêver. Le bruit revient, persiste, s'immisce à travers le carbone de la coque et passe au-dessus des craquements du bateau et du choc des déferlantes. Cela ne peut être qu'un moteur d'avion ! Non, Jean, tu ne rêves pas !

J'apprendrai plus tard qu'il s'agissait d'un EMB-111 de la marine chilienne, bimoteur de patrouilles et de recherches maritimes. Lors de son premier survol, il passa près d'une heure à tourner très bas au-dessus de *VM Matériaux* afin de faire entendre ses moteurs pour que je sois rassuré. Une procédure parfaite que les Chiliens appliquent toujours dans des cas identiques.

Je suis soulagé : désormais la position exacte du bateau, qui a évidemment dérivé depuis l'incident, est connue. Les secours ne vont plus tarder, sans oublier Vincent Riou et Armel Le Cléac'h.

Une fois l'avion parti, je réalise néanmoins que personne à terre ne sait finalement si je suis vivant ou non. De là-haut, les aviateurs n'ont vu qu'une épave.

Il faut donc impérativement que je donne signe de vie. Je quitte alors mon poste étanche pour aller à l'arrière du bateau chercher du matériel tout en vérifiant que l'épave ne s'enfonce pas plus. Mais je constate effaré que le niveau de l'eau a beaucoup monté durant mon repos. La trappe de survie, placée sur le tableau arrière du bateau et qui est le seul moyen de quitter une épave retournée comme la mienne, est cette fois immergée !

Sortir par-là, s'il faut évacuer en urgence, devient très compromis.

De plus, n'entendant rien de ce qui se passe à l'extérieur tant le bruit du ressac à l'intérieur de la carène est puissant – à l'inverse de ma sombre niche –, je ne peux pas savoir si des bateaux se trouvent déjà à proximité du mien.

Je décide alors de confectionner un petit pavillon avec un jonc de carbone, long de 1,50 m, surmonté d'une large bande de ruban adhésif gris, de le glisser à l'extérieur par le passe-coque de speedomètre situé au milieu du voilier, donc dans la zone en partie inondée, puis de le fixer de manière à ce qu'il tienne dressé et bien visible dehors.

Il s'agit du meilleur moyen dont je dispose pour signaler ma présence dans l'épave retournée. Si un bateau passe à proximité, son équipage distinguera immédiatement ce pavillon. Il me permet aussi de constater la force du vent à l'extérieur.

J'apprendrai plus tard que, bizarrement, un nouveau signal satellite, correspondant à celui émis par ma seconde balise de détresse, fut détecté à peu près au moment où l'avion me survolait. Je ne l'ai pourtant jamais activée. Il semble qu'elle se soit déclenchée seule. Le PC course en déduira que je suis vivant car ses responsables ne peuvent imaginer qu'elle émette si soudainement sans une action humaine délibérée !

Je retourne m'isoler à l'avant, seul endroit où je peux percevoir les sons extérieurs. Je tente aussi de me reposer encore un peu.

Ce sont de nouveau des bruits anormaux venant de l'extérieur qui me tirent de ma torpeur, plus de quatre heures environ après le départ de l'avion. Je perçois en effet des claquements étonnants au niveau de la cadène d'étai de trinquette. Je me demande si cette solide pièce métallique, ou le câble qui la prolonge, n'est pas en train de prendre du jeu ou de se rompre sous l'action de la mer.

Il s'agit en fait de boîtes de beurre lancées par Vincent Riou depuis son *PRB* sur l'étrave de *VM Matériaux* autour de laquelle il tourne !

Puis soudain retentit mon prénom :

« Jean ! Jean ! »

10

Sauvé !

« Si cette histoire, elle est pas belle ;
je sais pas quelle histoire
qu'elle est belle ! »

De nouveau, comme lors du survol de l'avion, je suis persuadé d'avoir rêvé, étant mal encore tiré de l'état semi-comateux où je me trouve. Puis j'entends encore « Jean ! Jean ! » plus distinctement. Et je reconnais alors parfaitement la voix de Vincent.

Je hurle que je suis à l'intérieur de la coque. Je me rue jusqu'à mon petit pavillon de manière à vérifier qu'il est toujours bien en place. C'est bon : il doit comprendre que je suis vivant et à bord sans savoir si je suis blessé ou non.

Je me précipite de nouveau dans ma niche de l'avant afin de dresser l'inventaire de mon matériel et inventer un système pour me signaler mieux encore. Et je trouve les fusées de détresse, placées dans le bidon de survie. Voilà qui est efficace.

Mais comment faire pour les tirer ? Directement dans la mer ? À travers le capot du pont de la soute à voiles ouvert ? Peut-être fera-t-elle un peu de lumière dans l'eau ? J'en prends une, la déclenche. Elle plonge mais s'éteint immédiatement. En fait, elle n'émet que de la fumée et à l'intérieur de la coque encore !

En regardant de près le tube contenant une fusée parachute, je constate qu'il est exactement du même diamètre que le passe-coque à travers duquel passe déjà mon petit drapeau. Il faut tenter le tout pour le tout.

Je rentre le pavillon, applique le fumigène sur le trou, appuie comme un forcené de manière à contrecarrer le fort recul de l'engin lorsqu'il part. Feu ! Je la déclenche. Si, dehors, Vincent hallucine en voyant une fusée jaillir de la coque retournée, à l'intérieur, je viens de me gazer moi-même ! Les émanations dégagées par le projectile ont envahi la coque et n'ont, pour s'évacuer, qu'un minuscule trou. Je tousse, je peste et je me précipite de nouveau dans la soute avant pour reprendre mon souffle.

Reste qu'indirectement, l'effet de ce fameux passe-coque, désormais ouvert en permanence, précipite l'enfoncement du bateau dans l'océan. Jusque-là, il se maintenait à flot grâce à la poche d'air emprisonnée dans la carène lors du chavirage. Et comme elle fuit désormais par le haut, le niveau de l'eau dans l'épave augmente inévitablement. Je suis obligé de fermer cette dangereuse aération. Ça ne me chagrine pas trop : Vincent sait depuis le tir de la fusée que je me trouve bel et bien dans la coque retournée.

Mais je dois agir. *PRB* – au moins – se trouve à proximité et je ne sais pas combien de temps *VM Matériaux* flottera encore.

Je fixe ma lampe frontale sur la tête et je me rends à l'arrière du bateau pour inspecter la trappe de survie du tableau arrière. Je parviens à me frayer tant bien que mal un chemin dans le tunnel qui y mène mais je m'aperçois que l'accès à ce panneau est totalement bouché par des voiles, des sacs, du matériel divers qui flotte ou se déplace sous l'eau. Il y a en particulier un gennaker qui l'obstrue. Il faut le pousser.

Je me glisse de nouveau dans l'étroit espace, garde hors de l'eau la tête collée au plafond de manière à respirer le filet d'air qui s'y trouve. En force, je parviens finalement à le dégager avant de l'attacher grâce à des sangles pour qu'il ne bouge plus.

Le chemin est libre. Je n'ai plus qu'à aller ouvrir les quatre poignées de fermeture de la trappe. Le seul moyen est de m'y rendre en apnée. Je plonge dans l'eau gelée. Je progresse en me halant sous l'eau tout en évitant le matériel flottant entre deux eaux. Je parviens au panneau de plexiglas et le déverrouille. Instantanément, et sans même que je le pousse, il s'ouvre sur l'océan, ce qui provoque un brutal « appel d'eau ». Par cet accès se précipitent dangereusement des cartons de nourriture, des bidons, des cordages... avalés par le Pacifique.

Le plus sage est d'attendre que tout se soit ainsi évacué. Je reviens reprendre ma respiration au centre du bateau. Ce déversement d'objets vers la surface va donner à Vincent le signal qu'il se trame quelque chose dans *VM Matériaux*.

Depuis *PRB*, il imagine immédiatement que je vais sortir à mon tour. Un petit quart d'heure plus tard, j'effectue une nouvelle inspection, en apnée toujours : le passage vers la trappe est totalement libéré.

Je retourne dans la poche d'air dans le carré avant d'analyser le plus sereinement possible la situation suivant un axiome de base : qu'est-ce qui va être le plus dangereux lors de mon évacuation ?

Depuis l'extérieur, la seule solution serait de pratiquer un trou dans la coque. Mais les risques de blessure, autant pour les sauveteurs que pour moi, en lançant une telle intervention en pleine mer sur une coque en fibre de carbone sont énormes. Le résultat peut vite devenir dramatique.

En revanche, maintenant que la voie est libre, je dois pouvoir parvenir à me hisser hors du bateau sans aucune aide.

Une fois la trappe passée, je trouverai sur mon chemin le mâtereau de l'éolienne qui, en l'agrippant, devrait me permettre ensuite de me propulser à la surface, faisant ainsi office de main courante sous-marine.

Mais il me faut impérativement disposer, une fois dans l'océan et hors de l'abri de la coque, d'un cordage pour m'arrimer sur l'épave et ne pas glisser à la baille.

Je me souviens trop bien du réflexe d'Éric Tabarly qui, vingt ans plus tôt lors de notre chavirage avec *Bottin Entreprise,* avait voulu se jeter à l'eau sans aucune sécurité autour de lui, avant que je le mette en garde in extremis.

Je cherche immédiatement un long raban, l'entoure autour de ma taille à la manière d'une ceinture, puis glisse ma lampe frontale dans ma combinaison de survie. Peut-être en aurai-je encore besoin...

Je réfléchis à la manière de procéder et décompose minutieusement toutes les phases de l'opération : parvenir à la trappe, la franchir, attraper le mâtereau, nager vers la surface, me hisser sur la coque, m'y attacher...

Si j'y vais, je ne le fais pas à moitié. Une fois sorti, je ne pourrai jamais revenir à l'abri dans la coque.

Je n'ai qu'une chance, une seule balle dans le barillet.

Il faut y aller.

Je descends dans l'eau, prends une longue respiration, plonge complètement et me fraie de nouveau un chemin vers la trappe par l'étroit boyau qui y mène en me déhalant avec les bras. Je me retourne, de manière à franchir, pieds en avant, l'accès vers la mer. Puis je me pousse sur les mains. Mon corps s'engage dans la trappe. Me voilà sorti, en pleine mer désormais.

Immédiatement à l'extérieur de la coque, j'attrape le petit mât d'éolienne et me propulse vers la surface où je reprends, soulagé, ma respiration.

Tout s'est parfaitement déroulé, sans la moindre anicroche. Je suis resté une vingtaine de secondes en apnée. Je sors la tête de l'eau et je distingue immédiatement, à mon grand soulagement, *PRB* non loin.

Aussitôt, prenant appui sur le rebord du tableau arrière, je me hisse sur la coque retournée de *VM Matériaux* et je m'attache solidement, grâce à mon raban, au safran tribord. Les vagues balaient l'endroit où je me trouve en se brisant sur le bateau, mais rien de dangereux. Et il est hors de question de monter plus haut sur la carène, à l'abri de la houle : il n'y a aucun endroit où se tenir.

Je constate aussi qu'en plus de *PRB* et de *Brit Air* qui se trouve non loin, un imposant pétrolier est sur zone. Il y était arrivé en premier, guidé par l'avion chilien, mais je ne connaissais absolument pas sa présence jusque-là.

Si le capitaine de ce bâtiment, présent depuis cinq heures déjà, avait été malin, il serait venu non loin de mon bateau de manière à casser, grâce à sa masse et sa muraille, la houle afin que celle-ci s'aplatisse là où se trouve l'épave. Ce qui se fait en temps normal lors d'un sauvetage avant de mettre une chaloupe à la mer et de venir récupérer un naufragé. Les conditions y étaient tout à fait favorables. Mais, m'expliquera-t-on plus tard, ses officiers refusèrent d'engager cette manœuvre.

J'ai surtout sous les yeux la cause de mon naufrage : le bulbe de la quille, soit le lest indispensable à la stabilité du bateau, a disparu. Il ne reste plus que le voile. Sans cet élément pesant, arraché à la suite d'un choc avec un objet flottant entre deux eaux – un container vraisemblablement –, le chavirage était inévitable. Plus tard, à l'analyse des photos du bateau retourné, les techniciens estimeront que le bulbe a été décalotté consécutivement à une collision frontale. Mis ainsi en torsion, le lest a ensuite cisaillé les boulons le reliant au voile de quille avant de tomber au fond de l'océan Pacifique.

Pendant que je reprends mon souffle, Vincent a déjà entamé le processus de mon transbordement à son bord. Il tourne autour de *VM Matériaux* avec son *PRB*, tout en essayant de me lancer un cordage auquel m'accrocher.

Les manœuvres sont délicates car il doit les effectuer à la voile, son moteur étant en panne depuis quelques jours. Avec *Brit Air*, Armel ne peut pas le remplacer : celui de son bateau vient aussi subitement de s'arrêter en faisant, quelques minutes auparavant, des rondes autour de l'épave.

Quant au filin qu'il me jette, je ne veux l'attraper qu'en étant sûr et certain de me retrouver à son bord ensuite. Surtout aucun risque inutile.

D'autant qu'il me faut non seulement saisir ce bout mais ensuite me l'attacher rapidement en étant sous la menace perpétuelle soit qu'il se dérobe entre mes mains, soit qu'il me tire violemment à l'eau, tracté par *PRB* qui, même au ralenti, ne peut jamais être complètement arrêté.

La quatrième tentative est la bonne : Vincent réussit à rapprocher suffisamment son bateau de l'épave. Cette fois, toutes les conditions sont réunies. Il me lance le cordage, je l'attrape, en entoure ma taille, délace la sangle qui me tient au safran et me jette à l'eau. Mais, *PRB* passe près, vraiment près, trop près : dans la manœuvre, l'outrigger bâbord percute le morceau de quille de *VM Matériaux* dressé et se brise immédiatement sous le choc !

En voulant bien faire, Vincent a touché l'épave. De surcroît, regardant alors à l'arrière pour voir si je saisis le filin tout en commençant à le remonter, il ne sent pas venir le danger. Contrairement à moi, dans la flotte, accroché à mon cordage, remorqué derrière son bateau !

Je vois, effrayé, le mât basculer immédiatement sur tribord, sa chute s'arrêtant grâce aux maigres retenues qui restent : un hauban et un tirant. Mais il présente 30° d'inclinaison et menace de tomber.

Vincent continue néanmoins à ramener le cordage pour que je puisse grimper au plus vite à son bord. Je m'accroche au tableau arrière, je me dresse. J'enjambe les filières. J'y suis. Je suis à bord de *PRB* ! Sauvé !

Sauvé, après avoir passé plus de dix-sept heures dans mon malheureux *VM Matériaux* retourné.

Les effusions avec mon sauveteur ne durent que quelques secondes. Il faut avant tout garder le mât en l'air.

« Il est foutu ! me déclare Vincent.

— Attends, on peut essayer de le sauver ! »

Immédiatement, nous nous précipitons et installons un cordage de retenue censé remplacer le tube cassé, avant d'essayer de virer de bord pour que le mât soit désormais retenu par l'outrigger tribord, toujours entier.

Premier échec : sous-toilé en ne portant que la grand-voile réduite au maximum, le bateau manque de vitesse et ne peut manœuvrer. Et comme il est devenu impossible de renvoyer une voilure importante au risque de faire tomber l'espar, un virement ne réussira jamais.

Il nous faut donc empanner, évolution scabreuse parfois et qui ne présente pas toutes les garanties de réussite.

Nous lançons l'empannage, les yeux rivés sur la perche, le souffle coupé, les doigts croisés, presque, tout en manœuvrant. Alors que le bateau commence son virage, le mât se redresse puis retombe subitement sur l'autre bord avant d'être parfaitement retenu par le gréement intact, remis en tension. Le démâtage n'est pas passé loin…

Je crois que cet empannage restera à jamais comme le plus beau de notre vie.

Mon sauvetage, la tension générée par le gréement touché de *PRB*, le soulagement de me trouver en compagnie de Vincent puis la menace que présente son mât fragilisé désormais... Tout cela s'est enchaîné si vite.

Passé cette avalanche d'actions et de sentiments, je regarde maintenant s'éloigner mon *VM Matériaux*. J'ai très rarement abandonné un bateau dans ma carrière, mais cela a constitué à chaque fois un déchirement. Je mesure immédiatement que le récupérer sera mission impossible. On ne renfloue pas une épave au large du cap Horn ! J'ai passé quatre ans et demi de ma vie avec ce bateau-là, quel que fût son nom. Je m'y étais attaché comme rarement. J'ai retrouvé à son bord le plaisir de la navigation et les joies de la compétition. Nous avons gagné ensemble, nous avons perdu ensemble, nous avons presque pleuré ensemble. Et maintenant, je le laisse dans le sillage de *PRB*.

Une fois à terre, la marine nationale chilienne me demandera l'autorisation de le couler. Une requête légitime : épave, *VM Matériaux* est devenu un danger à la navigation pour les autres bateaux même s'ils ne sont pas très fréquents à croiser dans ces parages. Mais, pour des raisons touchant à l'assurance, je serai dans l'incapacité de donner mon accord. En dérivant, le bateau a rapidement quitté les eaux nationales chiliennes. Les vents et les courants dominants en cette région portant vers l'est, un morceau de cloison intérieure, sur lequel était inscrit « VM Matériaux » fut, plusieurs années après le naufrage, retrouvé aux îles Sandwich en Atlantique sud. Ultime fragment de mon beau bateau rose...

Mais nous voilà en route vers le cap Horn !

À bord de *Brit Air*, Armel Le Cléac'h passe à portée de *PRB* afin de savoir si nous avons besoin d'aide. Le mal est fait. Nous nous débrouillerons. Armel remet de la toile, reprend la course et nous distance rapidement. Les sentiments qui nous habitent sont mitigés. Je suis incroyablement soulagé d'être sorti d'affaire mais immensément triste des conséquences de mon sauvetage pour Vincent. Avec sa générosité habituelle, il minimise les répercussions.

« À partir du moment où tu es à bord, me dit-il, il n'y a plus rien d'important. Nous sommes deux marins heureux ! »

Peu de temps après, l'avion de patrouille maritime qui m'avait le premier localisé repasse au-dessus de *PRB* pour un ultime survol afin de vérifier que nous n'avons plus besoin d'assistance. À son bord, se trouvent un photographe de l'agence DPPI, qui réalise les premiers clichés de Vincent et moi sur le même bateau, et le même grand reporter de *L'Équipe* qui était déjà venu me survoler au cap Horn quatre ans auparavant ! Ce qui s'appelle de la constance. En sa compagnie, nous

nous livrons avec Vincent à une interview qui tourne vite à la discussion amicale et informelle.

Devant le « succès » de mon sauvetage, la marine chilienne annule la vaste opération de récupération qu'elle avait lancée dès le déclenchement de ma balise de détresse. Un remorqueur de haute mer, doté de plongeurs et de moyens d'intervention conséquents, avait appareillé de Punta Arenas, dans le détroit de Magellan, ainsi qu'un hélicoptère pour me porter secours.

Pour l'instant, le mât de *PRB* tient toujours. Il faut se battre pour qu'il reste en l'air et que Vincent puisse repartir au plus vite vers Les Sables-d'Olonne, une fois son bateau réparé et moi débarqué.

Aussitôt les plans les plus variés s'échafaudent. Nous pouvons nous appuyer sur la présence en Terre de Feu d'Isabelle Autissier.

Isabelle est non seulement une ancienne concurrente du Vendée Globe mais aussi un ex-skipper d'un bateau *PRB*. À bord de celui-ci, elle fit aussi naufrage mais au beau milieu du Pacifique en 1997 avant d'être récupérée par un autre concurrent, Giovanni Soldini et d'abandonner là encore son voilier.

Le hasard d'une balade dans les canaux de Patagonie, organisée à bord de son bateau de croisière avec quelques amis, fait bien les choses. Elle connaît parfaitement l'endroit ; il ne peut pas y avoir marin plus compétent pour nous réceptionner.

L'idée qui prend corps peu à peu est de relâcher dans une baie, située au nord du cap Horn, à l'est de l'île Navarino et d'y retrouver Isabelle. Là, elle pourra nous prêter assistance pour pénétrer dans le canal de Beagle où se trouvent deux ports possibles de destination : Port Williams, sur la rive sud et chilienne du canal, ou Ushuaia, 25 milles plus loin mais plus grand et plus pratique, côté argentin, au nord.

Lors de cette ultime navigation, à effectuer impérativement face au vent et dans un chenal parfois étroit, il sera de toute manière impossible à Vincent de tirer des bords en se trouvant seul sur un bateau ainsi endommagé.

Du coup, la réglementation du Vendée Globe, qui interdit toute aide extérieure, ajoute à la difficulté. À juste titre, Vincent entend bien repartir et rester classé. Mais il n'est pas simple de trouver la meilleure solution.

Entre ces préparatifs, les interrogations réglementaires, le besoin de rassurer nos proches et les sollicitations médiatiques incessantes après mon sauvetage, nous passons – Vincent principalement – un temps fou, pendus au téléphone satellite avec la terre. Je le laisse gérer tout cela : je ne suis pas chez moi !

J'en profite pour prendre un vrai repos à bord d'un bateau parfaitement sûr. Un vrai bonheur.

Doucement, nous nous rapprochons du cap Horn que nous virons relativement près, le 7 janvier en milieu d'après-midi, pour mieux le contempler. L'occasion est trop belle. Et je ne peux m'empêcher d'immortaliser l'événement en faisant une photo : Vincent et moi au Horn mais sur le même bateau, quatre ans après nous y être tirés une bourre d'enfer, chacun sur le nôtre alors.

Depuis ce Vendée Globe 2004-2005 et le duel pour la victoire que nous nous sommes livrés, il y a entre nous des liens particuliers. J'aurais très bien pu être sauvé par Armel Le Cléac'h car lui et Vincent se relayaient pendant les trois heures qu'ils passèrent à tourner autour de *VM Matériaux* chaviré. Mais non : cela ne pouvait être que Vincent mon sauveteur.

Et nous voilà de nouveau ensemble au bout du monde, passant au pied du haut lieu du Vendée Globe, le point culminant de cette course, là où la victoire bascula en sa faveur en 2005.

Car une fois le Horn viré, il faut modifier notre route pour faire cap au nord-nord-ouest, à destination de notre point de rendez-vous, proche de l'entrée du canal de Beagle. Le gréement endommagé de *PRB* est d'autant plus sollicité que la mer se creuse. De plus, si nous voulons atteindre notre objectif, il est impératif de changer de bord et donc de faire porter l'ensemble des efforts générés par le mât et la grand-voile sur le flanc de l'outrigger cassé.

En prévision, nous renforçons tant bien que mal les cordages installés en sécurité, censés remplacer la pièce brisée, avec un brêlage qui semble solide. Mais les angles de tir entre le mât et le pont sont très fermés, d'où des tensions énormes. Malheureusement, dès l'empannage effectué, l'ensemble des sécurités que nous avons installées ne peut retenir le poids de la perche. Alors, doucement, l'espar de *PRB* tombe puis se brise...

C'est la consternation mais il faut agir vite en coupant câbles et cordages puis en jetant les différents éléments dans l'océan de manière à ce qu'ils ne viennent pas ravager le pont, perforer la coque, ou pire, la détruire. Pour ma part, il s'agit de ma deuxième fortune de mer au cap Horn en moins de quarante-huit heures !

Vincent est anéanti et j'ai franchement « les boules » car, sans mon sauvetage, tout cela ne serait pas arrivé. Il serait encore en course vers Les Sables-d'Olonne à la bagarre avec Armel.

Comme nous ne disposons plus à bord de quoi que ce soit qui nous permette d'établir un gréement de fortune et que le moteur de

PRB est en panne, il nous est impossible de continuer à faire route. Nous n'avons pas d'autres solutions que de demander assistance. Vincent alerte le PC course à Paris, l'information étant rapidement relayée auprès des militaires chiliens dont dépendent les eaux du cap Horn. Le temps de réunir l'équipage, un patrouilleur basé à Port Williams, distant de 55 milles (101 km) du lieu où nous nous trouvons, appareille pour venir à notre rencontre. Quant à *PRB*, il dérive tranquillement et sans danger, le vent et le courant l'éloignant de l'archipel des îles du cap Horn. Aucun risque : nous en profitons pour nous reposer.

Un peu plus de cinq heures après la demande de remorquage, le LSG-1603 *Alacalufe* nous rejoint. Nous avions mis un réveil en marche pour nous tirer du sommeil après avoir estimé le temps nécessaire au bâtiment pour rallier la zone. Lorsqu'il sonne, Vincent sort la tête du carré et voit le patrouilleur arriver ! Bon timing.

Du coup, il prépare soigneusement la remorque, la fixant au voilier après avoir enlevé la sous-barbe. L'opération est rondement menée : un canot est mis à l'eau depuis l'*Alacalufe*, deux marins chiliens montent à bord de notre voilier et repartent avec la remorque pour l'amarrer au bateau de guerre. Débute alors un remorquage tranquille mais mené à vive allure à destination de Port Williams, que nous atteignons le lendemain matin, au petit jour.

L'arrivée dans le canal de Beagle sur une mer plate et par un grand soleil est somptueuse. Nous pouvons distinguer les sommets environnants enneigés, libres de tout nuage. Ils se reflètent à la surface de l'eau lisse comme un miroir. La beauté des lieux nous remonte le moral.

Nous retrouvons aussi avec émotion Isabelle Autissier qui, après notre démâtage, avait rallié au plus vite cet abri à bord de son propre bateau de croisière.

Port Williams est surtout une petite base militaire chilienne. Du coup *PRB* est amarré à couple d'un autre, mais plus imposant, patrouilleur, avant que débutent d'infinis soucis d'immigration. Mon passeport se trouve en effet à 250 milles au sud-ouest du cap Horn... Et j'aurais du mal à mettre la main dessus. Du coup, tant que ma situation n'est pas régularisée, les officiels locaux m'interdisent de mettre pied à terre. Les officiers nous convient néanmoins à prendre un solide petit-déjeuner dans le carré d'un bâtiment de la marine. Du café et du pain-beurre : le rêve.

Reste que l'ambiance est plutôt rigide. Entre mes problèmes de papiers, la présence d'Isabelle mais aussi celle des deux journalistes – le photographe de DPPI et le grand reporter de *L'Équipe* qui nous avaient survolés deux jours auparavant – et qui, par manque de temps pour se trouver au moment exact de notre débarquement, n'avaient pas effectué toutes les formalités administratives d'entrée au Chili, c'est beaucoup pour un si petit port. Et les Chiliens plaisantent très peu avec ça.

Autorisation m'est finalement donnée, peu de temps après, d'aller déjeuner cette fois sur *Ada 2*, le voilier d'Isabelle, mais sans marcher sur la terre chilienne – donc je m'y rends en canot pneumatique – et sans quitter son bord.

Durant ce chaleureux déjeuner pris autour de la table du carré avec Isabelle, ses amis équipiers et les deux journalistes français, nous nous attardons autour de pâtes divines et d'un vin rouge qui ne l'est pas moins, nous qui n'avions pas mangé aussi bien ou bu une goutte d'alcool depuis des mois.

Plus surprenant encore dans ce bout du bout du monde, nous trouvons une autre bouteille, déposée sur le pont d'*Ada 2* avec un petit mot d'un admirateur inconnu nous félicitant pour notre aventure. Ni Vincent ni moi ne saurons sans doute jamais qui put ainsi nous faire un tel cadeau en un tel endroit.

Tendues au départ, les relations avec les autorités deviennent rapidement plus cordiales et finalement sympathiques. Après déjeuner, je suis autorisé à débarquer. Nous allons avec Vincent prendre une bonne douche puis enfiler des vêtements propres et nous reposer dans un petit hôtel du cru avant de passer la soirée autour d'un énorme barbecue organisé par Denis, un ami suisse d'Isabelle, installé à Port Williams, en compagnie des mêmes qu'au déjeuner.

Tout cela se termine fort tard dans le célèbre *Micalvi*, bar étonnant installé dans un vieux remorqueur désarmé et bien connu de tous les navigateurs de passage en Terre de Feu.

Ce minuscule port recèle encore bien des curiosités : le jour de notre arrivée, nous croisons un autre français, Luc Talbourdet, chef du projet de Jean-Pierre Dick, concurrent lui aussi du Vendée Globe.

Pour le sponsor de son navigateur, Luc avait organisé un voyage spécial en Terre de Feu pour se trouver non loin de *Virbac* lors de son passage au Horn. Même si Jean-Pierre avait abandonné depuis longtemps, ce voyage hors du commun avait été maintenu. Luc nous convie à dîner, le soir du 9 janvier, au cours d'une soirée où nous fêtons l'anniversaire de Vincent autour d'un gâteau confectionné pour l'occasion. À défaut de leur marin, les invités en ont vu deux !

Mais il faut surtout organiser notre retour ainsi que celui de *PRB* démâté. Le seul moyen de le rapatrier est, dans un premier temps, de le convoyer à Ushuaia, seul port de commerce de la région où il pourra ensuite être embarqué sur un cargo à destination de la France.

Il devient impératif de trouver un remorqueur pour l'y amener, trajet compliqué avec toutes les tracasseries administratives qu'implique le passage du Chili en Argentine. Il faut aussi dépatouiller les infernales relations avec les assurances qui se renvoient la balle pour prendre en charge *PRB*. Michel Ollivier, mon chef de projet, une fois arrivé à Ushuaia, se rend au port et prend contact avec l'équipage français d'un puissant voilier de croisière qui effectue du charter dans la région et prépare un prochain appareillage pour l'Antarctique. Au terme d'une longue journée d'attente, Éric, le skipper de *Vaïhéré*, et sa femme, Claude, acceptent finalement de venir nous chercher, Vincent, moi et le bateau. En quittant le port argentin, il embarque en même temps Anne, mon épouse, venue spécialement de France pour me retrouver, et Michel Ollivier.

Mais il faut faire vite : les Chiliens vont fermer le port, comme cela se pratique dans certains abris militaires. Et c'est cinq minutes avant l'horaire de fermeture que nous quittons Port Williams, de nouveau en remorque mais cette fois derrière la grande goélette. Nous jetons l'ancre quelques heures plus tard dans la baie argentine grâce à un mouillage prêté là encore par Isabelle Autissier.

Nous sommes le 10 janvier 2009. En posant pied à terre à Ushuaia, je mesure que les aventures de mon deuxième Vendée Globe sont bel et bien terminées.

Passons sur la grande tournée médiatique qui suit mon naufrage et mon retour en France, l'enchaînement d'émissions de télé et ma marionnette aux *Guignols de l'info*. Cela fait partie du métier de coureur au large. Et je suis aussi désireux que possible de communiquer afin de renvoyer l'ascenseur à mon sponsor.

Avant même le départ du Vendée Globe, l'opération avait été jugée rentable. Et voilà que je pars en looping au Horn : les retombées dans la presse deviennent incroyables.

Il me reste malgré tout dans la bouche le goût étrange d'un Vendée Globe qui, comme le précédent, se termine bien et mal. Je suis vivant mais je n'ai pas terminé. Mon sauvetage a coûté sa course à Vincent Riou même si, quelque temps plus tard, le jury décidera de réparer l'injustice qu'il vécut en le classant troisième ex æquo.

Jusqu'à mon naufrage, je menais une progression très correcte malgré de nombreux soucis techniques, de pilotes automatiques principalement, rencontrés à cause d'une petite vis mal fixée... J'étais troisième. À la régulière, j'avais les moyens de venir taquiner le deuxième, Roland Jourdain. Il m'aurait été difficile de rattraper Michel Desjoyeaux et gagner, mais je pouvais décrocher une belle deuxième place. Mon bateau était vraiment idéal. J'étais en forme. Tant pis.

Avant de quitter Ushuaia, j'achète une peluche de pingouin que je baptise Ushu. Une fois en France, je la confierai aux bons soins des enfants de l'école de Pouzauges, en Vendée, lors d'une belle matinée improvisée et rafraîchissante.

Avant le départ, les écoliers m'avaient en effet remis Léon le hérisson qui embarquait pour son troisième tour du monde. Je n'ai pas eu le temps de sauver Léon en quittant l'épave. Quant à Ushu, à chaque édition du Vendée Globe, les enfants me le confient le temps du voyage et c'est en habitué désormais qu'il enchaîne les tours du monde !

11

Parle moins fort, Charles ! On va se reprendre une pénalité !

« Une histoire n'est belle
que si elle est partagée. »

Dieu merci, je n'ai pas fait souvent naufrage dans ma carrière. Et je n'ai pas ressenti d'effroi particulier lors de celui vécu au cap Horn même si chavirer dans ces parages n'est pas anodin.

Je n'ai été confronté à la peur qu'une seule fois en quarante ans de navigation et autant d'années de compétition : lorsque mon trimaran se disloqua peu à peu sous mes pieds dans l'effroyable tempête de la Route du Rhum 2002. Cette fois-là, j'ai connu la peur, la vraie trouille.

Selon les historiens maritimes, il paraît que plus de sept mille bateaux ont fait naufrage autour du Horn ! *VM Matériaux* s'est ajouté à la liste. Le laisser ainsi derrière moi dans le Pacifique fut un crève-cœur. Ma course n'est pas inachevée ; elle a seulement connu une fin différente. L'histoire s'est arrêtée là, voilà tout.

Néanmoins, j'ai encore beaucoup appris lors de cette deuxième participation au tour du monde en solitaire, autant dans la manière de préparer un bateau que de naviguer. Et je n'ai qu'un but : mettre en œuvre ces enseignements en vue de la prochaine édition en concevant un nouveau bateau, en montant un nouveau projet. Faire mieux, toujours.

L'épilogue de cette aventure, en attendant la suivante, est plus douloureux. Non seulement j'ai laissé dans le Pacifique sud un bateau que j'aimais, devenu épave, non seulement j'ai manqué d'y laisser la vie, mais je dois, à peine le pied posé en France, affronter des actions juridiques me rendant responsable du démâtage du bateau de Vincent Riou, venu à mon secours, et me battre contre des assureurs, dont certains proches de la faillite, pour faire reconnaître mon bon droit. J'ai tout perdu et je suis montré du doigt. Quelle ironie !

Je termine deuxième en 2005, je fais naufrage en 2009 alors que j'occupe la troisième place, il n'y a rien de honteux à tout cela, bien au contraire. Je suis fier de mes deux premiers

Vendée Globe. Mais j'ai tout de même une revanche à prendre.

Port-la-Forêt, été 2009… Sincèrement, c'est mal parti pour la revanche. Je me retrouve une nouvelle fois sans bateau, avec bien peu de projets et pas vraiment de piste pour en remonter un. À 50 ans, il n'y aurait pas de honte à raccrocher mon ciré. D'autres l'ont fait avant cet âge. Anne reprend la barre de son restaurant, le *Kinawa*, sur le port. Je pourrais très bien endosser la seule casquette du patron de chantier naval spécialisé dans la préparation des bateaux de course ; m'occuper de ma collection de 4 L que je débute peu à peu.

La première, je la déniche sur Internet. Puis j'en cherche une deuxième de manière à disposer de pièces pour réparer la première. Mais je suis incapable d'en déshabiller une pour habiller l'autre, ce serait lui faire trop de mal. Alors en voilà une troisième. J'irai même jusqu'à en acquérir trois d'un coup ! Je vais en voir une dans le Morbihan, mais le propriétaire en possède trois. « Vous me faites un prix pour l'ensemble ? » Banco ! c'est gagné. Et je loue un camion plateau pour aller les chercher du côté de Vannes.

Oui, j'aurais pu. Mais ce n'est pas moi. Pourtant, il y aurait eu de quoi car, après la perte de *VM Matériaux*, je dois faire face à dix-huit mois de procédures avec les assurances.

Ce bateau était propriété de l'entreprise Mervent – la mienne – et était assuré auprès d'une société russe qui se trouve alors en état de cessation de paiement. Après d'infinis palabres et échanges, nous réussissons à transiger bien que, face aux tribunaux qui s'occupèrent de notre affaire, nous étions plus dans la catégorie David que dans celle de Goliath. La justice n'est pas toujours la même pour tout le monde. Avec Anne, nous en étions tout de même à jouer notre avenir.

Au terme de cette infinie période procédurière, nous nous en sortons correctement mais il fallait vraiment être soutenu et sûr de notre bon droit. Car parallèlement, nous avons à rembourser les traites des emprunts contractés pour acquérir le bateau et notre banque accepte de nous donner de l'air en nous limitant au versement des intérêts.

De son côté, mon partenaire VM Matériaux traverse une lourde crise, l'industrie du bâtiment allant alors au plus mal en ces années 2008-2010. Il nous soutient autant que possible tout en étant, malgré le naufrage, heureux des incroyables retombées médiatiques générées par ces péripéties. PRB, sponsor de Vincent Riou, aussi.

Il n'y a que nous, propriétaires d'une épave qui dérive dans l'Atlantique sud, qui ramons… Et pas qu'un peu ! Moralité : je prends la décision de ne plus jamais posséder de bateau…

Et quelques années après, j'en rachèterai un autre.

En 2009, je ne dispute qu'une seule course, Yves Le Blévec m'ayant proposé d'être son équipier lors de la Transat Jacques-Vabre à bord d'*Actual*, son trimaran de 50 pieds (15,52 m). Le départ est donné au large du Havre le 8 novembre et je participe alors à la plus courte de toutes les transats de ma carrière ! Quatre heures quarante-cinq après le coup de canon, nous chavirerons au large de Cherbourg.

Il fait nuit noir. Nous sommes lancés à un peu plus de 20 nœuds sous gennaker au portant et sur une mer assez hachée. Soudainement, l'avant de la coque centrale se casse. Le mât étant très lourd, il déséquilibre le bateau. Les étraves se plantent dans la mer et nous valdinguons cul par-dessus tête de manière incroyablement rapide. Yves se trouve alors à la barre et moi en stand-by sous la casquette du rouf. Tout est allé tellement vite que je n'ai pas eu le temps de me jeter sur l'écoute pour choquer la grande voile ce qui aurait fait perdre de la puissance au bateau. Nous prévenons les secours mais ma grande crainte alors, en étant chaviré de nuit, c'est de nous faire percuter par la flotte des IMOCA qui nous suit. À l'image de ma collision de 2002 avec le *Groupama* de Franck Cammas chaviré et moi qui lui rentre dedans depuis mon trimaran *Bonduelle*.

La vedette des sauveteurs, de la station SNSM de Goury, arrive rapidement. Yves, qui s'est blessé à la main, est évacué et moi, je reste sur l'épave durant tout le remorquage vers le port de Cherbourg, soit une trentaine de milles (environ 55 km).

Le mât, long de 23 mètres, est étonnamment resté à poste sous le bateau sans se briser ! Normalement, dans un tel cas de figure, il se casse. Alors, arrivé dans la rade, les plongeurs vont le désolidariser du trimaran, récupèrent les voiles avant que nous remettions tout simplement le bateau à l'endroit.

Si notre Transat Jacques-Vabre fut des plus courtes, nous nous rendons tout de même, à l'arrivée, dans le port de Puerto Limón au Costa Rica, pour deux semaines. C'est un pays extraordinaire où il n'y a ni armée, ni milice. Il y pleut énormément mais nous enchaînons les balades dans cet endroit très particulier et absolument magnifique au milieu de paysages montagneux qui, par moments, rappellent les reliefs suisses. Et les gens y sont d'une gentillesse confondante. Cela donne envie d'y revenir pour le découvrir plus en profondeur.

Sur le plan purement nautique, je viens de subir tout de même deux chavirages en deux courses et en moins d'un an. L'un lors du Vendée Globe et celui-ci sur la Transat Jacques-Vabre. L'un en monocoque, l'autre en multicoque. Joli score !

Je m'en serais bien passé. D'autant qu'au quotidien, de retour du Costa Rica, nous vivons en permanence avec cette épée de Damoclès au-dessus de la tête, cette menace de tout perdre symbolisée par cette lutte avec les assurances pour mon bon droit.

L'année 2010 passe sans beaucoup de navigation. Néanmoins, avec un ami, Bruno Garcia, nous décidons d'essayer de prendre part à la Barcelona World Race.

Il s'agit d'un tour du monde en double, sans escale, à bord de voiliers IMOCA – les mêmes qu'au Vendée Globe – et installé au calendrier tous les deux ans, en alternance avec le Vendée Globe justement. Une course qui a pour particularité de partir le 31 décembre, ce qui implique une première nuit en mer lorsque l'année bascule et que débute la suivante.

En 2010, il s'agit de la deuxième édition. Et c'est grâce à Andor Serra, à l'époque patron de la Fondation de navigation océanique de Barcelone, la FNOB, que nous montons ce projet. La seule motivation est l'envie que nous partageons avec Bruno de naviguer ensemble. Première chose à faire : trouver un bateau. Nous remuons ciel et terre, mais il n'y a quasiment aucun IMOCA disponible à un prix raisonnable. Notre choix se porte sur celui avec lequel Mike Golding prit le départ du précédent Vendée Globe 2008. Il s'agit d'un plan du cabinet d'architecture Owen-Clarke, construit en 2007 en Nouvelle-Zélande. En réalité, nous effectuons plutôt un non-choix car nous y sommes forcés par le manque de bon voilier libre. Non pas que celui-ci soit mauvais, mais les relations ne sont pas simples avec son propriétaire qui impose, entre autres, que nous rendions le bateau, au terme du bail, dans un état absolument identique à ce qu'il était au moment où nous le prenons en main.

Ce qui, avec un bateau de course, tutoie l'absurde car nous avions des idées pour l'améliorer, sans qu'elles soient acceptées par Golding. Pas faciles, les négociations traînent. Nous trouvons finalement un accord et le bateau est, le temps de la course, rebaptisé *Président* grâce à un partenariat trouvé là encore par la FNOB.

Nous allons le chercher en Angleterre pour le préparer à Port-la-Forêt. Et voilà du coup le premier bateau qui entre dans le chantier que je viens de construire sur le port. Avec Bruno, nous apprécions beaucoup de travailler et naviguer ensemble.

Préparation terminée, nous appareillons sous la neige qui, une fois n'est pas coutume, s'abat sur la pointe Bretagne, à destination de Barcelone pour convoyer le bateau en vue du départ.

Le début de course n'est pas génial. Nous sortons mal de Méditerranée, décrochés par les premiers qui choisissent une option sud, le long des côtes du Maroc alors que nous avions suivi une route plus proche de l'Espagne.

Ce sont, associés, Jean-Pierre Dick, déjà vainqueur de cette course en 2007, et Loïck Peyron qui franchissent en leaders le détroit de Gibraltar. Lors de la descente de l'Atlantique nous naviguons au sein du peloton de chasse derrière le groupe des quatre premiers. Parmi ceux-ci se trouve le *Foncia* de François Gabart et Michel Desjoyeaux qui explose son étrave le 9 janvier après avoir, sans doute, percuté un OFNI.

Le lendemain, c'est à notre tour d'être victimes d'une belle avarie. Le démâtage va très vite, le mât se cassant dans sa partie basse, au niveau du premier tiers. Tout se passe dans un empannage qui tourne mal. Occupant alors la huitième place, nous naviguons à fond, au portant dans les alizés. Nous ne parvenons pas à nous expliquer cette avarie survenue lors d'une manœuvre, toujours délicate dans la brise, certes, mais maîtrisée. Ce mât avait en fait plus de défauts que de qualités : il s'agissait d'un espar tournant sur son axe mais qui n'était pas tenu par des outriggers. Il n'avait du coup ni les qualités techniques d'un espar classique, ni celles d'un pivotant ! D'ailleurs, tous ceux de ce type se casseront les uns après les autres au fur et à mesure des courses suivantes.

Nous parvenons à en ramasser les morceaux, ainsi que les voiles passées à la mer, avant de mettre le cap au moteur sur l'île de São Vicente, dans l'archipel du Cap-Vert, pour y rallier le port de Mindelo où nous sommes contraints de rester un bon moment pour régler les conséquences de l'avarie, gérer le retour du bateau en Europe par cargo tout en négociant avec un propriétaire bien peu accommodant ! Heureusement que nous parlons le même langage avec les organisateurs de la course, qui nous assistent dans ces négociations pénibles.

La mauvaise passe continue : une troisième course de suite et un troisième abandon... Franchement pas terrible en ce qui me concerne. Et aux déboires avec l'assurance, consécutifs au Vendée Globe 2008, succèdent maintenant les discussions inhérentes au démâtage de la Barcelona World Race, tout ceci étant attisé par les remboursements de l'emprunt pour la construction du hangar où je prévois de préparer des bateaux à Port-la-Forêt... Avec d'ailleurs aucun bateau à y installer alors. Mes 4L s'y trouvent parfaitement à leur aise.

Je vois pourtant le Vendée Globe 2012 arriver à grands pas. Je suis taraudé par l'envie d'y participer de nouveau, motivé par cette revanche à prendre après mon chavirage à bord de *VM Matériaux*.

Avec Anne, nous nous lançons de nouveau dans cette fastidieuse quête pour trouver les moyens nécessaires d'y parvenir. Et c'est un coup de fil de Luc Talbourdet – qui dirige Absolute Dreamer, l'équipe de Jean-Pierre Dick – qui me remet sur les rails. Luc, qui se trouvait à Port Williams en 2009, ce minuscule port du bout du monde où nous avions relâché avec Vincent Riou suite à mon chavirage.

Par son entremise, nous entrons en contact avec SynerCiel, un réseau d'artisans associé à EDF et fédérés autour de la rénovation énergétique, qui cherche à se faire connaître en parrainant un projet sur le tour du monde en solitaire, de manière modeste et efficace. Ce sponsor providentiel n'a pas les moyens de lancer un nouveau bateau ni d'en acheter un, alors, dès février 2012, nous louons à la FNOB l'ancien *Gitana Eighty*, de Loïck Peyron, la fondation barcelonaise en étant devenue propriétaire. Et, pour le préparer à Lorient au sein de la structure de Luc et Jean-Pierre, j'embauche Philippe Laot – « Philoune » – en tant que directeur technique. Technicien hors pair, il apporte une expertise complémentaire à ceux d'Absolute Dreamer. Et nous nous lançons dans un vaste chantier de modernisation de ce bateau qui a déjà cinq ans. Tout est minutieusement inspecté et changé en cas du plus petit défaut. Nous implantons un nouveau mât plus léger, un nouveau bulbe de quille, de nouvelles dérives… Nous menons une vraie chasse au poids superflu et nous parvenons à gagner 900 kg.

Nous projetons de refaire les safrans mais, faute de temps, cela s'avère impossible. Nous n'avons pas non plus celui de changer le système de matossage intérieur qui est installé sur une glissière coulissante et manœuvré avec des petits cordages passant dans le bateau, de grandes ouvertures dans les cloisons ayant été ménagées pour que circule le matériel. Il fallait anticiper dans les manœuvres et ce dispositif compliqué se révélerait très dangereux si jamais la moindre pièce venait à lâcher.

Au moment du départ, ce char d'assaut est franchement bien optimisé. Je sais très bien que je ne peux pas viser la victoire face aux nouveaux bateaux qui sont en lice, à l'image du *Foncia* de François Gabart ou du *Banque Populaire* d'Armel Le Cléac'h. Mais l'un de mes objectifs est de terminer au moins devant Mike Golding…

Dès les premiers jours, je me bats avec mes safrans. La barre de ce bateau est très dure. En plus, elle couine. Lors d'une nuit où je navigue au large de Madère avec près de 40 nœuds de vent et alors que je tente de me reposer dans cette furie de temps, le bateau se couche soudainement sur l'eau. Je sors et je vois l'un des safrans dressé hors de l'eau !

Une nuit à oublier tant il faut se battre avec le bateau pour le remettre sur la bonne route.

Mais ce qui m'agace le plus, c'est cette pénalité qui m'est infligée peu de temps après le départ. Elle est communiquée officiellement le 21 novembre, mais remonte à un fait qui se déroula aux premières heures de course. En passant alors au large du cap Finisterre, à la pointe de la péninsule ibérique, je mords dans le rail des cargos. J'en conviens, mais j'y avais été contraint par la situation météo. Le jury ne prend pas ce paramètre en compte et condamne sans essayer de comprendre. Je suis en fureur. Je tourne une vidéo où je me lâche très largement et que j'envoie à terre. Tout le monde en prend pour son grade et Anne, fort justement, fait couper les passages les plus violents. Il faut dire aussi que, parmi les sept concurrents pénalisés pour la même infraction, après une réclamation conjointe posée par Alex Thomson et le comité de course, je fais partie de ceux qui écopent de la plus lourde peine. Elles s'étalent de vingt minutes à deux heures, et moi je prends deux heures, plus que Golding, par exemple, qui n'a que trente minutes. Comme d'habitude, je ramasse toujours au maximum. Le Vendée Globe et la mer demeurent encore un des derniers espaces de liberté où nous avons, nous, marins, le pouvoir de faire rêver les gens. Ce genre de décision me met en rogne.

De cette colère, il en ressortira une anecdote très sympa. Titouan Lamazou, le premier vainqueur du Vendée Globe et que tout le monde connaît pour ses qualités d'artiste, touché par ce comportement d'insoumis, crayonne un petit dessin avec mon portrait. Au-dessus, il écrit : « Homme libre, toujours tu chériras la mer... » signé Charles Baudelaire. Puis il trace une bulle de BD, dans laquelle il me fait dire en souriant : « Parle moins fort, Charles ! On va se reprendre une pénalité ! »

Il m'envoie ce dessin à bord, que je trouve vraiment génial. Et, quelques années plus tard, lorsque nous lancerons l'opération « Yes We Cam ! » Titouan nous donnera l'autorisation de l'utiliser. Depuis il orne l'étrave de mon bateau ! Une vraie figure de proue, libre, souriante... heureuse alors qu'elle est le fruit d'un vrai coup de sang.

Juste avant de couper l'équateur, je répare la pénalité en rebroussant chemin pendant une heure, de manière à repasser par le point où j'ai fait demi-tour, deux heures plus tard. Tout cela est contrôlé à distance par la direction de course. Mais l'impact sur ma progression n'est pas neutre. J'apprendrai plus tard que cette nouvelle règle de course, qui interdit de passer à la voile en compétition dans ces DST, n'était pas encore applicable...

À terre, la vidéo de mon coup de gueule fait un tabac qui nous étonne tous. Et j'en réaliserai d'autres tout au long de ce Vendée Globe 2012, qui connaîtront un franc succès. Au final, j'enregistre peu de vidéos par rapport à certains mais à chaque fois, elles font mouche, marchent fort dans les médias comme sur les réseaux sociaux. Mon but est de faire rire mais je ne les tourne que lorsque j'en ai envie.

Il y a toujours les offrandes à Neptune lorsque je franchis l'équateur ; lorsque je présente mes vœux de bonne année, entouré de mes peluches ; le passage du cap Horn, bien sûr, ou encore celle de l'adjudant-chef « j'aime bien quand ça fait mal ». Pour celle-là, je me filme en tee-shirt avec une cagoule noire en néoprène enfilée sur la tête et des lunettes de soleil, ce qui correspond à mon état d'esprit après quatre jours d'enfer passés le long des côtes du Brésil lors de la remontée de l'Atlantique.

Et puis, bien sûr, celle restée célèbre où je raconte mes mésaventures avec un filet de pêche ! Le 2 décembre, alors que nous sommes toujours dans l'Atlantique mais que nous venons d'arriver dans les Quarantièmes Rugissants, je constate que le bateau n'avance plus aussi vite qu'il faudrait. Après vérifications, je vois qu'au bout de la quille, à la jonction entre le voile et le bulbe, s'est enroulé un filet abandonné et dérivant. Impossible de m'en dépêtrer. J'ai beau arrêter le bateau, faire des marches arrières, rien ne se passe.

Après un peu plus de vingt-quatre heures d'essais inutiles, il ne reste qu'une ultime solution : plonger pour aller le découper ! Il faut se résigner. Et plonger en course est une chose que je déteste.

J'appelle « Philoune » par radio et lui demande : « Qu'est-ce que tu crois ? En plongeant, je m'attache au bateau ou je ne m'attache pas ? » et il me répond sans hésiter : « Tu t'attaches pas. Car si jamais, sous l'eau, tu t'emmêles les pieds dans le cordage avec lequel tu es attaché, ce sera encore pire. Tu te noies ! »

En fait, si l'opération tourne mal j'ai le choix entre mourir noyé sous le bateau où voir celui-ci inexorablement s'en aller vide si je lâche la moindre prise. Et me laisser à la dérive, seul et pataugeant sur l'océan...

Je balance à l'eau plein de traînards sous forme de cordages accrochés au bateau. Au bout de ceux-ci, je fixe des objets qui flottent, à l'image de ma combinaison de survie. Cet ensemble est en remorque dans le sillage de *SynerCiel*. Si jamais la manœuvre sous-marine se passe mal et que je suis décramponné, je pourrai – peut-être – en attraper un en remontant. Peut-être...

J'installe aussi une main courante à l'extérieur du bateau. Il s'agit d'un cordage attaché à l'avant et à l'arrière, qui pendouille dans l'eau afin de se retenir. Puis j'affale toutes les voiles pour arrêter le bateau autant que possible.

J'enfile une combinaison puis un masque de plongée. Sur mon dos, j'attache une petite bouteille d'air comprimé au moyen de rabans, n'ayant pas de harnais spécifiques ; ce qui est heureusement corrigé depuis sur tous les bateaux. Je me glisse à l'eau et je me déhale vers le fond grâce à l'une des deux dérives latérales. Parvenu au bout de celle-ci, j'attrape la quille et je continue à descendre vers le bas le long du voile pour parvenir enfin au niveau du filet. Il est entièrement enroulé, à près de 5 m de profondeur, autour du bulbe.

Je commence à tenter de découper les mailles textiles mais, surprise, mon couteau ne coupe pas ! Il faudrait des petites dents sur la lame et il n'en a pas. Je pense un moment remonter pour en chercher un autre, mais je me dis alors, au fond de l'eau, à 4,50 m sous la coque, que jamais je ne retrouverai le courage de plonger une deuxième fois. Il faut s'atteler à la tâche et vigoureusement. Brin par brin, je coupe quelques mailles et je parviens à l'enlever. J'ai passé à peu près dix minutes sous l'eau. C'est long, très long…

Mais je suis toujours en course, et ça, ça fait un bien fou. Il y a dans le Vendée Globe des moments tels que celui-ci qui sortent vraiment de l'ordinaire.

À peine remonté à bord, je réalise une petite vidéo où j'avoue que je suis heureux comme rarement.

Au classement, j'ai perdu un temps énorme et Dominique Wavre, avec lequel je suis proche depuis le départ, me double alors. Car, sportivement, sur ce Vendée Globe 2012, je me suis retrouvé rapidement à son contact mais aussi à celui de Mike Golding. Nous formons une triplette – « Les Papys flingueurs », comme le dit Dominique puisque nous sommes tous quinquas ! – qui, malheureusement, navigue bien loin des premiers. François Gabart, Armel Le Cléac'h mais aussi Jean-Pierre Dick, Bernard Stamm et Alex Thomson se sont échappés. Une journée derrière ce peloton, nous franchissons le 22 novembre l'équateur tous les trois en six heures. À Bonne-Espérance même chose : nous restons groupés. Et les 6 et 7 décembre, je suis même bord à bord avec le *Mirabaud* de Dominique Wavre. Nous en profitons pour échanger avec plaisir par radio VHF. Au cours de la traversée de l'océan Indien, je parviens à décrocher mes deux rivaux. Là encore je m'amuse à raconter en vidéo le hold-up de *SynerCiel* lorsque je largue Mike Golding et Dominique Wavre au passage de l'île Saint-Paul. Rififi chez les Papys flingueurs ! J'ai beau avoir pris les devants de ce triplé, à l'entrée du Pacifique, j'accuse tout de même 2 000 milles de retard, soit quasiment six jours de débours, sur le peloton de tête.

Et les conditions ne sont pas bien fameuses au sortir de l'Indien. Le 19 décembre, au sud de l'Australie, j'effectue le « planté de la mort ». Le bateau est lancé à fond, soit à plus de 20 nœuds avec des pointes à 25-26 nœuds. Alors que je me trouve assis sur mon siège derrière la table à cartes, il part en surf depuis la crête d'une lame, s'emballe, plonge dans le creux puis percute si violemment la vague devant lui qu'il s'arrête net. Sous le choc, le siège s'arrache et je me retrouve au fond du bateau, coincé par terre, écrasé comme un moustique sur la cloison avant. Résultat de cette sortie de route : je me fais mal au dos, au genou et à la main. Un accident que je raconte là encore en vidéo avec une de mes peluches, M. Costaud, transformé en commissaire de police et avec lequel j'effectue une reconstitution des faits.

La traversée du Pacifique s'effectue ensuite sans trop de bobos, avec toujours Golding et Wavre sur mon dos et, le 8 janvier, je franchis le cap Horn. Presque quatre ans jours pour jour après mon naufrage à bord de *VM Matériaux*. Je savoure cet instant en rasant de jour le fameux caillou. Moment de plénitude. Je ne l'ai pas volé, ce Horn-là. En 1982, je le passais avec Éric Tabarly sur *Euromarché* ; en 2005, je le franchissais à bord de *Bonduelle* ; en 2009 je le virais à bord de *PRB* mais en double avec Vincent Riou après le chavirage, et cette fois, en 2013, je navigue à bord de *SynerCiel*. Certains de ces passages ne m'ont fait ni chaud ni froid, mais cette fois-ci, je suis comblé.

Je savoure rapidement ce vrai grand bonheur car la compétition demeure omniprésente. Et je possède à ce moment-là, soit au début de la remontée de l'Atlantique donc, 19 heures d'avance sur Golding et 23 sur Wavre. Plus grand-chose, à vrai dire.

Juste après le Horn, j'emprunte une route près de la terre. Je passe ainsi à l'intérieur du détroit de Lemaire puis je mets le cap vers les îles Malouines. Mais en naviguant ainsi à l'ouest, je me retrouve coincé le long de la côte sud-américaine. Plus aucun autre choix météo ne se présente à moi et je ne rencontre jamais les conditions météo nécessaires pour me recaler vers l'est. Et me voilà du coup, obligé d'affronter, au large du Brésil, une mer détestable, courte, hachée, cassée, au milieu d'innombrables plateformes pétrolières, ce qui n'est pas des plus sympathiques en raison des dangers qu'elles représentent. Je ne pensais pas que l'état de la mer y serait aussi chaotique. Mike Golding, qui a pu se positionner plus au large, me rattrape. À l'équateur, lors de la remontée, je n'ai plus que 5 heures d'avance. Motivé par nos désaccords passés, je n'ai vraiment aucune envie qu'il me batte. D'autres, passe encore, pas Golding !

Alors que je croise par le travers des îles du Cap-Vert, François Gabart arrive en vainqueur aux Sables-d'Olonne suivi de peu d'Armel Le Cléac'h.

Je n'ai pas vécu le même Vendée Globe qu'eux, même si nous ne disposons pas des mêmes mobylettes non plus. Sincèrement impressionné, je n'hésite pas à enregistrer une vidéo admirative intitulée « lettre au petit François » avec mes peluches dans mon dos : « Félicitations, pour cette belle arrivée. Toutes mes pensées sont avec toi et à toute l'équipe de Michel Desjoyeaux qui t'a entouré pour préparer cette course. »

J'en reste les bras ballants. Ce qu'il a fait est impressionnant : il est vainqueur, premier bizuth. Avec un temps de course de 78 jours 2 h 16 min, il est le premier à passer sous la barre des 80 jours au terme du Vendée Globe. Et il détient le record de distance parcouru en 24 heures sur ce type de bateau. C'est beau. J'en suis baba d'admiration. D'autant que, pour faire un beau premier, il faut un bon second et il n'aurait pas réalisé cet exploit s'il n'avait été poussé par Armel Le Cléac'h, deuxième, 3 h 17 min derrière lui. On ne peut associer Armel à cette victoire mais on le peut à cette performance magistrale qu'ils ont réalisée tous les deux. Et je termine cette vidéo avec ces mots : « Là où je ne te félicite pas, c'est de nous avoir ridiculisés ! Car qu'est-ce qu'on va faire maintenant ? Tu ne me colles pas une semaine mais dix jours ! Dix jours ! Je suis cinquième et le cinquième il est à dix jours de toi ! J'ai plus qu'à aller tondre ma pelouse avec mon tracteur… »

Cinquième peut-être quand j'enregistre cette vidéo, mais ce n'est pas assuré tellement Golding pousse. Entre nous, tout se joue dans la dernière ligne droite. La route qu'il suit le fait croiser non loin du cap Finisterre alors que je me décale, remonte jusqu'aux Açores pour aller enrouler la grosse dépression qui nous accueille dans le golfe de Gascogne. C'est la plus grosse tempête que j'affronte lors de ce Vendée Globe. Il y a 45 nœuds de vent, cela monte à 60 dans les grains. À l'arrivée sur le plateau continental, la mer est monstrueuse. Les cargos qui croisent dans les parages sont à la cape. Mais je suis lancé à fond au portant alors que Golding navigue au près vers l'arrivée dans ces conditions-là. Aux Sables-d'Olonne, une heure avant de franchir la ligne, je traverse une averse de grêle épouvantable… accompagnée de 42 nœuds de vent ! C'est l'apocalypse, mais l'essentiel est d'arriver devant l'Anglais. Je termine cinquième, 6 h 24 min avant lui. C'est une belle victoire. Objectif atteint !

D'autant plus que nous ne serons que onze à l'arrivée sur vingt au départ.

Une fois encore la remontée du chenal du port des Sables est magnifique. En cette matinée du 11 février, il y a une foule extraordinaire, énorme, chaleureuse, certaines personnes brandissant des panneaux « Bravo le Roi Jean ». Comme le veut la tradition, je me rends à la proue du bateau, un fumigène dans chaque main. C'est pour cela que je fais le Vendée Globe, pour le partager. Une histoire n'est belle que si elle est partagée. Et pour ça, il faut un moyen de communication : celui des vidéos quand je suis en mer ; ces instants sublimes et émouvants de la remontée du chenal ensuite. Cette arrivée-là est aussi celle de la revanche promise. Elle gomme le Vendée Globe 2008 que je n'ai pas pu terminer, conséquence de mon naufrage. Elle survient enfin un an jour pour jour après le début de l'aventure avec mon sponsor, SynerCiel.

S'ensuit la traditionnelle conférence de presse, en extérieur qui plus est, là encore, un chaleureux et vrai moment d'échanges et de partages avec le public plus qu'un jeu de questions/réponses avec la presse. Comme je trouve que les politiques présents sont un peu trop tristes et compassés, alors je n'hésite pas à faire le pitre avec mes doudous dans les bras.

Je conserve encore aujourd'hui un magnifique souvenir de ce Vendée Globe sous les couleurs de SynerCiel.

Après l'arrivée, je tiens, à la demande de ce réseau d'artisans, une série de conférences et de rencontres partout en France. À Disneyland Paris, les dirigeants réunissent jusqu'à 2 000 personnes puis effectuent une présentation sérieuse des comptes de l'entreprise avant que tout s'achève par un échange libre et direct avec moi.

Grâce à eux, à Luc Talbourdet, à VM Matériaux qui nous a aussi donné un coup de main discret, nous avons réussi en un an – ce que j'appelle une mèche courte ! – à faire un magnifique Vendée Globe avec un budget raisonnable et une préparation vraiment condensée.

Malheureusement, nous n'irons pas plus loin en compagnie de SynerCiel. Reconduire un contrat avec un budget principal d'armateur se révèle trop élevé pour cette structure. Quant au bateau, je le rends à son propriétaire qui le revend à Fabrice Amédéo. Fabrice disputera le Vendée Globe 2016 à son bord puis en 2020 ce sera autour de Romain Attanasio de le mener autour du monde.

12

D'un Vendée, l'autre

« Chouchou, je viens d'acheter
un bateau ! »

Une fois encore, me voilà de retour en Bretagne sans bateau, avec peu de projets mais dans une situation pas aussi inconfortable que quatre ans auparavant.

Sur le plan nautique, Vincent Riou me propose rapidement de disputer la Transat Jacques-Vabre 2013 à bord de son *PRB* et en sa compagnie. Depuis mon naufrage au cap Horn, nous nous entendons remarquablement bien et s'il me le demande, c'est une nouvelle fois pour prolonger la belle aventure avec lui et son partenaire PRB, entamée lors de mon sauvetage quatre ans auparavant. Entre *PRB* et moi, la croisée des destins est permanente. Et ce n'est pas fini.

Au Havre, le départ de la transat en double, à destination d'Itajaí au sud du Brésil, est retardé de quatre jours à cause d'une violente tempête. Nous figurons dans le groupe des favoris parmi une flotte d'IMOCA qui compte dix engagés. Notre bateau est au sommet ; un avion de chasse remarquablement préparé. Vincent est un super skipper.

D'entrée de jeu, nous nous positionnons en tête, lancés dans un duel avec *Foncia* mené par François Gabart et Michel Desjoyeaux. Mais, dans la nuit du lundi 11 au mardi 12 novembre, nous cassons subitement le safran bâbord. La raison est simple : il n'a pas tenu à force de tirer comme jamais sur le bateau. L'équipe de Vincent réalise des prodiges pour tenter d'acheminer une nouvelle pale de gouvernail jusqu'au port de Mindelo, au Cap-Vert, où nous pouvons observer une escale technique. Deux techniciens sautent dans le premier avion avec la pièce de rechange jusqu'à l'archipel mais, pour la transporter dans les temps sur l'île de São Vicente, ils n'ont pas d'autres solutions que de soudoyer un équipage des douanes… qui en profite pour remplir l'appareil déjà payé en proposant des places – payantes bien sûr – à des amis, de la famille, des connaissances !

Ils décollent un peu plus tard que prévu mais parviennent au port juste au moment où nous pénétrons dans la passe d'accès. L'escale dure quarante-cinq minutes. Vincent, qui connaît son bateau par cœur, ne laisse à personne le soin de mener la réparation. Et nous repartons immédiatement.

Entre-temps, *Foncia* en a profité pour nous dépasser mais 23 milles (42,5 km) seulement nous séparent. Le duel reprend sans attendre. Lors de la traversée du Pot au Noir, nous revenons sur Gabart et Desjoyeaux. De nouveau, nous poussons les bateaux à la limite. On multiplie les manœuvres, on barre quand il le faut dans les moments les plus tendus, on réussit à adopter sur l'eau une trajectoire idéale. En termes d'intensité, le curseur est vraiment placé très haut.

Avec Vincent, nous formons un vrai double efficace et complémentaire. Il y a une logique des événements qui implique que nous discutions des choix stratégiques, mais une cohérence de vue s'impose d'elle-même. Nous sommes compétiteurs et analytiques et nous parvenons toujours aux mêmes conclusions. Dans la manière de mener le bateau, Vincent a une tendance à le solliciter généralement plus que moi.

Mais patatras ! le 21 novembre, *Foncia* démâte ! Nous voilà en tête tout en naviguant sous une nouvelle menace car Marc Guillemot et Pascal Bidégorry croisent pas loin derrière nous. Finalement, le 24 novembre, nous rejoignons Itajaí en vainqueurs, Guillemot et Bidégorry terminant 4 heures plus tard, juste devant *Maître CoQ* de Jérémie Beyou et Christopher Pratt.

Entre cette Transat victorieuse de novembre 2013 et la course suivante, il se passera plus d'un an.

Pas de moyen, pas de voilier. Anne s'occupe de son restaurant sur le port ; j'ai mes 4L qui trônent dans le chantier… Mais ce n'est pas une fin.

J'ai tout de même en tête depuis un moment de disputer de nouveau la Barcelona World Race bien que je ne dispose pas plus d'un bateau que de partenaires. De son côté, s'il n'a plus de bateau, Bernard Stamm, avec lequel nous décidons de monter un projet commun, possède encore le soutien de son traditionnel sponsor, Cheminées Poujoulat. Et le propriétaire suisse de l'ancien *Foncia* sur lequel nous portons notre choix – l'IMOCA qui avait gagné le Vendée Globe 2008 avec Michel Desjoyeaux puis abandonné dans le suivant avec Jérémie Beyou – vient d'arrêter sa collaboration avec son skipper d'alors, Jörg Riechers. Grâce une nouvelle fois à l'aide d'Andor Serra, l'organisateur du tour du monde en double, nous parvenons facilement à un accord pour une location avec option d'achat qui sera soit pour Bernard, soit pour moi. Mais le voilier se trouve alors en pièces détachées à Lorient. Avec d'un côté, une nouvelle quille qui arrive tout droit du chantier Mer Forte ; de l'autre, un nouveau mât. Nous le remettons à l'eau. Nous posons le mât sur le pont et, sans même remettre le lest en place, nous le convoyons au moteur vers Brest où se trouve la base de Bernard pour l'assembler, le régler, le préparer.

Je connais alors Bernard Stamm uniquement en tant qu'adversaire. Et il sort d'une période difficile, comme nous en traversons tous dans ce « métier » de coureur au large. À bord d'un bateau puissant et extrême, il a bien terminé le Vendée Globe 2012-2013 mais hors classement. Puis il fit naufrage non loin de Brest, pris dans une énorme tempête lors du convoyage retour de la Transat Jacques-Vabre entre Brésil et France. Nous n'avons alors jamais navigué ensemble, mais je considère au plus haut point sa grande valeur sportive.

Et j'apprécie particulièrement les courses en double. On y vit de belles aventures humaines avant tout. C'est comme un couple, il y a toujours une présence, un regard. Du partage aussi, sur le choix des options comme sur la manière de pousser ou non le bateau. Et puis personne ne peut s'échapper depuis un bateau. On ne peut pas partir faire un tour en voiture après une engueulade avec son conjoint. Il faut être dans la concession pour préserver une bonne entente jusqu'au bout.

Une fois le bateau bien mis au point, nous prenons tous les deux la mer fin novembre 2014, direction Barcelone, en vue du départ le 31 décembre. Barcelone est une ville que j'affectionne particulièrement et nous nous installons là-bas avec Anne sans revenir à notre domicile de Port-la-Forêt. Je possède en Espagne un petit réseau d'amitiés fortes, entre Bruno Garcia, Andor Serra ou encore Guillermo Altadill, des copains auxquels je rends visite régulièrement.

Toutes les courses au large traditionnelles partent de l'ouest de la France ou d'Angleterre et je trouve particulièrement intéressant le parcours de la Barcelona avec cette composante méditerranéenne même si, jusqu'à Gibraltar, elle ne dure pas longtemps.

Après le départ, nous rencontrons de très agréables conditions qui permettent de naviguer vite et bien. Le principal adversaire de cette édition du tour du monde en double et sans escale est *Hugo Boss* que mènent son skipper habituel, Alex Thomson, et son coéquipier espagnol Pepe Ribes. D'entrée de jeu, ils allument et signent une belle performance entre Barcelone et le détroit de Gibraltar, établissant un nouveau record de 2 jours et 5 heures. Si on ne sort pas très bien de Méditerranée, nous nous accrochons en compagnie d'autres bateaux, à commencer par le *Neutrogena* de Guillermo Altadill assisté de José Munoz, et *GAES Centros Auditivos* du seul équipage mixte de la course : Anna Corbella et Gerard Marín. Mais le 14 janvier, alors qu'ils viennent juste de passer l'équateur, Thomson et Ribes sont victimes d'un démâtage. Le petit groupe qui navigue derrière eux, dont nous sommes avec Bernard, se retrouve soudainement à se bagarrer pour la tête que *Neutrogena* occupe de peu. La course est assez fluide, sans réelle anicroche, ni difficulté météo. Nous traversons même le Pot au Noir sans aucun souci. C'est de la vitesse pure. La bagarre au contact nous oblige à barrer beaucoup.

La seule véritable avarie que nous connaissons est mon café qui valdingue dans le bateau et explose contre une cloison. Au large du Brésil, dans les alizés. C'est du moins ce que nous montrons dans les vidéos envoyées à terre. Les vrais problèmes techniques, nous les taisons pour que nos adversaires n'en soient pas informés.

Car nous affrontons déjà, hélas, pas mal d'avaries. Dès l'équateur nous connaissons des soucis de hook de grand-voile. Défectueux, ce dispositif qui permet de la bloquer en tête de mât fonctionne de manière erratique. Bernard monte alors en haut pour réparer. Nous avons aussi de gros soucis de girouettes. Les deux, qui se trouvent là encore en tête de mât, ne fonctionnant plus, nous sommes obligés d'en installer une de secours sur l'arrière du bateau, fixée sur un petit mâtereau que nous changeons de côté quand il le faut pour qu'elle soit idéalement positionnée. Globalement, l'électronique se révèle être une vraie misère à bord et nous nous battrons en permanence avec elle. Nous avions commis de mauvais choix de matériels avant la course. Notre système s'est révélé trop complexe avec beaucoup d'éléments intéressants dans l'absolu et à terre mais qui compliquent inutilement au détriment des fonctions essentielles pour la bonne marche du bateau. Du coup, nous affronterons régulièrement des bugs informatiques. Cela a un peu tendu notre relation de temps à autre, mais Bernard est très compétent en ce domaine, heureusement !

Fixé sur le mât, le rail de grand-voile s'arrache sur 80 cm et par deux fois, l'une en tête et l'autre au niveau du premier ris. Nous devons encore grimper d'infinis instants le long du tube, découper le morceau de rail, tarauder de nouveaux trous, reposer le tronçon de rail. Réparer dans le Grand Sud avec des conditions de mer agitée se révèle à chaque fois pour le moins dangereux. Il faut tenter autant que possible de freiner le bateau puis nous remplissons les ballasts pour essayer de le stabiliser et qu'il bouge le moins possible. C'est Bernard qui monte car il est plus léger que moi alors que j'essaie de maintenir stable notre embarcation et qu'il se trouve perché en haut à réparer, souvent en gueulant comme un cochon.

Ces avaries sont la conséquence de notre volonté de ne surtout pas perdre de temps par rapport à nos adversaires. Du coup, nous avons manœuvré de manière un peu rude. Lorsque nous prenons des ris pour réduire la voilure, Bernard refuse de libérer la grand-voile pour supprimer la pression du vent dans la toile. Du coup cela sollicite beaucoup – et trop ! – le mât ainsi que le rail qui court tout le long du tube. Je constate aussi qu'il veut toujours naviguer avec plus de surface de voilure que moi. Il charge globalement le bateau et avouera en fin de course que je lui ai appris à naviguer avec moins de puissance.

En tête, nous nous échappons, avec *Neutrogena* dans notre sillage, dès la deuxième partie de l'Atlantique lors du contournement de l'anticyclone de Sainte-Hélène. Fréquemment, nous sommes même à vue les uns des autres. Puis nos adversaires piquent au sud pour aller chercher les vents forts d'une dépression alors que nous préférons naviguer plein est dans un trou de souris, propulsés par une brise de nord-ouest vers le cap de Bonne-Espérance. Finalement nous virons la pointe australe de l'Afrique, forts d'une belle avance de presque 100 milles (185 km).

Dans l'océan Indien, nous faisons face peu après à une situation inédite. Parfois des cyclones se créent sur l'île de la Réunion et descendent vers le sud en baissant d'intensité. Et cette année météorologique là, c'est le contraire : au lieu de décroître la puissance du phénomène s'amplifie. Sur les fichiers météo qui s'affichent sur l'écran de l'ordinateur, nous voyons cette incroyable masse débouler vers nous. Les prévisions les plus fines annoncent une tempête où se trouvent des vents de 60 à 70 nœuds (111 à 130 km/h) et des creux moyens de plus de 8 mètres. Il est hors de question de passer à travers ce qui ressemble fort à un ouragan. La décision immédiate prise avec Bernard est simple : on n'y va pas ! Nous sommes du coup obligés de ralentir pour ne pas l'affronter et attendre qu'il passe. Et de toute ma carrière, devoir soulager la cadence en course pour ne pas affronter une tempête est une première ! Alors nous freinons le bateau au maximum en naviguant avec trois ris dans la grand-voile et, à l'avant, la trinquette, soit la plus voile petite possible. Nous pouvons d'autant plus nous y astreindre que, derrière nous, *Neutrogena* accuse plus de 200 milles de retard. Certes, il en comble une partie, conséquence de cette décision, mais nous restons premiers au classement.

Et nous arriverons d'ailleurs à peine dans le Pacifique que Guillermo Altadill et José Munoz décident de faire une escale technique en Nouvelle-Zélande. Le moteur de *Neutrogena*

– qui fournit l'électricité indispensable à bord – est hors service. S'ils veulent poursuivre la course, ils doivent impérativement réparer. Le règlement obligeant que toute escale dure au minimum vingt-quatre heures, ils repartent du coup avec un retard considérable sur nous de près de 1 800 milles (3 300 km). Forts de cette avance, il ne nous reste plus qu'à dérouler, même si l'arrivée est encore loin et que Bernard insiste pour continuer à batailler à fond en tirant sur le bateau.

La traversée du Pacifique, bien qu'engagée, se déroule sans anicroche si ce n'est l'électronique qui nous fait en permanence des misères. Juste avant d'arriver au cap Horn, nous recevons un message du MRCC chilien dont l'officier de quart nous annonce fièrement : « Bienvenu au cap Horn mais vous devez savoir que c'est l'endroit le plus dangereux au monde et que si vous avez besoin, nous sommes là ! » Un très sympathique message de bienvenue qui me fait rire après mon naufrage dans ces parages en 2009.

Nous virons la redoutée vigie australe de l'Amérique après 55 jours de course dans des conditions maniables.

Au moment d'emprunter le détroit de Lemaire, nous tombons de nouveau en panne informatique. Soudainement, la position géographique du bateau sur les appareils du bord est inexacte. Les conditions météo ne sont pas mauvaises heureusement mais lorsque cette information primordiale n'est plus correcte, tu n'as plus confiance en aucun appareil. La situation est franchement inconfortable dans cet étroit passage.

Lors de la remontée vers le nord, les conditions en Atlantique sud sont incroyablement favorables, nous permettant de rallier l'équateur à une cadence très soutenue. La fin de parcours s'effectue sans réel encombre. Nous embouquons le détroit de Gibraltar, remontons la côte est de l'Espagne puis, la veille de l'arrivée, au large de la côte espagnole, nous passons au large du grand delta de l'Èbre où le vent se renforce toujours de manière spectaculaire. Un spot de kitesurf réputé. Il faut faire très attention à ne pas être surtoilé quand tu croises au large. Nous manquons de nous faire surprendre…

Les derniers milles se déroulent de jour et sous spi. Nous franchissons la ligne d'arrivée le 25 mars 2015, dans une magnifique lumière de fin d'un après-midi d'hiver, après 84 jours de course. Très belle performance avec onze jours de moins que les vainqueurs de l'édition précédente. Mais nous avons connu tellement de soucis techniques que si nous avions navigué en solitaire, jamais il n'eût été possible de terminer ce tour du monde. Le double est une garantie.

Gagner cette course est un grand moment. Les pontons, où viennent s'amarrer les bateaux se trouvent en bas de la Rambla. Avec l'ambiance espagnole, les amis sur place et Jacques Caraës, le directeur de course, la fête s'installe facilement. Bernard, « Jaco » et moi déambulant dans les rues de Barcelone un soir de victoire... La nuit nous appartient !

Sincèrement, cela fait du bien car je remporte les deux dernières courses que je viens de disputer, avec la Transat Jacques-Vabre 2013 et cette Barcelona World Race 2014. Cerise sur le palmarès : je deviens du coup champion du monde IMOCA 2013-2014. Un titre très honorifique qui rajoute une ligne à mon parcours. Je ne cours vraiment pas après ce genre de gloriole !

Je reste en Espagne en vacances une petite semaine puis revient à Barcelone pour réparer le bateau en vue de son retour vers la Bretagne. À ma grande surprise, je m'aperçois en montant dans le mât pour inspection que les haubans en carbone sont incroyablement usés. À cause du frottement des lattes de grand-voile sur ces câbles, il ne reste plus qu'un tiers de la matière. C'est un problème récurrent mais cette usure se montre cette fois excessivement prononcée. Durant la course, lorsque Bernard grimpait au mât, je lui demandais de vérifier leur état et il me répondait toujours qu'ils étaient « juste un peu usés ». Tu parles !

En réalité ils sont à bout et c'est un miracle qu'ils aient tenu jusqu'à l'arrivée.

J'effectue le convoyage vers la France. Se pose alors LA question : que faire du bateau ? Bernard n'a plus très envie de poursuivre en catégorie IMOCA ; quant à moi, j'aimerais bien l'acquérir mais je n'ai pas vraiment les fonds nécessaires. Je me rends néanmoins à Hambourg pour rencontrer Nikolaus Gelpke, le propriétaire, biologiste, marin de formation et éditeur du magazine *Mare*. Je suis bien décidé à me positionner pour l'acheter. Bernard, qui se trouve en Suisse, prend le premier avion pour me rejoindre et m'aider dans les négociations. Un geste de seigneur d'autant plus que, lors du Vendée Globe suivant, il me mettra en lien avec certains de ses propres partenaires suisses pour m'aider à boucler mon financement.

Arrivé dans le bureau de Nikolaus, je réussis une bonne négociation, facilitée par sa passion de la voile – il avait appris à naviguer aux Glénan en face de Port-la-Forêt – et son admiration pour mon parcours ! Ça aide, d'autant plus que j'étais en concurrence avec un autre acquéreur anglais. Je fais une proposition si basse que je ne pense pas qu'elle puisse être acceptée. Nikolaus s'éloigne avec son conseiller financier, puis ils échangent discrètement. Quelques minutes plus tard, ils reviennent et me posent de nouvelles questions sur le montage financier de mon opération, basée sur la somme proposée. Tout avait été blindé avec les banques avant que je débarque à Hambourg. « OK, on y va ! » me dit-il ravi. Son prénom sera inscrit à l'intérieur du bateau en hommage.

Je n'y crois pas. J'appelle Anne immédiatement et lui dis tout heureux, un brin fanfaron : « Chouchou, je viens d'acheter un bateau ! J'avais dit que j'en achèterais plus jamais. Et ben, c'est fait ! Et je rentre à la maison. »

Me voilà avec un nouveau voilier qu'il me faut mettre à l'abri et préparer dans mon hangar à Port-la-Forêt… où se trouve alors ma collection de 4L, exilée forcément !

13

Hubert sera toujours *Hubert*

« Lion le soir, couillon le matin ! »

Première chose à faire : baptiser ma nouvelle acquisition. Son nom de baptême était alors *FRA2007*. Ce qui n'est un pas un nom de bateau ! Je me rends aux Affaires maritimes de Concarneau pour dresser l'acte de francisation et l'employé qui me reçoit me demande si je veux le conserver. Je réponds du tac au tac : « Il s'appellera Hubert ! »

Hubert comme Hubert Desjoyeaux, bien sûr, mon meilleur ami, emporté par un cancer le 12 mai 2012. Il était aussi marié à ma sœur Monique et père de mes quatre nièces.

Hubert était un seigneur avec qui nous avions fait les quatre cents coups, commencé la voile, monté le chantier CDK, partagé tellement de bons comme de mauvais moments.

Et parce que c'était lui qui avait construit ce bateau avec lequel son petit frère, Michel, gagna le Vendée Globe 2008 !

Il ne pouvait porter d'autre nom. Le sens est fort. C'est l'histoire de ma vie, de nos vies.

Aujourd'hui, tout le monde connaît ce nom de baptême, même le grand public qui suit nos courses. Et qu'il prenne temporairement d'autres appellations le temps d'un tour du monde, *Hubert* sera toujours *Hubert*.

N'empêche qu'il faut le préparer, *Hubert*. Une fois au chantier, à trois avec David Ledroit et Tristan Jan, puis Anne Liardet, ancienne concurrente du Vendée Globe entre autres, qui nous rejoindra plus tard, nous le mettons totalement à nu. Tout est démonté, débarqué : l'électricité, le moteur, l'électronique... On gagne un poids de dingue. J'y passe toutes mes journées, mes soirées, mes week-ends, sans aucune pose. Heureusement que je suis avant tout un technicien et que je suis tombé dans le pot de résine époxy quand j'étais petit ! Je n'en ai jamais vraiment retiré les mains. Sans oublier que j'ai eu la chance de gagner deux courses peu auparavant en compagnie de Vincent Riou et Bernard Stamm, deux grands techniciens avec lesquels j'ai pu parfaire mon bagage technique en partageant leurs façons de faire. Je me suis enrichi de leurs expériences.

C'est l'avantage de ne pas avoir de moyens !

Il faut aussi débusquer un sponsor pour prendre le départ du Vendée Globe 2016. Et, bien évidemment, nous n'en trouvons aucun malgré des envois de centaines de courriers, de courriels, de dossiers…

Parallèlement, je reçois des propositions de rachat du bateau au cours du printemps 2016. Je n'ai pas un centime, je suis propriétaire de ce voilier et certains acquéreurs me proposent un bon prix, supérieur à celui d'achat. Luc Talbourdet, avec lequel je suis resté lié depuis le Vendée Globe précédent, trouve aussi des acheteurs potentiels. Mais si je le vends, je n'ai plus rien, seulement un hangar vide. *Hubert* est mon seul actif, mon unique atout. Je décide de le garder vaille que vaille.

Il nous vient alors l'idée de la levée de fonds sur la plateforme de financement collaboratif KissKissBankBank tout en baptisant l'opération « Yes We Cam ! », grâce au coup de main d'une équipe de communication de Quimper !

« Yes We Cam ! » c'est un slogan que nous avions déjà en tête depuis un petit moment et qui avait été imaginé par Marc Guyot, un ami malouin. Cette devise a toutes les qualités car le message qu'elle envoie est très positif. Il est simple, sympa et tout le monde peut se l'approprier.

Comme il est impossible de trouver un financement de manière classique, nous allons le faire de manière pas classique. La mobilisation est géniale, autant auprès du grand public que de mes amis adversaires d'hier avec lesquels nous tournons une vidéo très enjouée pour lancer l'opération et appeler les donateurs à rejoindre « la bande à Le Cam » !

Sur le budget global, l'objectif est de trouver 360 000 euros. En juin 2016, au terme de la collecte de deux cents jours, nous parvenons néanmoins à réunir 220 000 euros. Mais le principe du site est que tu ne gagnes rien si le but n'est pas atteint. Donc je perds théoriquement 220 000 euros ! Nous décidons alors d'un montage avec le Crédit Agricole du Finistère qui abonde pour atteindre le fameux seuil de 360 000. Au final, avec les donations de dernière minute, nous toucherons 367 000 euros. Et remboursons sa mise au Crédit Agricole.

Mais la différence permet d'acheter du matériel neuf sans néanmoins investir dans des éléments trop onéreux, à l'image d'une centrale inertielle pour pilote automatique.

Un budget pour faire un Vendée Globe sur un ancien bateau que tu possèdes comme le mien oscille entre 1,5 et 1,8 million d'euros. Tu peux toujours t'aligner au départ avec moins mais posséder un peu de liquidités ne nuit ni à la performance, ni au confort de vie !

Mais nous en sommes encore loin. Durant l'été 2016, le bateau se trouve dans le chantier. Blanc et nu.

Mi-septembre néanmoins, Ronan Delacou, directeur d'un hôtel Ibis à Brest, en réunion à Paris, m'appelle et me dit : « Jean, il y a un reliquat de budget communication chez Ibis. »

L'arrivée d'Ibis Budget déclenche aussi la signature d'un partenariat avec le groupe Bouyer-Leroux, briqueterie installée non loin de Cholet et avec laquelle nous avions un accord de principe mais qui attendait de savoir si nous trouvions d'autres sponsors pour finaliser. Une société proche de PRB et dont j'avais rencontré le patron lors de la Transat Jacques-Vabre 2013, gagnée sur *PRB* justement, avec Vincent Riou. Ces fameux liens entre moi et PRB ont parfois des ramifications insoupçonnées...

Et d'autres entreprises, à l'image de Neopolia ou du traiteur Pierre Martinet, nous donnent un coup de main, plus modeste mais tout aussi indispensable. Le puzzle commence à se mettre en place et, subitement, nous parvenons, à moins de deux mois du départ, à sortir la tête de l'eau.

Malgré tous ces soutiens, nous ne savons toujours pas comment appeler le bateau. L'idée vient d'un incontournable du dossier et fidèle qui me suit depuis longtemps, Nicolas Venard, alors directeur général du Crédit Agricole du Finistère. Depuis la perte de *VM Matériaux*, j'entretiens une relation très forte avec cet établissement bancaire. Nicolas lance ainsi l'idée de « Finistère Mer Vent ».

Finistère Mer Vent est alors un projet de développement économique du territoire lié aux métiers de la mer sur le port de Port-la-Forêt comme de la région et que je mène en parallèle avec cette banque. Car le Crédit Agricole ne finance alors pas directement mon engagement au Vendée Globe.

Cette initiative n'en est qu'au stade du concept mais, là encore, ce nom a un sens avec cette appellation. Elle croise le territoire et le nom de ma société « Mervent » qui se rattache à l'ancien nom des bateaux de mon père.

Au total, nous réussissons à injecter un peu moins d'un million d'euros dans le projet. Il ne s'agit surtout pas d'un exemple à suivre car cela représente un investissement personnel permanent beaucoup trop important. Avec Anne, nous n'arrivons évidemment pas à nous dégager de salaire.

Je ne comprendrai jamais pourquoi nous ne parvenons pas à trouver de partenaires majeurs. Je sors de trois Vendée Globe avec des retombées médiatiques extraordinaires. Je possède un excellent bateau ainsi qu'un chantier naval pour le mettre au point sur un quai de Port-la-Forêt, le port de la course au large alors. Nous sommes acteurs de l'économie locale. Je viens de gagner coup sur coup les deux dernières courses auxquelles j'ai participé. Notoriété, outil de travail, relationnel – j'entretiens toujours des relations d'amitiés avec mes sponsors – mais depuis le Vendée Globe 2008, il est impossible de décrocher un budget qui me permettrait de mener mes projets sereinement. Une seule certitude : nous ne savons pas les vendre.

Mais une fois de plus, je serai, vaille que vaille, de cette huitième édition du tour du monde en solitaire et sans escale. Et cela constitue déjà une première victoire même si nous sommes encore à deux mois du départ. Il y a toute la décoration du bateau à faire. Il faut commander de nouvelles voiles, dont un spi que je recevrai juste avant d'appareiller et que je ne pourrai pas vraiment essayer. Il faut aussi réaliser une banque d'images, obligatoire pour l'organisateur, avec photos et vidéos qui permettront durant la course d'illustrer les articles publiés. Nous la mettrons à exécution durant le convoyage du bateau à destination des Sables-d'Olonne. Je passe un accord amical avec la société de production afin que, lorsqu'elle tourne pour d'autres concurrents, elle vienne au passage filmer mon bateau naviguant sous voile... Ça me coûte tout de suite beaucoup moins cher.

L'ensemble de ce dossier se monte à l'arrache complet !

Aux Sables-d'Olonne, nous nous installons bien évidemment à l'hôtel Ibis et notre repaire s'établit comme toujours chez Philippe Brochard au restaurant *Le Charcot*. Je commence à avoir des amis aux Sables, depuis le temps que je m'y rends. Vendéens et Bretons sont faits du même bois. Les Vendéens sont des entrepreneurs, ils avancent.

Le 6 novembre 2016 marque enfin la date de départ d'un nouveau Vendée Globe préparé à la hâte. Je pars au vent de la ligne[1]. Grave erreur : je n'ai pas anticipé qu'il y aurait à cet endroit un nombre incalculable de bateaux spectateurs ! Ils sont tellement nombreux que leurs sillages lèvent la mer, qui devient vite bouillonnante, instable terriblement désagréable, bien plus grosse qu'elle aurait dû par ce vent de nord-ouest modéré. C'est l'enfer ! À la barre, je peste en me disant que j'aurais dû m'élancer dans mon coin, de l'autre côté de cette funeste ligne, quitte à être derrière le gros du peloton. Du coup, mon pilote automatique décroche juste après le coup de canon ; j'enclenche celui de secours... Il faut aussi tenir une veille attentive pour bien vérifier qu'aucun barreur de vedette ne commette de bêtise. Ça commence fort !

À bord de mon bateau de deuxième division, au potentiel inférieur à celui des derniers

1. Côté de la ligne de départ d'où vient le vent

lancés tels que *Banque Populaire*, *Edmond de Rothschild* ou *Hugo Boss*, je me retrouve rapidement au sein du deuxième groupe composé de Yann Eliès, Thomas Ruyant et de Jean-Pierre Dick, très attardé en début de course par de mauvais choix tactiques et qui revient rapidement sur nous. Devant, les premiers naviguent sur une autre planète. Ils se sont échappés, touchent en permanence des phénomènes météo qui leur sont favorables. La cause et la course sont entendues : le vainqueur se trouve dans ce groupe-là.

Une semaine après le départ, au large des îles du Cap-Vert, Yann parvient à se faufiler et prendre une légère avance sur nous.

Je profite de progresser à fond sous le soleil et que la mer soit belle pour envoyer à terre mes premières vidéos. Cette année-là, le système est incroyablement complexe et je me bats avec les nombreux fichiers qu'il faut enregistrer, compresser, transmettre. Pareil pour les photos. Dans le cockpit, protégé sous la casquette que je surnomme « la véranda », j'essaie alors une petite caméra portable. Il paraît qu'il faut imprimer deux clics pour que l'objectif tourne à 180°. Je tente... Rien. J'essaie trois : et ça marche. Ce sera le début du fameux « Clac, clac, clac »

Un gimmick, une astuce qui fera sensation avant chacune des petites vidéos que j'envoie à terre, comme nous y oblige l'organisation.

Il s'agit en fait d'un moyen mnémotechnique. Pour inverser l'objectif de cette mini-caméra pendant que je tourne et commente, je dois donc appuyer trois fois rapidement sur une petite gâchette. Alors spontanément, je déclenche en prononçant les mots magiques : « Clac, clac, clac ». Ce qui me permet de m'en souvenir ; si tu ne dis rien, tu l'oublies. Beaucoup de gens à terre pensent qu'il s'agit d'une commande vocale. Cela me convient si bien et collera tellement à mes vidéos ensuite que je baptise désormais toutes mes caméras « Clac, clac, clac ».

Et puis je décide aussi de ponctuer tous ces petits films de mon cri de guerre : « Yes We Cam ! »

Le 22 novembre, j'effectue une rencontre sympathique dans l'Atlantique sud au large. Je double un voilier de Class40, *Italia*, dont le skipper, Gaetano Mura, tente de battre le record autour du monde en solitaire sur ce type de petit bateau. Mais j'accuse déjà plus de 1 000 milles de retard (1 852 km) sur les premiers. Je me suis un peu fait enfermer au passage de l'anticyclone de Sainte-Hélène dont une dorsale coupe la flotte en deux, laissant partir les premiers. Yann Eliès navigue en éclaireur du petit groupe, que je compose avec « Tom Rouille » et le « Chevalier Noir », surnoms que je donne à Thomas Ruyant et Jean-Pierre Dick. Et c'est en cette bonne compagnie que je quitte le pays des poissons volants pour pénétrer dans celui des albatros : le Grand Sud, l'océan austral. Le 29 novembre, à la neuvième place, je dépasse le cap de Bonne-Espérance puis celui des Aiguilles[1] et pénètre dans l'océan Indien. Je n'ai eu que très peu d'avaries jusque-là. Ce tour se déroule plutôt bien si ce n'est le retard de cinq jours que j'accuse sur les deux premiers, Alex Thomson et Armel Le Cléac'h. Ils ne font pas la même course que nous ; nous sommes au spectacle derrière eux !

La traversée de cet océan est marquée par l'arrivée d'une très violente dépression au sud de l'Australie. Comme lors de la Barcelona World Race deux ans auparavant, me voilà contraint de ralentir pour ne pas l'affronter directement. La météo annonce que les vents les plus forts se trouvent au sud mais, en analysant finement les fichiers indiquant la hauteur des vagues, je constate que c'est au sud justement que la mer sera la moins violente. Je décide de conserver ma stratégie. Yann Eliès, que nous avons rattrapé, reste plus au nord. Et Jean-Pierre Dick décide, lui, d'aller encore plus loin vers le nord, tellement il veut

1. Situé en Afrique du Sud, non loin à l'est du cap de Bonne-Espérance, le cap des Aiguilles délimite géographiquement les océans Atlantique et Indien.

contourner la tempête en empruntant le détroit de Bass entre le sud de l'Australie et l'île de Tasmanie. Un truc de dingue que personne n'a jamais réalisé durant le Vendée Globe. Cela s'ajoute à la boulette qu'il avait commise quelques jours plus tôt en ayant mordu dans la « zone d'exclusion antarctique », vaste ceinture tracée autour du continent blanc où nous n'avons pas le droit de pénétrer, de manière à éviter de rencontrer des icebergs. Et pour sortir de ce périmètre interdit, « mon Jean-Pierre », comme je l'appelle amicalement, dut rebrousser chemin pour réparer sa faute comme l'intime le règlement. Le « Chevalier Noir » avait tout simplement oublié de modifier les coordonnées géographiques de la zone dans son ordinateur. J'aime beaucoup Jean-Pierre et souvent ses décisions atypiques me font hurler de rire.

Là encore, avec ce détour, il amuse la galerie de la flotte ! Médusé, je regarde sur mon ordinateur de bord sa trajectoire lorsqu'il emprunte ce détroit où se trouvent des hauts-fonds et où peuvent flotter des filets de pêche abandonnés qui pourraient se prendre dans la quille de son bateau, des containers à la dérive, des billes de bois… de dangereux débris flottants de toutes natures. Et il y passe à fond, allumant comme un fou de manière à ne pas se faire surprendre par le petit temps qui doit s'y installer quatre à cinq heures après son passage.

Plus au sud, avec Yann, nous ralentissons en naviguant avec le moins de toile possible sur le mât tout en conservant un minimum de vitesse au bateau. Même en ayant fait ce choix en « bon marin » mais contre-nature pour un compétiteur, la tempête se montre vraiment violente. Le vent monte à plus de 50 nœuds (92 km/h). Prenant une teinte marbrée, la mer est énorme et les vagues déferlantes fument autour de nous. Les grains, plus violents les uns que les autres, se succèdent dans le fracas de la grêle qui s'abat sur le bateau. Le ciel est noir. C'est magnifique. Je tente de filmer de temps à autre mais cela finit aussi par m'impressionner.

Ce choix de soulager notre effort, de mettre la course entre parenthèses pour nous préserver, nous et nos bateaux, était le bon et nous renvoyons de la toile dès que possible. Avec Yann, nous nous retrouvons rapidement non loin l'un de l'autre alors que déboule par le nord « mon Jean-Pierre », pleine balle, et qui finit par nous rejoindre. Tant d'efforts et de risque pour ce résultat...

Si nous sommes sortis de ce coup de vent, l'exceptionnel reste néanmoins notre quotidien. L'exceptionnel c'est de vivre en permanence par des vents de 30 à 35 nœuds et une mer forte des jours durant. Lorsque le café sort de la tasse par le haut ; que l'on mange accroupi au fond du bateau ; que l'on fait ses besoins accrochés de tous les côtés en se tenant mains au plafond pour essayer de rester assis sur un seau... Tous ces actes du quotidien que l'on pense ne pas pouvoir réaliser et que l'on parvient à effectuer quand même, alors que le bateau navigue à plus de 20 nœuds de moyenne et part en surf au-delà des 25. Lorsque l'horizon n'est jamais horizontal. Nous devons nous y résoudre, nous y plier, nous y habituer. La vie reprend le dessus ; l'être humain s'adapte.

Quelques jours après la tempête, j'apprends l'abandon de Thomas Ruyant dont le bateau se disloque sous ses pieds. Thomas met le cap sur la Nouvelle-Zélande qu'il parviendra à atteindre par miracle. Il a réalisé une course magnifique jusque-là et c'est sincèrement attristé que je perds un concurrent de ce niveau.

Nous avons tous notre lot de galère ; nous en parlons ou pas. Certaines de ces galères prennent une tournure dramatique comme pour Thomas, bien sûr, mais aussi Sébastien Josse, qui a jeté l'éponge lui aussi, ou encore Kito de Pavant, contraint d'abandonner son bateau. Et puis il y a des galères qui nous font grandir : safran à changer pour Éric Bellion, safran à reconstruire pour Romain Attanasio, feu à bord pour Conrad Colman. Ils se sont dépassés pour trouver les ressources nécessaires de manière à continuer leur parcours. Il y a encore ceux qui font leur route sans bruit mais avec constance, Paul Meilhat, Nandor Fa, Didac Costa, entre autres. J'ai aussi une pensée pour Morgan Lagravière, bizuth du Vendée Globe qui, las et en toute honnêteté, a parlé de la dureté de cette expérience. Il n'y a pas à juger, juste à respecter car je mets aux défis ses détracteurs de tenir ne serait-ce que vingt-quatre heures sur ce genre d'engin. Il faut laisser le temps aux jeunes navigateurs de mûrir, comme le bon vin, et de se forger leurs propres expériences. Ils sont ardents et couillus ; ici je pense à Alan Roura.

L'extrême fait souffrir les bateaux et grandir les marins. C'est le tribut à payer au Vendée Globe.

Au 15 décembre, j'ai enfin dépassé le milieu de la distance à parcourir. Je navigue dans l'océan Pacifique et je me rapproche désormais des Sables-d'Olonne au lieu de m'en éloigner. Je croise au milieu de nulle part et, le 20, je rencontre un cargo en plein Pacifique sud ! Une rencontre inattendue et qui fait bien plaisir. J'échange avec l'équipage par radio VHF à courte portée. Il se rend au Chili ; moi aussi d'ailleurs puisque je dois arrondir le cap Horn. Et gentiment, l'officier me glisse : « *Better be careful Sir, because it's very windy here. But enjoy*[1]*!* »

Une fois de plus, je passe Noël dans cet océan en course et pendant le Vendée Globe. J'en profite pour faire une petite vidéo à destination de tous les enfants qui me suivent avec tant de chaleur et de passion. Je leur présente les dix peluches qui m'accompagnent. Les récidivistes tout d'abord : Marsupi, Henri le cochon, M. Costaud, Théo le raton laveur malin, M. Croco et le célèbre Ushu, que j'avais acheté à Ushuaia après mon naufrage en 2009 et que je confie entre deux tours du monde à une école de Pouzauges en Vendée. Les débutants ensuite : Néo, Azalée Stamm du pays de chez Bernard, Roro et un invité mystère. Et je demande aux enfants de trouver le nom de ce petit compagnon de voyage inconnu. Quant à leurs parents, moi qui suis plutôt un excessif dans la fête, je tiens à rappeler ce réaliste petit adage qui m'accompagne à chaque virée : « Lion le soir, couillon le matin ! » Chose promise, chose due : le lendemain, je révèle le nom de Poulpita, la pieuvre. Une sympathique parenthèse que je prends toujours plaisir à vivre. Pour partager ma nouvelle aventure avec les plus jeunes.

En fin de traversée du Pacifique, Jean-Pierre Dick nous distance – même si je passe le cap

1. « Faites bien attention, Monsieur, car le vent est très violent par ici. Mais profitez-en ! »

Horn neuf heures seulement après lui – mais je demeure au contact de Yann Eliès. Depuis l'archipel de Madère au début de la course, nous sommes quasi inséparables. Nous naviguons même parfois à vue, nous échangeons à plusieurs reprises par radio à courte portée, sur nos choix techniques de voile, sur le déroulement de la course en tête alors qu'Armel Le Cléac'h se fait rattraper par Alex Thomson, sur la préparation des bateaux, sur nos courses passées. Je suis fier d'être arrivé jusque-là, au Horn en cinquième position, avec de tout petits moyens ! Et quand bien même avec sept jours de retard sur les premiers.

Le 30 décembre, enfin, je vois la terre au loin. La Terre de Feu avec ses magnifiques sommets enneigés. Le Horn est dans l'étrave, enfin. Un moment toujours aussi fort même si la course n'y est jamais terminée. Je suis content d'y parvenir et j'espère que tous ceux qui, à terre, ont cru en mon projet, m'ont donné un coup de main, le sont aussi. Tous ensemble nous y sommes parvenus. Il fait gris, le ciel est bas, le vent et la mer sont maniables, le bateau avance à 20 nœuds dans les pointes mais je vois l'île Horn. C'est la sixième fois que je vire le plus rude et légendaire cap au monde, dont la troisième en quatre ans !

À 14 milles derrière moi, navigue Yann Eliès que je devance d'un peu plus d'une heure à la pointe sud de l'Amérique latine.

Nous entamons la remontée de l'Atlantique collés-serrés. J'enrage néanmoins car, dans le petit temps que nous ne tardons pas à rencontrer, il se débrouille mieux que moi. Parmi la garde-robe de son bateau, il possède un petit gennaker, une voile d'avant qui lui procure un avantage certain et lui permet un léger gain en vitesse.

D'autant plus que, peu après, je rate une manœuvre d'empannage ce qui ne m'était pas arrivé depuis longtemps. Je n'en suis pas fier car je casse des lattes en haut de la grand-voile. Laborieusement j'affale la voile puis j'improvise un chantier de réparation dans le cockpit du bateau. Je confectionne un manchon en carbone pour raccorder les baguettes cassées. Je fais chauffer l'ensemble avec mon réchaud de cuisine pour que sèche la résine rapide qui colle les morceaux et solidifie l'ensemble. J'y parviens non sans mal et sans trop perdre de terrain. Alizé du sud-est, pétole, Pot au Noir… Nous franchissons l'équateur dans le sens sud-nord, moi devant et Yann derrière, mais avec 31 minutes d'écart !

Loin devant nous, les premiers rejoignent l'arrivée, Armel Le Cléac'h en beau vainqueur devançant Alex Thomson. Tout l'équipage de mes peluches se met au garde à vous sur le pont de *Finistère Mer Vent* pour le saluer en vidéo. En 2012, lorsque les deux premiers étaient arrivés je me trouvais par le travers de l'archipel du Cap-Vert ; cette fois-ci je suis au niveau des Canaries ! Un sacré progrès ! Trêve de plaisanterie : une fois de plus, ils ont effectué une autre course que la mienne. Déjà, à l'arrivée dans les mers du Sud, je comptais 1 600 milles de retard (près de 3 000 km) avant d'être bloqué par la tempête en fin d'océan Indien. Et si les deux premiers n'ont jamais soulagé, tant leur duel était intense, c'est la même chose pour moi dans la bagarre qui m'oppose à Yann et Jean-Pierre.

Notre fin de course s'apparente à une étape de la Solitaire du Figaro tellement nous naviguons à proximité.

Il faut cravacher jusqu'à l'arrivée. Impossible de lever le pied. Après avoir choisi une route un peu plus directe, j'arrive en France au niveau de Belle-Île, non loin derrière Yann. Devant nous, Jean-Pierre Dick a choisi une route beaucoup plus nord. Il est très ralenti. Lorsqu'il navigue au près, son bateau n'avance « ni du cul ni de la tête ». Yann et Jean-Pierre me semblent irrattrapables mais je suis comme un fou et pousse le bateau comme rarement, motivé avant tout par l'horaire de marée haute de manière à rentrer directement dans le port des Sables-d'Olonne après avoir coupé la ligne d'arrivée. Je passe entre l'île d'Yeu et la terre. « Plonplon », ou plus exactement le *Maxiplon*, ce bateau de servitude qui assure des rotations de fret entre Yeu et Les Sables-d'Olonne vient m'accueillir et passe un long moment bord à bord alors que je suis toutes voiles dehors, au maximum du potentiel de *Finistère Mer Vent*. Le vent tourne en arrivant, je suis obligé de tirer un ultime bord dans des conditions scabreuses pour couper la ligne et je pénètre dans le chenal immédiatement, toujours sous voiles, voiles que j'affale seulement dans le port de pêche ! Je me classe finalement sixième, moins de trois heures après Jean-Pierre Dick, quatrième et à 1 h 25 de Yann Eliès, cinquième. Yann est le premier classé à bord d'un bateau sans foil et je suis deuxième de cette catégorie non officielle. Incroyable, inespéré.

Trois bateaux arrivant en une même journée, cela n'était jamais arrivé non plus au Vendée Globe. Bien sûr, nous rejoignons Les Sables avec six jours de retard sur le vainqueur mais notre trio en possède sept d'avance sur le suivant, Louis Burton !

Lorsque je rallie le ponton après une nouvelle remontée du chenal mémorable – où les spectateurs brandissent de magnifiques pancartes portant l'inscription « Clac, clac, clac » cette fois ! – j'accueille Yann à bord, un verre de vin à la main. Yann Eliès, je le connais depuis son berceau. J'affrontais son père, Patrick, dans la Solitaire du Figaro et, bébé, il n'avait pas les cheveux blonds mais blancs ! Je l'ai maudit, le gamin, pendant la course.

Il ne m'a jamais laissé tranquille. Nouveau show et nouvelle danse sur le podium en public. Pendant toute la course, le public m'a suivi par vidéos interposées. Et nous nous voyons enfin. Les yeux dans les yeux ou presque.

La fête est à peine terminée que je saute dans une camionnette conduite par Anne. À l'arrière, se trouve un matelas où je peux dormir quelques heures. Direction Brest où doit arriver le trimaran *IDEC Sport* de Francis Joyon en passe de battre le Trophée Jules-Verne. Et parmi l'équipage se trouve un certain Bernard Stamm. Hors de question que je manque son arrivée !

Au final, je n'ai rencontré que peu de soucis techniques lors de cette édition, malgré une préparation particulièrement courte et fort peu de moyens. Lorsque, avec Anne, nous ferons les comptes, nous nous apercevrons avoir perdu environ 350 000 euros pour prendre part à mon quatrième Vendée Globe… Il faudra se relever ; mieux vaut avoir de bonnes relations avec son banquier. Et ne tablons pas sur les primes dérisoires distribuées à l'arrivée aux concurrents en comparaison des autres sports, lorsque l'on prend en compte la durée de la course, sa dangerosité et l'investissement humain qu'elle nécessite. Ces bonus n'ont que peu d'importance pour les gros projets mais pour les plus petits, ils comptent.

Je suis particulièrement satisfait de ce tour de monde. Il y eut une deuxième course dans la course entre Jean-Pierre, Yann et moi, derrière le duel Le Cléac'h-Thomson.

Une fois de plus, l'histoire est belle. Cela s'apparente à de la cuisine : si les ingrédients ne sont pas bons, la sauce ne prend pas. Et là, les meilleurs étaient une nouvelle fois réunis. Au classement de mes Vendée Globe, celui-ci est alors mon plus beau. Mon plus abouti.

14

Yes We Cam !

« Si je ne suis pas content à cet instant, je ne serai jamais content !
Donc je suis content ! »

Une nouvelle fois je fais un carton dans les médias et derrière, cela ne débouche sur rien. Alors, sur le plan compétition, je ne bouge plus une oreille jusqu'au Vendée Globe suivant. Déjà que nous ne parvenons pas à trouver de financement pour le tour du monde en solitaire qui génère les plus importantes retombées médiatiques ; cela serait encore pire pour la Transat Jacques-Vabre 2017 ou la Route du Rhum 2018 ! En débarquant de cette quatrième participation, il nous faut d'abord, avec Anne, reconstruire, réorganiser, nous restructurer, solder les comptes. De nouveau, un sacré travail car les comptes, justement, ne sont pas bons. D'ailleurs, juste avant cette course-là, Anne décida, malgré son attachement, de fermer le restaurant qu'elle tenait sur le quai de Port-la-Forêt, le *Kinawa*. Gérer les deux simultanément n'était plus tenable.

Comme de coutume, je suis à peine arrivé aux Sables que l'on me pose sans cesse la question de savoir si je vais repartir sur le tour du monde. Je ne décide jamais aussi vite. Un énigmatique « pourquoi pas ? » suffit.

Je préfère me laisser toujours un peu de temps puis, au fil des mois, l'envie revient tranquillement mais inexorablement. Et si je sors d'un deuxième Vendée Globe de suite monté à l'arraché, je ne peux pas m'empêcher de penser que, pour le suivant, tout ira mieux. Alors au fil des mois, nous relançons le processus qui débute une fois de plus par tenter de draguer des sponsors. Et, évidemment, cela ne sert quasiment à rien ! Décidément je ne sais pas me vendre.

Heureusement, j'ai de quoi m'occuper à terre ! Le site de Port-la-Forêt, qui était devenu une vraie réussite au cours des trente dernières années, semble désormais s'étioler. En octobre 2016, j'échange avec Nicolas Venard, alors directeur du Crédit Agricole du Finistère. Surpris que je n'arrive pas à boucler mes budgets courses au large alors que les retombées sont conséquentes, il est aussi impressionné par la qualité des infrastructures techniques du port.

Mais il ne faut pas vivre sur ses acquis, d'autant plus face à la concurrence du port de Lorient qui devient alors de plus en plus attractif pour les coureurs, à commencer par ceux de Port-la-Forêt. Et si, techniquement, nous n'avons pas à rougir, il existe un réel manque de structurations humaines, de métiers de pointe générateurs d'activités.

La démarche que nous initions avec Nicolas est identique à celle de 1992 : produire un nouveau petit coup de pouce.

Cette année-là, Michel Desjoyeaux gagnait la Solitaire du Figaro et je remportais la dernière étape devant notre port d'attache à tous les deux, ce qui permit d'accélérer la concrétisation du centre local d'entraînement de haut niveau.

Vingt-cinq ans plus tard, il est temps de repartir de l'avant. Nous procédons alors au montage d'une SIC – société d'intérêt collectif (lire chapitre 4).

La conception et le lancement de Finistère Mer Vent m'accaparent largement. Et, au printemps 2020, enfin, nous pouvons inaugurer ce bâtiment totem, tout de bois et de verre et qui, immédiatement, accueille nombre d'entrepreneurs enthousiastes.

Sportivement, mon programme suivant s'organise à la demande d'un de mes partenaires, Ibis, qui a décidé de continuer son soutien jusqu'à la fin du Vendée Globe 2020 sous les couleurs de l'une de ses offres : Ibis Sport. L'objectif est d'effectuer un tour d'Europe, débutant en Italie pour se terminer en France, de manière à aller à la rencontre des hôteliers de la chaîne dans les ports du littoral, valoriser leurs métiers et créer du lien. En vue de cet « Eurotrip by Sea » nous convoyons le bateau à Gênes puis j'enchaîne avec seize escales à Cannes, Marseille, Barcelone, Porto ou encore Bilbao, Bordeaux, Nantes, Saint-Malo, Le Havre, pour terminer à Calais. Cela dure trois mois. À chaque arrêt, j'embarque du personnel des hôtels pour des sorties en mer.

À cette époque, je suis sur l'eau nettement plus que tous les autres skippers ! Il ne faut pas croire que les IMOCA soient des bateaux qui naviguent beaucoup. Ils sont devenus si sophistiqués qu'ils nécessitent des mois de préparation en chantier.

Si certaines étapes se révèlent un peu plus empesées que d'autres, l'opération Ibis démarre en grande pompe avec des participants venus de grandes villes d'Italie : Rome, Milan, Gênes bien sûr… dans une belle et chaleureuse ambiance. L'escale de Cannes, elle, se déroule en parallèle aux *casting-days*, ainsi que les définit Ibis. Au cours de ces journées d'information et de recrutement, des directeurs d'établissement promeuvent, auprès de jeunes et de demandeurs d'emploi, les métiers de l'hôtellerie, de la cuisine à la réception en passant par les services… J'interviens après la projection d'un film sur le Vendée Globe puis nous déclinons facilement ensemble le lien entre un hôtel et mon entreprise, qui sont deux types de PME où il faut aussi savoir exercer tous les métiers. Avec les valeurs de la performance liées au travail. Une démarche particulièrement enrichissante car je rencontre beaucoup de profils différents, des directeurs d'hôtel aux jeunes intéressés, et j'apprends de ces métiers que je ne connais pas. Ce long tour d'Europe de trois mois s'achève à Calais où je reçois un magnifique accueil.

Parallèlement, j'ai profité de cette opération pour effectuer la qualification à la Transat Jacques-Vabre de fin d'année en compagnie de Nicolas Troussel lors du convoyage express de six jours qui permettait d'amener le bateau de Port-la-Forêt à Gênes. Nicolas et son partenaire, Corum L'Épargne, avaient armé mon bateau en attendant que leur propre IMOCA, alors en construction, soit terminé. « Nico » a pour objectif de naviguer autant que possible pour se forger une expérience sur ce type de bateau qu'il connaît peu, en vue du Vendée Globe 2020. Cela me permet aussi de mon côté de disposer de moyens adaptés à la transat en double, tout en me projetant sur mon propre Vendée Globe à suivre. Enfin, il est prévu que Corum L'Épargne finance un nouveau jeu de voiles, garde-robe que je conserverai pour le tour du monde.

Issu de la Solitaire du Figaro, Nicolas est un coureur que je fréquente depuis longtemps. Il a pour caractéristique première d'adopter, en course, des options assez radicales et avec succès, marque de sa personnalité. Dans le milieu où nous vivons, il est toujours intéressant de côtoyer des garçons qui ne sont pas des suiveurs. Il ne se ment pas à lui-même et avance. On ne gagne pas deux Solitaires du Figaro comme lui sans un talent certain !

Et la machine est relancée : août, préparation du bateau au chantier ; septembre, adaptation des nouvelles voiles et entraînements. Puis nous participons aussi au Défi Azimut, petite épreuve organisée à Lorient qui permet de s'étalonner avec nos futurs concurrents.

Au premier jour de la Transat, au Havre, nous prenons un joli départ dans des conditions agréables. Nous sommes manifestement dans le match, pas trop loin des bateaux à foils qui mènent la danse.

Au septième jour de course, au large de Madère, nous rencontrons un premier gros souci technique. Après vingt-quatre heures passées sous spi, nous décidons de le remplacer à l'avant par le grand gennaker. Mais l'enrouleur autour duquel ce gennaker est monté fait des siennes et nous devons passer plus d'une heure à la proue du bateau pour démêler les cordages et établir la voile, avant de démonter la pièce défectueuse. Tout ça pour un petit réglage mécanique mal réalisé à terre, une carabistouille qui est souvent liée à la loi de l'emmerdement maximum. Au rayon avarie, nous aurons aussi à composer avec un pilote automatique défectueux toute la traversée durant, ce qui nous contraint à barrer en permanence.

Avant l'équateur, le Pot au Noir que nous affrontons en ce mois de novembre est particulièrement délicat. Comme d'habitude, il s'y succède des grains violents et subits où nous nous retrouvons avec trop de voiles, suivis de calmes plats, d'averses diluviennes, d'éclairs, tout ça dans une chaleur moite. Un vrai Pot au Noir comme je n'en avais pas vécu depuis longtemps. Nous le franchissons en suivant une route plutôt ouest alors que la meilleure option était manifestement à l'est. Mais nous naviguons à portée des tandems composés de Damien Seguin et Yoann Richomme ainsi que de Romain Attanasio avec Sébastien Marsset, de sérieux clients qui resteront tout de même derrière nous jusqu'au bout. Nous rallions Salvador de Bahia, dans la splendide baie de Tous les Saints où se juge l'arrivée, à la treizième place sur vingt-sept bateaux de catégorie IMOCA classés mais surtout à la deuxième des voiliers équipés de dérives traditionnelles et non de foils. Une très belle course, l'objectif est atteint. Pour Nicolas comme pour moi.

Le retour du bateau par cargo étant retardé par les premiers effets du Covid, il arrive en Bretagne avec un mois et demi de retard, ce qui perturbe d'emblée la préparation du Vendée Globe 2020.

Entre-temps, nous continuons à travailler à la mise au point du *Groupe Apicil* de Damien Seguin, engagé lui aussi dans le Vendée Globe et qui termina juste derrière moi la Transat Jacques-Vabre. Une collaboration lancée dès 2017, après que Damien eut acheté ce bateau qui rentrait tout juste de l'édition 2016 du tour du monde aux mains d'Éric Bellion. Pour la petite histoire, c'est à bord de ce voilier que fut tourné le film *En solitaire* qui relatait les aventures d'un marin, incarné par l'acteur François Cluzet, autour du monde !

Dès le premier hiver passé dans mon chantier, on le découpe dans tous les sens, en particulier pour refaire le plan de pont alambiqué et nous reprenons les travaux de fond après la Jacques-Vabre.

Sur le plan financier, cette collaboration me permet de conserver l'équipe technique employée dans mon chantier. En termes de planning, il est prévu que la mise au point de mon bateau passe après celle de Damien. Ce qui ne m'empêche pas de m'inscrire en premier à la neuvième édition du Vendée Globe, sans pour autant disposer de la totalité du budget.

Cela aurait été beaucoup trop simple !

Mais je suis qualifié d'emblée car je repars avec le même voilier et nous partageons avec Anne la conviction que cette garantie d'engagement sera l'argument massue pour convaincre des sponsors en face de ceux qui ne sont pas, et de loin, encore qualifiés mais récoltent des millions.

En revanche, nous procédons de manière différente par rapport à l'édition 2016. Le projet participatif tel que nous avions pu le monter était passionnant et d'une richesse humaine phénoménale, mais franchement épuisant. L'objectif est d'essayer de convaincre quatre partenaires à parts égales d'un montant de 280 000 euros par an et qui investiront sur le projet « Yes We Cam ! ». Car le nom de course du bateau sera celui-ci, quoi qu'il arrive.

Ensuite, libre à chacun de communiquer comme bon lui semble autour de ce concept et de cette appellation générique que chacun peut s'approprier. L'avantage est de ne faire d'ombre à personne. Voilà un message humoristique, positif, qui peut convenir à tous et dans lequel tous les sponsors peuvent se retrouver.

Tout en cherchant des partenaires, nous travaillons à rendre *Hubert* encore plus performant. Je fais aléser le bulbe de quille puis nous rognons sur la peinture et l'enduit. À force de chasser les poids inutiles, nous parvenons à gagner presque une tonne. Je travaille aussi à limiter les émissions d'énergie fossile en installant des panneaux solaires performants en plus des hydrogénérateurs pour avoir le moins possible recours au moteur dans la production d'électricité.

Après les soucis de pilote automatique rencontrés lors de la Transat Jacques-Vabre, j'investis dans la « centrale inertielle du pauvre » – celle à 20 000 euros tout de même, quand les plus onéreuses coûtent le double – suivie d'une deuxième couche de billets dans l'électronique, pour les pilotes toujours. J'ai beau dire que j'investis pour le futur, les additions sont sévères ! Mais il n'est pas question de repartir en galère pendant trois mois alors que, techniquement, je sais exactement ce dont j'ai besoin.

Grâce à l'accord passé avec Nicolas Troussel, je ne commande aucune voile neuve. Pas même un nouveau spi, pourtant beaucoup sollicité en course lors de la Transat. Connaissant le temps passé lors du Vendée Globe à naviguer avec cette voile, je ne cesse de me demander s'il va tenir pendant tout le tour du monde.

Trois semaines avant le départ, alors que nous sommes déjà aux Sables-d'Olonne, je décide pourtant de faire retailler les gennakers. Je trouve qu'ils sont trop creux. Avec mon équipe, nous n'avons le temps de les essayer qu'une seule fois, mais je les renvoie tout de même à la voilerie, cette fois pour reprendre la chute. Et, terminé, je vais appareiller avec !

Une chose est sûre : je ne vais pas gagner d'argent en disputant ce Vendée Globe. Sur l'année de préparation, j'ai pu me payer 20 000 euros en travaillant tous les jours, tous les week-ends. Pas de vacances ; je quitte parfois la maison dès 4 heures du matin pour rejoindre le chantier.

Anne, qui collabore avec moi à mi-temps, est aussi du coup, au chômage à mi-temps. Mon équipe est salariée et j'y tiens. Financièrement, nous nous en sortons tout juste grâce aux préparations de Corum L'Épargne puis de Groupe Apicil.

En fonction de mon classement, la prime de course permettra ou non d'être à l'équilibre.

Le confinement instauré en mars 2020 ne nous aide pas. Il n'y a personne sur le port et les seules voitures qui s'y garent sont celles des membres de mon équipe, venus travailler au chantier. Un bateau ne se met pas au point en télétravail ! Si techniquement cela ne nous ralentit pas, cette période freine les recherches de partenaires qui ne sont évidemment pas très réceptifs face aux interrogations liées à la situation économique. D'autant plus que les hésitations étaient alors nombreuses quant au maintien du Vendée Globe en 2020 ou son report d'un an. Personnellement, cela ne m'aurait pas dérangé et aurait laissé plus de temps pour convaincre des sponsors.

Le bateau est mis à l'eau en fin d'été ; nous enregistrons quelques images pour les besoins médiatiques lors d'un tournage qui se déroule dans le petit temps. Elles ne sont pas très spectaculaires ni représentatives de ce que je vais vivre au cours du Vendée Globe mais il faudra bien que ça aille.

Et pourtant, début octobre 2020, tout bascule. Rien ne va plus. Nous sommes dimanche et, alors que je travaille dans le bateau, j'effectue un faux mouvement et me bloque le dos. Je suis incapable de me lever. Je souffre comme un damné. Le médecin ordonne que je reste allongé dans mon lit sans bouger pendant trois semaines et dans trois semaines, justement, c'est le moment où je dois convoyer le bateau aux Sables-d'Olonne. Et dans six, je dois prendre le départ du 9e Vendée Globe !

C'est impossible. Je ne tiens pas debout. Je reste dans mon lit, sans bouger, à avaler des séries – policières principalement – les unes après les autres alors qu'au chantier l'équipe besogne sans relâche et sans savoir si je vais être en mesure de participer au tour du monde en solitaire et sans escale !

Mais comme le dit Anne, le corps est bien fait. L'esprit aussi sans doute. Il s'agissait d'une alerte, pour surmenage manifestement. Après avoir passé trois semaines alité, je peux tant bien que mal rejoindre le bateau et appareiller à destination du port vendéen.

Je prendrai le départ de la course et je n'aurai plus jamais de souci de dos !

Mon objectif est simple : terminer premier des marins disposant d'un bateau classique. Il m'est en théorie impossible de me battre contre ceux équipés de foils, encore plus contre ceux de dernière génération. Je ne peux pas rivaliser dans cette catégorie informelle. *Hubert* a 13 ans. Il a beau avoir été profondément revu et amélioré, ce n'est pas un perdreau de l'année. On ne fait pas courir une 4L face à une Ferrari… mais si une Ferrari aborde trop vite un gendarme couché, elle n'ira jamais au bout ou terminera de guingois !

J'identifie rapidement mes meilleurs adversaires directs qui sont Damien Seguin et Benjamin Dutreux.

Une fois aux Sables-d'Olonne, patatras ! débute le deuxième confinement. Le village destiné aux spectateurs et aux sponsors ferme. Seuls les équipes techniques, les organisateurs, les journalistes y sont autorisés selon un protocole strict. Pour les autres concurrents, cela complique les opérations de relations publiques avec leurs partenaires. N'en ayant pas ou peu, pour nous c'est plus simple. Avec la quarantaine qui est aussi imposée aux marins une semaine avant le coup de canon, je suis coincé à l'hôtel Ibis. Et ce n'est pas si mal.

Cela me donne enfin un prétexte pour être feignant. Je réponds même aux interviews depuis la fenêtre de ma chambre !

J'arrive néanmoins à me glisser de temps en temps sur le ponton où sont amarrés les voiliers. Pour m'empêcher de sortir, il aurait fallu trois policiers et deux gardes du corps... Et pour l'équipe, il est tout de même plus simple de travailler sans que les accès au bateau soient bondés.

Au moment de prendre la mer, l'état de *Yes We Cam !* me satisfait. Le travail a beau avoir été réalisé avec peu de moyens, il se révèle propre et efficace. Je ne connaîtrai par exemple aucun souci électrique ou informatique de tout le tour du monde, ce qui est rarissime.

Le 8 novembre, l'ambiance est particulière pour mon cinquième Vendée Globe. Avec ce huis clos sur les pontons, la foule et les journalistes tenus à l'écart, et personne sur les quais du long chenal qui mène vers l'océan, le stress est nettement moindre pour nous, concurrents. Ce serait mentir que d'écrire ici que le protocole habituel et cette foule immense me manquent. Je mesure parfaitement combien cela est dommage et triste pour le public mais pour nous, engagés du Vendée Globe, non. La pression est plus supportable. Il y a moins de bateaux accompagnateurs aussi sur l'eau ; tout est plus simple, plus tranquille.

Mais je ne suis pas seul à bord ! Et cette fois-là je n'ai plus dix peluches qui m'accompagnent mais quatorze. Elles font partie intégrante de l'histoire.

Le départ de cette édition est vraiment inhabituel. Un épais banc de brouillard vient envahir la zone et s'évacue pile-poil au bon moment. Toutes les télévisions qui le retransmettent en direct étaient restées en haleine, impatientes.

Et je coupe la ligne le premier. Mais n'étant pas à bord d'un des bateaux favoris, aucune caméra ne se trouve dans la zone où je navigue. Je n'existe pas, même si je prends le meilleur envol derrière *Bureau Vallée* qui est, lui, parti avant le coup de canon ! Son skipper, Louis Burton, sera pénalisé pour ce départ volé.

D'entrée de jeu, la flotte se coupe en deux : ceux qui filent vers l'ouest chercher une bascule de vent favorable et ceux, dont moi, qui piquent directement en naviguant au près, direction le cap Finisterre, accompagnés de *Corum L'Épargne*, *Groupe Apicil* et *OMIA-Water Family*. Une fois la pointe de la péninsule

Ibérique passée, Nicolas Troussel part au large sur son *Corum L'Épargne* et nous allons, avec Benjamin Dutreux, skipper d'*OMIA*, chercher un petit front météo.

Les premiers jours ne sont pas de tout repos. Mais je navigue en permanence dans le groupe de tête. Sur le papier ce n'est pas normal : avec mon vieux bateau, je ne devrais pas me trouver parmi ceux qui disposent de voiliers à foils ! Tout avait été dit, écrit, prédit ; les articles dans les journaux ne me donnant aucune chance s'étaient multipliés et voilà que je croise devant. Papy fait de la résistance. « Trop en dire fait rire, bien faire fait taire », m'a dit David Leven, le technicien qui a préparé toute l'informatique, avant le départ. C'est parfait. Cela ne me quittera pas de ce tour du monde.

Au bout de quatre jours, alors que j'occupe la première place, je suis vraiment heureux.

Si je ne suis pas content à cet instant, je ne serai jamais content ! Donc je suis content !

Devant nous se profile une dépression tropicale, nommée Thêta, qui arrive par l'ouest après avoir traversé l'Atlantique. En compagnie d'Alex « Dark Vador » Thomson sur son *Hugo Boss* noir et casqué, nous faisons route vers le centre de la tempête pour aller y chercher une bascule de vent et couvrir moins de distance, alors que les autres se décalent vers l'ouest pour minimiser le mauvais temps. Il y a 30 nœuds de vent établis (55 km/h) et je passe à 50 milles (moins de 100 km) du centre de la dépression. Grâce à ce choix stratégique, je peux faire de la vitesse vers le sud et je suis même relevé de nouveau momentanément en tête.

Du moins, c'est ce que l'on me dit. Car, en ce début de Vendée Globe, je ne m'intéresse que moyennement aux classements. Je trace mon chemin sans me soucier vraiment des autres.

Et c'est en appelant Anne que j'apprends, à ma grande surprise, avoir à plusieurs reprises occupé le commandement de la flotte. Elle me raconte aussi que tous les commentaires à terre vont dans un seul sens : « Le Cam a pris la première place, mais c'est temporaire, il va se faire rattraper ! » Elle est folle de rage. Déjà que personne ne parlait de nous avant le départ, les projecteurs étant orientés sur le *Charal* de Jérémie Beyou et le *Hugo Boss* d'Alex Thomson, mais cette fois, on minimise mon parcours.

D'accord, je suis dans la catégorie 4L et pas celle des Ferrari, mais on l'a bien « tunée », la 4L ! Elle est véloce. On l'a remarquablement optimisée. Et je m'entends très bien avec elle. Quant à mon âge dont certains se moquent – 61 ans –, plus tu es vieux plus tu as fait de conneries ; donc plus tu as d'expérience. Je ne pense pas que les directeurs des ressources humaines de beaucoup de sociétés pensent comme moi, mais les anciens ont de la valeur. Il y a autant de jeunes cons que de vieux cons.

Après le Pot au Noir, je coupe tout de même l'équateur en étant quatrième, à 10 heures du premier, Thomson, et devant Kevin Escoffier sur *PRB*. Mais je suis largement leader des skippers à bateaux classiques.

Franchir cette ligne symbolique implique que je ne verrai plus l'hémisphère Nord pendant deux mois. Comme il ne faut jamais décevoir Neptune, qui adore les bons produits, je lui rends mes meilleurs hommages avec la moitié d'une demi-bouteille de Château Teynac 2010, un excellent médoc que j'apprécie. La tradition de l'offrande au dieu de la Mer est respectée. D'ailleurs je la célèbre scrupuleusement à chaque passage de la Ligne !

Il faut maintenant contourner l'anticyclone de Sainte-Hélène, traditionnel écueil qui nous attend en Atlantique sud. Lors de ce Vendée Globe, il se trouve positionné très bas. *Hugo Boss*, *Apivia* et *LinkedOut* s'envolent, avant que le premier de ce trio rencontre les soucis techniques qui vont le contraindre à l'abandon. Quinze jours de course et je suis troisième. Qui l'eût cru ? Profitant des conditions météo atypiques dans cette zone, je parviens à trouver une astuce et je me faufile dans un trou de souris vers la pointe de l'Afrique avant que la porte du vent ne se referme, contraignant ceux qui nous suivent à plonger encore plus vers le sud pour aller chercher une forte brise. Mais si j'ai moins de vent qu'eux, j'affronte aussi une mer bien plus maniable qui me permet de belles moyennes tout en naviguant toujours sur le même bord, bâbord amure, depuis deux semaines. Devant, néanmoins, Charlie Dalin sur *Apivia* prend la poudre d'escampette suivi de Thomas Ruyant sur son *LinkedOut* touché par des soucis techniques, l'un de ses deux foils s'étant brisé. Pour la première fois, je passe à proximité du minuscule îlot de Tristan da Cunha, l'île habitée la plus éloignée de toute terre, culminant à plus de 2 000 mètres. Deux cent cinquante personnes y vivent ! J'adore ces moments de découverte et de partage par le biais des vidéos que j'envoie immédiatement à terre.

15

Ascenseur émotionnel

« Mon métier,
c'est marchand de rêves ! »

Lundi 30 novembre 2020. Les conditions de navigation sont très chaotiques. À la demande de *Ouest-France*, j'enregistre puis envoie une vidéo à terre. Je n'ai guère le cœur à l'exercice. Dehors, il fait beau, mais je navigue au cœur d'une dépression. Le vent oscille entre 20 et 30 nœuds (37 à 55 km/h). Le bateau marche de manière erratique entre 16 et 24 nœuds (30 et 45 km/h) sur cette mer formée de plus de 4 mètres. J'occupe la quatrième place et je devrais dépasser la pointe sud de l'Afrique d'ici trente-six heures.

Il est 15 h 28, la sonnerie d'appel retentit dans le bateau.

C'est la direction de course aux Sables-d'Olonne.

Elle est sans nouvelle de Kevin Escoffier, le skipper de *PRB*. Quarante-deux minutes plus tôt, à 14 h 46, le team manager de Kevin a reçu un message par le biais de la messagerie WhatsApp. « Je coule. C'est pas une blague. Mayday ! » a écrit Kevin. Peu après, le CROSS Gris-Nez, l'un des centres en France qui coordonnent les opérations de sauvetage lorsqu'un bâtiment français est impliqué, reçoit une alerte. Une balise de détresse a été déclenchée quelque part dans le monde. Elle indique la dernière position connue de Kevin : 40° 55' sud, 9° 18' est.

Jacques Caraës, directeur de course, et son équipe sont immédiatement prévenus ainsi que l'organisme sud-africain de coordination des sauvetages qui a la responsabilité de la zone où nous naviguons. Le bâtiment de commerce le plus proche se trouve à vingt heures de mer du lieu du naufrage ; les concurrents du Vendée Globe sont évidemment bien moins loin de Kevin.

À commencer par moi.

C'est le pire que l'on puisse imaginer : un concurrent est en détresse ; on n'a aucune nouvelle de lui ! Son bateau est-il par le fond ? Lui-même se trouve-t-il sur un radeau de survie ? Ou pire encore…

Je mets immédiatement le cap sur la dernière position connue de *PRB* que me communique « Jaco ». Une heure trente plus tard, j'y suis.

Et je trouve immédiatement Kevin qui a pris place dans son canot de survie, à la dérive ! C'est inespéré de l'avoir repéré aussi vite. Il possède aussi avec lui une balise AIS qui transmet immédiatement sa position géographique aux navires autour de lui. Un élément sécurisant. Je ralentis le plus possible, passe près du radeau et lui crie que je vais me préparer à le récupérer. Comme je suis certain de le retrouver, je repars afin de réduire encore plus la voilure du bateau pour n'avoir plus que trois ris dans la grand-voile, soit le minimum possible. Alors que mon bateau ne porte déjà plus de voile d'avant, il sera encore plus manœuvrant ainsi. J'ai mis en marche le moteur par sécurité. Je prépare tout le matériel nécessaire pour le récupérer puis le hisser à bord. Et je préviens aussi la direction de course que j'ai Kevin en visu.

Enfin, je fais demi-tour pour revenir vers lui… Et je ne le revois pas !

Je suis pourtant persuadé de le rejoindre. Je l'ai vu une fois, je lui ai parlé, sa balise émet. Il ne peut être bien loin.

Mais j'ai beau chercher : il n'y a rien sur l'océan, rien, plus rien. Pas de canot, pas de Kevin. Personne !

Il faut le trouver ! Et au plus vite car dans un tel radeau, il peut dériver très rapidement loin de l'endroit où nous nous trouvons. Je ne sais pas non plus dans quel état de santé il se trouve. A-t-il, entre autres, le nécessaire pour se protéger de l'hypothermie, le danger le plus sérieux qui guette un naufragé ?

En liaison constante avec la direction de course, je commence à quadriller la zone dans des conditions de navigation difficiles alors que, peu à peu, la nuit s'installe. Je multiplie les allers et retours d'environ 2 milles (3,6 km) dans une mer forte. Je me tiens sur le pont dans le froid et l'humidité à tenter de déceler cette tête d'aiguille orange entre deux vagues.

Mais toujours aucune trace, ni de l'épave de *PRB*, qui pourrait flotter pas bien loin, ni d'un éventuel canot de survie.

Et je ne reçois plus non plus sa position via le système AIS ! Je ne le saurai que plus tard mais, pensant que j'allais attendre que passe la nuit, Kevin a en effet désactivé sa balise pour éviter que la batterie se décharge.

Avec l'ombre qui s'installe la lumière décroît rapidement. La mer a encore forci et le vent dépasse les 30 nœuds. Le repérer va devenir vraiment difficile. Je décide à contrecœur de patienter jusqu'au lever du jour ; les nuits sont courtes en cet été dans l'hémisphère Sud. Mais je gamberge. Les souvenirs de mon propre naufrage en 2009, au large du cap Horn, me

submergent. Alors, je ne tiens plus et reviens sur zone. L'inquiétude est trop grande.

D'autres bateaux ont été déroutés par la direction de course : *Maître CoQ* de Yannick Bestaven, *Arkea-Paprec* de Sébastien Simon et *Malizia* de Boris Herrmann. Eux aussi se mettent à patrouiller, toutes nos opérations étant coordonnées depuis Les Sables-d'Olonne.

Pour nous aider dans nos recherches, Jacques Caraës et son équipe dressent un périmètre en forme de triangle, grâce aux conseils de Christian Dumard, le Monsieur météo de l'épreuve, de Sébastien Josse, ancien concurrent du Vendée Globe ainsi que de Météo France qui fournit de précieux éléments sur les courants marins. Certes il y a du vent et une grosse mer mais aussi une relativement bonne visibilité grâce à la pleine lune qui règne.

Tout le monde estime que le radeau qui contient Kevin dérive vers l'est, poussé par le vent. En fait il suit une route nord-est ! Nous ne le cherchons pas forcément au bon endroit.

Je suis à la foire et au moulin. La direction de course me sollicite beaucoup au téléphone, mais je préfère être dehors à guetter. Je suis aussi taraudé par la peur de percuter l'épave de *PRB* ! Je recherche un marin mais je mesure aussi que son bateau, flottant sans doute entre deux eaux, constitue un risque certain de collision pour le mien.

Alors que je me trouve debout sur le pont en pleine nuit, j'aperçois subitement un flash furtif. Ce n'est pas un éclair mais un reflet de lumière dans une vague. Une apparition. Je continue vers la source lumineuse et plus je m'approche, plus elle est soutenue. Je passe de l'angoisse à l'espoir le plus fou.

Et là, droit devant, je distingue enfin le canot dérivant. Il est un peu plus de 2 heures du matin. Je positionne mon bateau au vent du radeau. Kevin, qui avait fermé la toile recouvrant l'embarcation gonflable pour se protéger, entend mes voiles claquer. Il ouvre la fermeture Éclair et voit mon bateau pile droit devant lui ! Aussitôt, il me demande si je vais revenir le chercher. Pas question. Je l'ai déjà perdu une fois ; pas deux.

Je dois du coup l'embarquer immédiatement. Je ralentis le bateau, moteur embrayé en marche arrière et je le fais déraper doucement sur lui à la surface de l'eau. Le radeau de survie passe à un mètre de l'arrière de mon voilier. Je m'empare d'une sorte de frite de piscine rouge attachée à un cordage que j'avais soigneusement préparé. Je la lance. Kevin l'attrape, s'attache autour de la taille. Comme je n'ai pas le temps de l'amener sur un winch, je fais des tours avec le bout sur un chandelier. Et nous tirons chacun de notre côté. Au fur et à mesure, Kevin se rapproche du bateau qui danse dans les vagues et dont l'arrière

se soulève au gré des creux, l'hélice menaçante sortant régulièrement de l'eau. Au bout de dix petites minutes d'efforts, il parvient à accrocher la barre de transmission entre les deux safrans, à l'arrière de mon bateau, tout en faisant attention aux pales coupantes des hydrogénérateurs. Je l'aide à monter à bord.

C'est gagné. C'est le bonheur.

Nous tombons dans les bras l'un de l'autre.

Je ne suis plus en course, je n'ai plus rien à faire de rien !

En janvier 2009, qui me sauve au cap Horn après mon naufrage ? Vincent Riou, skipper de *PRB*. Et qui nous accueille la première à terre après ce sauvetage ? Isabelle Autissier, ancienne skipper de *PRB*. À bord de quel bateau, je gagne pour la première fois la Transat Jacques-Vabre ? *PRB*. Qui sert d'entremetteur avec certaines sociétés pour me parrainer ? PRB.

Et cette année, parmi les trente-trois concurrents du Vendée Globe, qui sauve le nouveau skipper *PRB* ? Cela ne pouvait être personne d'autre que moi. Entre la société vendéenne, ses skippers, ses bateaux et moi, il y a un truc de dingue.

L'histoire continue. Elle est aussi magnifique qu'incroyable. Le scénario est totalement inédit.

Mon métier, c'est marchand de rêves...

Kevin est à bord. Je préviens la direction de course. Je suis alors pointé à la 7e place, à 452 milles du premier (837 km) mais cela n'a absolument plus aucune importance. Je reprends prudemment ma route vers l'est, les autres concurrents déroutés aussi.

Immédiatement, avec Kevin, nous ne cessons de discuter sur les causes du naufrage de son bateau. Lancé à 27 nœuds dans un surf entre deux déferlantes, il est venu s'encastrer dans la vague qui le devançait comme une voiture rentrant dans un mur à 50 km/h, se brisant littéralement en deux, à peu près au niveau du mât. La partie avant du bateau se dressait immédiatement à la verticale – à 90° vers le ciel – alors que, au niveau du pied de mât, la partie arrière s'enfonçait immédiatement dans l'océan.

En trois secondes, le bateau était envahi par l'eau. Kevin, qui se trouvait à l'extérieur dans le cockpit au moment du crash, parvenait in extremis à empoigner sa combinaison de survie à l'intérieur avant d'envoyer un message de détresse à son directeur technique à terre. Puis une vague déferlante venait balayer la partie arrière du bateau où il se trouvait, le précipitant dans l'océan avec le radeau de survie. Il percutait le mécanisme de gonflage automatique de celui-ci, avant de se hisser tant bien que mal à son bord. Une fois dans le radeau, il déclenchait deux balises de détresse : une du bateau qu'il avait pu saisir au moment du naufrage et la seconde qu'il possède toujours sur lui, dans la poche de son ciré.

Le *PRB* de Kevin était celui de Vincent Riou au Vendée Globe 2016 et celui à bord duquel nous avions gagné, avec ce même Vincent, la Transat Jacques-Vabre en 2013. À la place de ses dérives droites traditionnelles, il avait été doté de deux foils en vue du tour du monde 2020, ces immenses pales latérales fonctionnant comme des ailes d'avion pour sortir l'étrave du bateau hors de l'eau de manière à réduire la traînée et gagner en vitesse. Pour en arriver à ce résultat, il avait été profondément modifié et soigneusement renforcé.

Peut-être a-t-il été victime d'une subite inversion de poussée en percutant la vague devant lui, à savoir qu'un foil était orienté pour que la pression s'effectue vers le haut et, pour l'autre, vers le bas ? On ne saura réellement jamais, *PRB* étant définitivement perdu, mais l'incidence des foils est éventuellement en cause.

J'estime qu'il aurait mieux valu ne pas en équiper ce bateau. Lorsque l'on regarde le déroulement de la course après son naufrage, à bord de *PRB* dans son état d'origine, Kevin aurait pu monter sur le podium. Et peut-être même gagner !

Il est 3 heures du matin. Tout est bien qui finit bien. Kevin prend un peu de repos et moi aussi. Puis nous n'arrêterons pas d'appeler la terre. En ce 1er décembre, nous n'en finissons jamais de communiquer. Les appels à mon bord se succèdent sans relâche entre la direction de course – qui a effectué un travail formidable à terre dans le cadre des opérations de sauvetage –, les familles, les partenaires, les sollicitations médiatiques...

Mais Kevin est tombé dans une bonne maison. Nous mettons ses vêtements à sécher, puis je renvoie un ris dans la grand-voile pour relancer mon bateau.

La course reprend ses droits.

Maintenant, il faut que mon passager involontaire puisse débarquer. La terre la plus proche est l'Afrique du Sud : pas question, le détour vers le nord serait trop important ; sans parler du pénible retour en course ensuite. Droit devant nous, se trouve la Nouvelle-Zélande : pourquoi pas ? Mais il y a d'abord l'océan Indien à traverser ensemble, soit à peu près deux semaines de mer.

La solution nous est rapidement offerte par la Marine nationale française. Le *Nivôse*, frégate de surveillance maritime qui croise alors dans cette partie de l'océan Indien, se propose de prendre Kevin à son bord. Il y a tout de même cinq jours de mer à couvrir avant cette rencontre du bout du monde, mais il s'agit de la meilleure issue possible. Va pour le *Nivôse*.

Le 2 décembre, nous apprenons étonnés que le président Macron désire nous parler ! La mise en relation est gérée à terre par Anne, mon épouse, et Laurence Caraës, mon attachée de presse. À l'heure dite, nous nous installons derrière l'ordinateur du bord et, grâce à Skype, nous voyons le visage d'Emmanuel Macron s'afficher sur l'écran !

Même si avec Kevin nous dérogeons de force aux règles de distanciation sociale qui prévalent à terre, la conversation est tout aussi sympathique que conviviale. Pour nous, la situation n'est pas facile mais pour lui, en pleine crise du Covid, elle est pire. Mais, décontracté et souriant, il prend le temps d'échanger quelques minutes avec nous. Et j'apprends au passage qu'il est un grand fan de ma petite personne !

À bord, entre Kevin et moi, la routine s'installe vite. Comme il n'a pas le droit de m'aider en quoi que ce soit dans la marche du bateau, nous papotons beaucoup. Kevin est un technicien avant tout, ce que je suis aussi. Les sujets d'intérêts communs ne manquent pas. Nous apprenons à nous découvrir, nous qui ne nous connaissions pas vraiment avant la course. Dans ce bout du monde, dans cet océan austral sauvage, froid et vide, nous croisons même un imposant chalutier en piteux état qui nous fait mal au cœur en pensant aux marins qui triment à son bord.

Kevin ayant un caractère enjoué, nous nous amusons comme des gamins et cela donne le canular du poisson volant !

Alors qu'il se trouve à bord, je vais à l'arrière réparer un problème lié à mes safrans. Dans la manœuvre, je me blesse à la joue. Je reviens dans le carré et Kevin, me voyant en train de saigner, a tout de suite l'idée de l'attaque du poisson volant. Et nous voilà en train de tourner une vidéo qui fera le buzz et au cours de laquelle il m'interviewe.

Très sérieusement, j'explique avoir été contraint de barrer pendant dix heures, à cause d'illusoires problèmes de pilote automatique. Et c'est à cette occasion que j'ai été agressé sauvagement au visage par un poisson volant qui a sauté sur le pont. Il est bien connu que ceux des mers du Sud sont particulièrement agressifs ! Une énorme blague.

Nous serons surpris que tant de gens mordent à l'hameçon du poisson. J'évite soigneusement le sujet durant le reste de la course pour entretenir le flou et, à mon arrivée, il y aura toujours pas mal de monde persuadé de la véracité de cette attaque totalement fantaisiste.

Après cinq jours ensemble, nous rejoignons la zone de rencontre avec le *Nivôse*. Nous échangeons par radio avec son équipage pour détailler la manœuvre à venir. Le jour vient de se lever. Je mets le bateau à la cape. Non loin se dresse l'impressionnante masse de la frégate dont un puissant canot semi-rigide, opéré par trois marins, est mis à l'eau. Plein gaz, il se dirige vers nous, se positionnant dans le sillage de *Yes We Cam !* Tout va très vite. Kevin a à peine le temps de m'embrasser – en m'appelant « ma caille » ! – que, revêtu de sa combinaison de survie, il se jette à l'eau. Par 20 nœuds de vent et une bonne houle de trois mètres, il est aussitôt pris en charge par les marins. C'est rapide, pro et efficace.

En contrepartie, ils me donnent un peu de nourriture pour contrebalancer les rations que Kevin a mangées durant son passage à mon bord. Et il mange beaucoup ; beaucoup plus que moi. C'est sa nature depuis sa petite enfance, ce que me confirmeront ses parents plus tard. Il y a du pâté, du beurre, du fromage, du saucisson, du pain... Ainsi que des capsules de café – à un détail près : je n'ai évidemment pas de machine à expresso à bord de *Yes We Cam !* Et puis des cartes postales, des petits mots d'encouragement très sympas et un tee-shirt à l'effigie du *Nivôse*.

Je me suis arrêté deux heures pour ce débarquement. Au final, le jury international de la course me gratifiera de 16 h 15 min de bonification pour le temps passé dans le sauvetage de Kevin puis son transbordement. À mon arrivée, cela sera décompté de mon temps de course final, et, à l'analyse, ce décompte strict se révèle parfaitement établi.

Pour l'heure, c'est un détail car l'ascenseur émotionnel fonctionne à plein régime. Quelques jours auparavant, j'étais en course, seul. Je récupère Kevin. Nous passons presque une semaine à deux et je me retrouve brutalement de nouveau seul. Je suis submergé par un fort sentiment de tristesse. Au beau milieu de nulle part, je viens de vivre une franche cassure de rythme.

Et ce fichu ascenseur n'a pas fini de monter ou descendre...

16

Le bout du bout, du bout du bout...

« À tous ceux qui sont seuls,
moi aussi je suis seul ;
nous sommes ensemble ! »

Le lendemain du transbordement de Kevin sur le *Nivôse*, alors que je navigue au nord des îles Kerguelen, je perçois des bruits anormaux à l'avant. J'ouvre la trappe qui donne sur la soute et le bruit que je perçois me glace le sang : la mousse du matériau composite, dont est fabriquée la coque, grince ! Effaré, je constate que le fond du bateau bouge sous la pression de la mer. Il peut céder à tout instant, créant une voie d'eau irréparable. *Yes We Cam !* peut se briser sans prévenir. En un rien de temps je peux me retrouver à mon tour dans un radeau de survie à attendre les secours… Je soulage le voilier pour ralentir et, dès que les conditions météo le permettent, je me lance dans une réparation de fortune.

De fortune, car la zone touchée, au fond sur le flanc tribord, est importante. Je commence par découper le ballast tribord pour récupérer des plaques de carbone. Il faut que je dessine un gabarit pour relever précisément la forme du fond de coque de manière à bien couper des pièces. J'utilise les menus plastifiés où sont écrits mes repas par semaine. Je colle mon support sur le fond de coque avec du ruban adhésif et je trace la courbure de la coque pour réaliser l'indispensable gabarit. Grâce à cette forme, je découpe à la meuleuse des cloisons dans les plaques de carbone du ballast pour solidifier le fond de coque endommagé. Je les ajuste puis je les colle avec de la résine et du Sikaflex dans les angles. Ensuite, avec un petit foret, je perce environ cent cinquante trous dans la peau supérieure du panneau endommagé puis, à la seringue, j'injecte de la résine dans chaque orifice jusqu'au moment où elle dégueule. Je racle consciencieusement ce qui en ressort pour qu'elle pénètre le plus possible. Une fois qu'elle est sèche, j'applique de nouveau du Sikaflex et des cales de bois pour maintenir l'ensemble. Et le lendemain, quand tout a durci, je remets encore du Sika pour stabiliser la réparation.

Par précaution, je sacrifie le deuxième ballast puis j'applique une réparation identique sur l'autre bord qui n'est pas touché mais au cas où il viendrait à céder à son tour. Je modifie aussi l'assiette du bateau, en appliquant du poids sur l'avant, pour que la coque tape le moins possible dans la mer. Plus tard j'irai même jusqu'à l'arrêter complètement pour éviter qu'il cogne face à une mer mauvaise.

Au bout de deux jours, je suis certain que la résine a pris. La réparation me semble à peu près satisfaisante, mais je vis dorénavant en permanence avec le sentiment que tout peut lâcher en un clin d'œil. Je passerai le reste de la course avec cette sourde et lancinante peur ancrée au fond de ma tête.

Dans un premier temps, j'envisage de mettre le cap sur l'Australie ou la Nouvelle-Zélande pour abandonner. Je ne vois pas comment cela pourrait tenir encore un mois et demi à deux mois.

À terre, pour ne pas alerter et inquiéter inutilement, je ne préviens que deux personnes : Anne et Jacques Caraës, à la direction de course.

Au fil des jours, je vais très régulièrement vérifier mon travail et je constate que rien ne bouge. Tant mieux. Je vis aussi de jolies parenthèses comme ce long échange par radio à courte portée avec Damien Seguin dont le bateau, *Groupe Apicil*, croise à moins de trois milles (5,5 km) du mien. Damien connaît aussi son lot de misères techniques, mais nous sommes ravis tous les deux d'occuper des classements aussi flatteurs que les sixième et septième places. Et pas loin des bateaux à foils qui peinent dans les mers australes. D'ailleurs, au sud de l'Australie, nous nous retrouvons à quatre bateaux à vue !

Après des jours infinis de rudes conditions atmosphériques, la météo s'améliorant et la course me souriant – je suis quatrième au classement –, je reprends confiance et finalement, à l'entame de l'océan Pacifique, je décide de continuer.

Mais parvenu dans une mer croisée, de face, désagréable, alors que le vent n'est pas vraiment soutenu, la réparation cède à peu près au milieu du plus grand océan du monde. Je constate pétrifié que le fond de coque bouge de nouveau. Les cloisons que j'ai posées pour rigidifier sont remontées et ne solidifient plus rien.

Il est impératif que je consolide de nouveau, au moins pour rallier la terre la plus proche, c'est-à-dire le cap Horn désormais, mais qui se trouve encore loin, très loin. Sachant que je croise aussi dans une zone particulièrement inhospitalière. Cette fois, je découpe les lattes de grand-voile de rechange pour confectionner des barreaux en haut et en bas. Je passe une dizaine d'heures à façonner cet encastrement boulonné et collé qui appuie sur la partie endommagée. J'imagine le pire et je navigue avec les portes des compartiments étanches soigneusement closes pour que, si une voie d'eau survient, elle soit un minimum contenue. Mais je n'ose même plus aller à l'avant. Je n'arrive pas à ouvrir l'écoutille pour aller vérifier. La boule au ventre est permanente.

Cette fois, je préviens aussi mon équipe technique et mes partenaires. Il est plus que probable que je n'aille pas plus loin que le cap Horn. Mon cinquième Vendée Globe va s'arrêter là-bas, en Terre de Feu, comme douze ans auparavant.

Il faut que cela tienne, coûte que coûte, car je n'ai plus aucun matériel pour réparer une troisième fois à bord. En passant l'antiméridien, le 22 décembre, c'est une nouvelle – petite – étape de franchie. Désormais, je ne m'éloigne plus de l'arrivée mais je m'en rapproche. Deux jours plus tard, Noël est là et les conditions sont clémentes. J'ai droit à quelques gâteries : foie gras, ris de veau aux morilles, marrons, chair de crabe mayonnaise et Château Teynac, l'ensemble des peluches m'accompagnant dans mes agapes. Ce n'est pas la même fête que lors des tours du monde précédents, avec cette obsession de l'avarie qui me taraude, mais j'ai envie de partager. J'envoie un petit message vidéo : « À tous ceux qui sont seuls, moi aussi je suis seul ; nous sommes ensemble. » Et je place ce Noël sous le signe de Coluche qui, lui aussi, voulait partager. La main tendue vers l'autre. C'est important. J'étais fan de Coluche de son vivant, je le demeure quoi qu'il arrive.

Sur l'océan, pourtant, la course continue. Je navigue littéralement bord à bord avec Boris Herrmann et non loin derrière se trouvent Benjamin Dutreux ainsi qu'Isabelle Joschke. Mon cinquième Vendée Globe est hallucinant avec cette progression en groupe. Totalement inédit. Certes, il faut faire attention pour éviter toute collision mais, en termes de sécurité, vu ma situation, c'est rassurant. Si mon bateau se brise, les autres concurrents ne seraient pas loin pour venir me récupérer.

Le passage du cap Horn, la bascule de l'océan Pacifique dans l'océan Atlantique et que j'envisage début janvier, constituera la fin des mers du Sud et des conditions exécrables ; lors de cette édition, ce passage dans l'océan austral aura été particulièrement désagréable. J'ai coché avec application toutes les cases des emmerdements maximums.

Lorsque, le 4 janvier, j'arrive au Horn, une bonne tempête nous y attend avec plus de 50 nœuds de vent en son centre. Je passe à 100 milles (185 km) loin dans le sud de la pointe méridionale de l'Amérique latine pour éviter le plus gros. J'ai beau être fatigué, rincé, usé, mon septième cap Horn représente une vraie délivrance.

Avec cette route si loin de terre, pas question du coup de s'arrêter en Patagonie. L'escale suivante pourrait être aux îles Malouines mais lorsque je croise peu après par le travers de l'archipel, la météo est très bonne. En vingt-quatre heures, je suis passé de vents établis à 40 nœuds à une jolie brise ; d'une tempête avec une mer effroyable à un soleil resplendissant et une mer bien rangée. La réparation semblant tenir, je reprends une fois encore confiance. Faut-il se faire mal pour apprécier le bien ? Lors d'une vidéo, je ne peux m'empêcher de fredonner Johnny : « Qu'on me donne le mal pour que j'aime le bien ; qu'on me donne la nuit pour que j'aime le jour ; qu'on me donne la haine pour que j'aime l'amour. » Ce sera mon état d'esprit, tout ce Vendée Globe durant.

En tête de la course, Yannick Bestaven s'est échappé. Dans le Pacifique, il est revenu par-derrière rapidement puis a pris la poudre d'escampette. Au passage du Horn, j'occupe la septième place et le *Maître CoQ* de Yannick possède 750 milles d'avance (1 390 km) sur mon *Yes We Cam !* Mais toute la flotte remonte peu à peu sur lui, dont moi.

Puis, regrettablement, Isabelle Joschke se trouve en proie à des soucis de quille. Elle doit abandonner et son malheur me touche profondément : elle a effectué une course splendide.

Si Isabelle doit mener son bateau qui menace de perdre sa quille à petite vitesse vers le Brésil, mon calvaire personnel n'est pas terminé. Je constate, en ce début de remontée de l'Atlantique que la chute de mon J2, la voile d'avant polyvalente par excellence et avec laquelle nous naviguons tous le plus fréquemment, s'est déchirée en plusieurs endroits. Il est impossible de s'en passer et si je n'interviens pas, le mal va empirer. Il faut impérativement que je la descende sur le pont pour la réparer. La seule solution consiste à monter en tête de mât pour défaire la fixation qui la tient. Ce n'est pas un exercice que j'apprécie vraiment en pleine mer… Mais quand il faut, il faut !

Pour que cela soit moins difficile, j'attends une bonne météo avec le moins de vent et de mer possible. Autant ne pas se faire trop secouer ! Je m'équipe du baudrier spécifique pour monter et je commence l'ascension. Une fois en haut, je libère le J2 que je parviens à affaler puis à poser sur le pont. Et j'en profite pour faire une petite vidéo du « Le Cam enlacé à son arbre comme un caméléon accroché à sa branche ». Mais le plus long reste à venir. Je traîne la voile dans le cockpit à l'arrière pour établir mon petit atelier voilerie et mener la réparation, avec ma dernière cartouche de

Sikaflex de manière à coller les tissus. Pendant ce temps, au détriment de la vitesse, je navigue sous J3 pendant deux jours, soit une voile plus petite. Une fois la voile réparée, il faut grimper de nouveau au mât pour la fixer. Et comme un imbécile, alors que je suis en haut, je m'aperçois que j'ai laissé attaché le cordage en bas sur un winch. Impossible de réinstaller le J2 correctement. Il faut donc que je redescende pour le libérer, puis que je monte de nouveau avant de parvenir à remettre tout en place !

Cette réparation est à peine terminée que je dois consolider les supports avant du moteur le reliant aux fonds du bateau. Cela ne cessera donc jamais…

Mais les conditions de navigation sont vraiment plaisantes et je prends de nouveau du plaisir à la compétition. Il faut être attentif, régler au mieux les voiles, faire les bons choix de route. Je navigue dans la position du chasseur pas loin des premiers qui avancent en éclaireur. Je n'ai rien à perdre mais bien tout à gagner. Et, franchement, c'est mieux que lorsque tu as tout à perdre !

Avec tout ce qui m'est arrivé, plus rien ne peut me toucher. Au passage de l'équateur, la mer devient de nouveau très désagréable. Il faut que j'adopte un bon compromis par rapport à l'angle avec lequel le bateau l'attaque pour ne pas trop solliciter la coque. Car le Pot au Noir nous réserve ses belles surprises habituelles avec ses vents tourbillonnants et de forces erratiques, accompagnés de ses violents grains de pluie. Il faut manœuvrer sans cesse, impossible de se reposer. Nous sommes neuf en tête, regroupés dans un mouchoir de 200 milles (370 km). Pour bien figurer, il est indispensable de se sortir de cette zone de confluence des systèmes météo au plus vite. Évidemment, à terre, les commentaires vont bon train sur cette fin de course. C'est parler pour ne rien dire alors que l'on me demande sans cesse de prévoir ce que je ne peux pas prévoir ! Pour ma part, la route que je choisis est avant tout dictée par le meilleur compromis entre les conditions de navigation et la solidité amoindrie de mon bateau. Ce que je ne peux évidemment pas expliquer à terre.

Une fois l'archipel des Açores passé, je déroule vers l'arrivée. Un mille après l'autre constitue une petite victoire et je compte rallier la Vendée pédale douce.

Pourtant, au matin du dernier jour, Anne m'appelle au téléphone et m'informe que, si j'arrive le 28 janvier vers 20 heures, je suis en passe de terminer quatrième devant Boris Herrmann et Thomas Ruyant. Je n'en reviens pas. Mon challenge personnel était alors de me classer devant Damien Seguin et Benjamin Dutreux pour terminer premier des engagés à bord d'un bateau à dérives traditionnelles face aux récents voiliers à foils. Une chance existe, autant jouer le jeu !

Je décide de naviguer à fond dans cette dernière ligne droite, quitte à multiplier les manœuvres épuisantes. Si le bateau lâche, je n'aurai aucun regret et comme je ne suis pas loin des côtes, je pourrai être récupéré rapidement. Le 28 janvier, à 20 h 19, je coupe la ligne d'arrivée ; une délivrance comme je n'en ai jamais vécu dans ma carrière avec cette avarie omniprésente dans ma tête depuis le 7 décembre ! Honnêtement, je ne sais pas comment j'ai pu y parvenir. Je n'ai évidemment jamais vécu un Vendée Globe aussi éprouvant que celui-ci avec un bateau menaçant de se rompre depuis sept semaines. Je rallie Les Sables à la huitième place mais, grâce aux 16 h 15 qui sont décomptées de mon tour du monde, j'arrache la quatrième place du classement général. C'est totalement improbable.

Quatrième. La place du con... Des places du con, j'en ai décroché un paquet dans ma carrière. Cette fois, je soulage l'éventuel con qui aurait pu être à ma place. Comme quoi ma générosité est sans limite !

En 2005, je suis deuxième. En 2013, je double Golding in extremis pour terminer cinquième. En 2017, je suis sixième mais à trois heures du quatrième. En 2021, c'est l'apothéose avec cette quatrième place. Les arrivées me réussissent bien : je suis un finisseur.

Malgré tous mes efforts dans cette dernière ligne droite insensée pour arriver aux Sables et entrer immédiatement dans le port avec la marée haute, j'arrive trop tard. Et je suis contraint d'attendre la marée suivante. On me propose de débarquer à bord d'un semi-rigide mais il est hors de question que je rentre sans mon bateau ! Cela n'a pas de sens. Je viens de former un couple indissociable avec lui. Je préfère attendre sept heures avec l'équipe technique à bord.

Il est deux heures et demie du matin. Cette fois, il y a assez d'eau dans le chenal pour que la quille d'*Hubert* puisse y pénétrer. J'entends le brouhaha qui monte. Les gens bravent la nuit et le couvre-feu pour nous accueillir, *Yes We Cam !* et moi. Des torches sont allumées sur les digues. Je sens monter l'intensité de leur chaleur ; je m'y abreuve.

La remontée du chenal est magnifique avec les enceintes installées à bord d'un bateau de servitude et qui lâche les décibels. En boucle, on entend Johnny chanter « L'Envie » ; Zaz qui entonne « Je veux », deux artistes que j'adore.

« Que l'on me donne la nuit pour que j'aime le jour », hurle Johnny. Ou encore : « Je veux de l'amour, d'la joie, de la bonne humeur. C'est pas votre argent qui f'ra mon bonheur », susurre Zaz. Tout mon Vendée Globe est là. En musique, je suis très rock'n'roll mais lorsqu'il y a du fond comme avec ces chansons-là, c'est idéal.

Emporté par l'émotion et la joie, je me lâche en dansant sur le pont. C'est pour des moments tels que ceux-ci que l'on accepte autant de privations, de contraintes, de difficultés.

En descendant à terre, je titube sacrément. Le mal de terre. Et tout s'enchaîne, retrouvailles avec la famille, les amis, séance photo, dîner et cette couronne dorée que m'offre un employé du Crédit Agricole pour jouer au Roi Jean.

Mais j'ai encore beaucoup à dire. Je le réserve pour la conférence de presse, organisée au beau milieu de la nuit. Il y aura moins de shows et plus de fond. Pour la première fois, je vais avouer publiquement les avaries d'*Hubert* ; pour la première fois, je vais révéler les angoisses qui me tenaillent depuis presque deux mois.

La chanson de Zaz tourne encore en boucle. Je pose la couronne sur le bureau.

Je viens de vivre l'insoutenable, l'incroyable.

Je mesure tout simplement la chance inouïe que j'ai eue de retrouver la terre.

Je reviens du bout du bout, du bout du bout…

Épilogue

« Trop dire fait rire, bien faire fait taire »

À peine débarqué, je suis surpris par l'engouement médiatique et l'écho de mon nouveau tour du monde en solitaire. À terre, Anne et Laurence, mon attachée de presse, avaient dû trier parmi toutes les sollicitations. D'ailleurs, avant même que je quitte Les Sables-d'Olonne pour rentrer à Port-la-Forêt, j'enchaîne les rencontres avec les médias qui suivent traditionnellement les courses au large comme avec ceux qui n'en parlent pas ou peu : *Paris Match*, *Gala*... Puis nous multiplions les allers-retours à Paris pour participer au *20 Heures* de France 2, aux émissions de France Inter ou RTL, à *Télématin*, *Quotidien*, *Stade 2*, etc. Parfois en compagnie de Kevin Escoffier. Parfois aussi sans rien comprendre, comme lors de cette émission où l'on me demande de commenter le mercato dans le football, un sport où je ne connais absolument rien. Je côtoie des stars comme Julien Clerc ou Nagui ; des journalistes que je n'ai pas l'habitude de rencontrer.

Je suis happé par ce tourbillon sans être capable de reprendre un rythme de vie normal. Mais je le vis comme un enchaînement de moments d'autant plus privilégiés que les rencontres et émissions choisies, toutes de grande audience, se font dans la bienveillance. Il y a encore de beaux rendez-vous organisés en Bretagne avec des journalistes du *Point*, du *Monde*, du *Figaro*, ou encore du *Soir* venu spécialement de Belgique... et qui ont encore une autre vision, d'autres horizons.

Les sollicitations sont incessantes : ici pour être le parrain d'un bateau, là-bas donner le départ d'une course de paddle, en Corse pour recevoir la médaille de la ville d'Ajaccio, à Paris pour rencontrer la ministre de la Mer, à Genève pour patronner une régate... On me distingue aussi officier dans l'ordre du Mérite maritime puis chevalier dans l'ordre de la Légion d'honneur !

Plus important que les médailles, et comme convenu avant le départ, je rends aussi visite à mes plus fidèles soutiens : l'école de Pouzauges qui veille sur Ushu la peluche entre deux éditions du Vendée Globe ou l'Ehpad d'Aizenay dont je n'avais pu rencontrer les résidents – Covid oblige – avant le départ de novembre 2020. Grand écart entre les générations mais chaleur identique.

Régulièrement, on me demande d'où vient cette popularité qui touche tous les âges ? Je n'arrive pas à le savoir. Peut-être à ma liberté de parole que je traduis de mots simples et directs.

Je ne suis ni le plus beau, ni le plus jeune, ni le plus séduisant. Je ne joue pas un personnage différent de ce que je suis. Je m'adresse à tout le monde de la même façon et je ne parle jamais pour ne rien dire.

Nous n'avons pas quantifié les retombées, mais l'histoire de mon Vendée Globe 2020 est insensée.

Je coupe la ligne de départ en premier : personne n'en parle. Je suis en tête le lendemain puis j'enchaîne avec un beau début de course : je n'existe pas. Puis il y a l'abandon d'*Hugo Boss*, le sauvetage et le débarquement de Kevin, le bateau qui part en lambeau et son état qui me mine sans cesse. Alors que mon objectif initial était de me classer parmi les dix premiers, je termine quatrième quelques jours seulement après avoir déclaré que quatrième, justement, c'était « la place du con » !

Je déjoue aussi tous les pronostics. Avant le départ, il y avait trois grands favoris : *Hugo Boss*, *Charal* et *Apivia*. Médiatiquement, le reste de la flotte n'existait pas.

Finalement à l'arrivée, seul *Apivia* se classe devant mon *Hubert*. Et quatre bateaux classiques arrivent dans le top ten dont ceux de

Damien Seguin et Benjamin Dutreux qui ont fait des courses admirables avec des budgets modestes. En quatre ans, on n'a pas effectué beaucoup de progrès ! Ces voiliers à foils nécessitent beaucoup d'énergies, beaucoup de casse-tête, beaucoup d'argent pour pas grand-chose. Dessiner un bateau à voile n'est toujours pas une science exacte.

Rappelons-nous qu'*Hugo Boss* appareillait pour un tour en 69 jours... mais que le plus rapide en cette édition a mis 80 jours – six de plus qu'en 2016 ! – et nous sommes huit à être classés en 80 jours, justement. L'expliquer par une météo qui aurait été atypique n'est pas suffisant. Elle n'a pas été plus favorable aux premiers qu'aux derniers.

Je dispute deux Vendée Globe de suite à bord du même bateau et je mets neuf heures de plus entre 2016 et 2020 avec le valeureux *Hubert*, très endommagé pendant les deux tiers de la course. Le seul constat que l'on puisse dresser, c'est que les bateaux les plus récents au départ, dotés de foils, ont été beaucoup plus lents que prévus. Que les prédictions de vitesses théoriques calculées ne sont pas bonnes. Et que celui qui gagne, *Maître CoQ*, est de génération 2016. Il effectue son tour du monde dans le même temps que le mien en 2016, à une heure près !

Au fil des ans, les voiliers ont été complexifiés à l'extrême à l'échelle d'un tour du monde pour un marin seul qui, aujourd'hui, se trouve bien en peine de le gérer dans la durée et en course. Et tout cela à grands coups de millions d'euros...

Est-ce bien cela le progrès ?

L'achat et l'amortissement d'un bateau nécessitent une grosse prise de risques ; l'investissement est lié à la longévité de la compétitivité de ce même bateau. Sans oublier le poids des assurances qui peuvent dépasser le demi-million d'euros annuel.

J'ai toujours milité pour que diminue l'impact du pouvoir financier sur le résultat sportif. Il faut se battre pour l'accessibilité à la compétition des jeunes et des PME qui les soutiennent. Remettre l'humain au cœur des projets et ne jamais l'oublier.

J'ai reçu de nombreux témoignages de brillants marins désireux de disputer le Vendée Globe mais ne pouvant y parvenir, tellement cette course et cette série de bateaux IMOCA sont devenues inaccessibles. Avec des voiliers moins chers et plus simples techniquement que les derniers lancés, si, sur le papier, tu n'existes pas dans la chasse à la victoire, tu es en mesure de créer ta compétition dans la compétition, à l'image de ce que nous avons fait avec Damien Seguin et Benjamin Dutreux.

Même si je n'ai pas gagné un sou au terme de mon cinquième Vendée Globe, je suis heureux d'avoir donné l'exemple que l'on peut réussir une belle course avec des moyens limités. Et je veux amplifier cette démarche. Je repartirai sur ce tour du monde en solitaire, mais je serai tout aussi satisfait d'accompagner et mettre le pied à l'étrier aux jeunes talentueux qui le souhaitent. Plus que de transmission, je préfère qualifier cette approche « d'échanges » ; j'apprends à chaque fois que je navigue avec quelqu'un, coureur chevronné comme débutant.

En 2024, j'aurai 65 ans. Ce n'est pas le moment de mollir. L'espoir de monter de beaux projets plus confortables que par le passé fait avancer. Et des projets, je n'en manque pas.

En 2024, au départ du 10e Vendée Globe, je ne serai peut-être pas le plus performant ; je ne viserai pas le podium à tout prix. Ce n'est plus mon histoire, même si on n'est jamais à l'abri d'une bonne surprise…

En 2024, j'aurai toujours la même devise : « Trop dire fait rire, bien faire fait taire ».

YES
WE
CAM !

Annexes

Glossaire

Abattre : modifier la route d'un bateau en s'écartant de l'axe du vent. Inverse de « lofer ».

Accastillage : ensemble des pièces équipant un pont de bateau (winches, poulies, manilles...).

Adonner : rotation progressive du vent qui, en passant peu à peu vers l'arrière du bateau, devient de plus en plus propice à la navigation. Inverse de « refuser ».

Allure : ensemble des routes ou caps suivis par un bateau selon la direction du vent. Cela va du près (maximum auquel un bateau peut se rapprocher de l'axe du vent) au vent arrière.

Anémomètre : appareil servant à mesurer la vitesse du vent.

Arriser : action de prendre des ris, soit de réduire la surface de la grand-voile.

Bâbord : côté gauche d'un bateau en regardant vers l'avant. Inverse de « tribord ».

Balcon : rambarde avant et arrière d'un bateau.

Ballasts : importants réservoirs d'eau de mer installés dans le bateau participant à sa stabilité.

Barres de flèche : petits éléments fixés de part et d'autre d'un mât de manière à en écarter les haubans pour augmenter l'angle de traction et la solidité de la tenue du mât.

Bastaque : câble ou cordage mobile tenant le mât sur l'arrière du bateau.

Bôme : espar horizontal, relié au mât et sur lequel est fixée la partie basse de la voile.

Bout : cordage sur un bateau (se prononce « boute »).

Bras : cordage servant au réglage du spi et passant par le tangon.

Bras de liaison : poutre reliant les coques entre elles sur un multicoque.

Brêlage : ensemble de cordages liés les uns aux autres pour plus de résistance.

Cabaner : renverser une embarcation, la mettre quille en l'air.

Cadène : pièce métallique solidaire du pont et sur laquelle sont attachés les câbles tenant le mât (haubans, bas haubans, étai, bas étai...).

Cagnard : sur les bateaux de course, il s'agit d'une toile installée sur les flancs et portant le numéro du voilier, son nom et souvent les parrains de l'épreuve.

Cape : « mettre à la cape » signifie arrêter un bateau en pleine mer en le laissant dériver.

Carénage, caréner : nettoyage de la carène.

Carène : partie immergée de la coque.

Carré : zone centrale et intérieure d'un bateau où vit l'équipage.

Chandelier : tubes placés verticalement tout autour d'un bateau et qui maintiennent les filières, ces petits câbles horizontaux assurant la sécurité de l'équipage.

Chute d'une voile : partie arrière d'une voile.

Cockpit : creux ménagé dans le pont et, le plus souvent, à l'arrière du bateau où se tient l'équipage pour manœuvrer ou barrer, et qui permet aussi d'accéder au carré. Il est souvent partiellement, voire totalement, non-abrité.

Crash box : partie avant de la coque d'un bateau de course censée protéger l'intégrité de la structure du voilier lors d'une collision.

CROSS : Centre régional opérationnel de surveillance et de sauvetage qui coordonne les activités de surveillance et de sécurité maritime depuis le territoire français.

Départ en vrac : expression de jargon signifiant que le bateau, devenu soudainement incontrôlable à cause de la conjugaison de différents éléments (vitesse, configuration de voiles, orientation du vent, état de la mer, etc.), se couche sur l'eau, soit en partant au lof, à savoir en se rapprochant de l'axe du vent, soit en partant à l'abattée, en s'écartant du lit de ce même vent.

Dérive : longue pièce (en bois, métal, composite, etc.) immergée, sous le bateau, pour combattre la dérive qui est la déviation de la route suivie, variation due au vent ou au courant.

Détroit de Lemaire : chenal qui sépare l'est de la Terre de Feu, sur sa rive argentine, avec l'île des États.

Drisse : cordage ou câble servant à hisser une voile.

Drosse : câble reliant la barre au safran.

DST : « dispositif de séparation du trafic », zone à fort trafic maritime où celui-ci est séparé en deux couloirs de navigation de manière à éviter les abordages.

Écoute : cordage servant au réglage des voiles.

Élingue : gros câble.

Empannage : changement de bord vent arrière, manœuvre souvent plus délicate et violente qu'un virement de bord.

Empanner : action de virer de bord vent arrière (empannage).
Empétolé : être arrêté dans la « pétole », soit le manque total de vent.
Enfourner : action de l'étrave du bateau qui plonge profondément dans la mer. Sur certains bateaux, cela peut entraîner un chavirage par l'avant.
Erre : inertie ; vitesse acquise d'un navire sur lequel n'agit plus le propulseur.
Espar : pièce de la mâture, mât, tangon, bôme, bout-dehors, outrigger, barre de flèche...
Étai : câble tenant le mât sur l'avant d'un bateau.
Évent : sortie d'air de réservoir, de ballast par exemple, placée sur le pont.

Flotteur : coque latérale sur les trimarans.
Fluorescéine : substance chimique qui, au contact des ultraviolets, émet une grande tache fluorescente à la surface de l'eau, repérable de loin lors d'opérations de recherches aériennes.
Foc : petite voile d'avant. Lorsqu'il s'agit d'un foc ORC, appelé communément ORC, sa taille est plus réduite encore.
Foil : appendices permettant au bateau, une fois lancé à pleine vitesse, de se hisser tout ou partie hors de l'eau. Un voilier ainsi équipé se nomme « foiler ».
Formule 40 : classe de multicoques prototypes, longs d'environ 12 m répondant à un règlement technique. Série active du milieu à la fin des années 1980.

Gennaker : très grande voile d'avant.
Génois : grande voile d'avant.
Gonio : contractions de « goniomètre » et « radiogoniométrie ». Système de positionnement des bateaux grâce à une onde électromagnétique, effectué avec un appareil appelé « goniomètre ».

Growler : petit morceau de glace dérivant à la surface de la mer, détaché d'un iceberg par la fonte de celui-ci.

Half-tonner : monocoque d'environ 9 à 10 m répondant à une jauge (règlement technique) très précise, permettant à ces bateaux prototypes de courir en temps réel les uns contre les autres.

Handicap : voir « Rating ».

Haubans : câbles tenant le mât latéralement.

Hook : (« crochet » en anglais) dispositif mécanique qui permet de hisser une voile puis de la bloquer en haut du mât depuis le pont.

Hydrogénérateur : appareil produisant de l'électricité au moyen d'une hélice plongée dans l'eau et grâce à la vitesse du bateau.

Lattes : joncs, en fibre de carbone sur les prototypes actuels, qui raidissent certaines voiles, en particulier la grand-voile.

Livet : ligne de jonction de la coque et du pont d'un navire.

Lofer : modifier la route d'un bateau en l'approchant de l'axe du vent. Inverse d'« abattre ».

Matosser : mot de jargon, signifiant l'action de déplacer le matériel embarqué (le « matos ») à l'intérieur d'un bateau pour mieux équilibrer son assiette.

Mèche de safran : axe qui relie la pale du gouvernail (le safran) à la barre.

Mille nautique : mesure de distance marine. Un mille correspond à 1 852 mètres.

Mouillage : ensemble ancre, chaîne et cordage indispensables à mouiller, soit jeter l'ancre. D'où l'expression « être au mouillage », soit à l'ancre ou encore, par contraction, endroit où l'on mouille.

MRCC : *Maritime Rescue Coordination Centre*, centre de coordination de sauvetage en mer.

Nœud : mesure de vitesse d'un bateau. Un nœud est équivalent à un mille à l'heure soit 1 852 m/h.

OFNI : mot de jargon, dérivé d'OVNI, soit objet flottant non identifié.

Outrigger : long tube en carbone, placé sur le côté du voilier, indispensable à la tenue du mât sur certains monocoques du Vendée Globe. Une sorte de barre de flèche se situant au niveau du pont.

Passe-coque : petit passage rond pratiqué dans la coque afin d'immerger certains éléments comme le capteur de vitesse du bateau ou celui de profondeur.

Pétole : absence totale de vent.

Phoscar : boîte de carbure de calcium qui, au contact de l'eau, produit une épaisse fumée visible de très loin et fréquemment installée sur des bouées de sauvetage.

Plateau continental : prolongement d'un continent sous la mer. À sa limite, les fonds descendent brutalement, cette différence de profondeur exacerbant le mauvais état de la mer dans le mauvais temps.

Point d'amure : endroit où est « amurée » (fixée) la voile sur sa partie basse et avant, la reliant ainsi soit à la bôme, soit au mât pour une grand-voile, soit au bateau ou au tangon pour les voiles d'avant.

Point d'écoute : endroit où est attachée la voile sur sa partie basse et arrière et grâce auquel on la règle par le biais de l'écoute.

Portant : vent arrivant sur l'arrière d'un bateau et le poussant.

Pot au Noir : surnom donné à la zone de convergence intertropicale, région météorologiquement perturbée oscillant autour de l'équateur, où alternent grains violents et longs calmes plats.

Près : allure où le bateau navigue au plus près du lit du vent.

« Quéquette volante » : amical surnom donné à un petit avion de tourisme qui, longtemps durant la Solitaire du Figaro, venait survoler la flotte pour réaliser des interviews par radio à courte portée avant l'irruption des moyens de communication actuels.

Raban : sur un bateau, sangle qui sert à amarrer des objets.

Rail de grand-voile : pièce mécanique située sur le bateau à l'arrière de la grand-voile sur laquelle circule un chariot et où revient l'écoute de grand-voile.

Rating : handicap donné à un bateau selon ses caractéristiques qui permet ensuite de calculer, en fonction de son temps de course, son classement en temps compensé, à partir duquel est dressé le classement général. Cela permet à des voiliers différents de régater ensemble avec, en théorie, des chances de victoire pour tous.

Reaching : allure (entre le près et le vent de travers) très rapide où le bateau progresse au près débridé, appelée aussi « près bon plein ».

Refuser : rotation progressive du vent qui, en passant peu à peu vers l'avant du bateau, devient de moins en moins propice à la navigation. Inverse d'« adonner ».

Régulateur d'allure : système mécanique en prise sur le safran et qui permet, grâce à une girouette, de suivre une route précise par rapport à la direction du vent.

Remorque : cordage servant à remorquer un bateau.

Ris : petits cordages placés le long de la « bande de ris », soit une ligne de renfort positionnée horizontalement sur la voile, dotée aussi d'œillets, et qui permet de réduire la toile. D'où l'expression « prendre un ris ».

Roof : toit du bateau au-dessus du carré.

Routeur : spécialiste en météo et en tactique, resté à terre et qui, en fonction des informations dont il dispose et des analyses qu'il en retire, indique au marin en course la meilleure route possible à suivre.

Royal Yacht Squadron : le plus prestigieux yacht club britannique, fondé en 1815, dont la reine d'Angleterre est la « présidente ».

Safran : pale du gouvernail.

Schnorkel : tube escamotable plongeant dans la mer afin d'évacuer l'eau des ballasts.

Solent : bras de mer entre l'île de Wight et la côte anglaise, célèbre pour les très nombreuses régates qui y sont organisées.

Speedomètre (ou speedo) : calculateur de vitesse instantanée du bateau à la surface de la mer.

Spinnaker (ou spi) : grande voile ballon établie à l'avant d'un bateau aux allures portantes. Ils peuvent être symétriques ou asymétriques mais toujours confectionnés dans un tissu très léger.

Sous-barbe : câble reliant le bout-dehors à la coque.

Swan : type de bateaux de croisière prestigieux, construits par le chantier finlandais Nautor.

Tableau arrière : panneau horizontal terminant la coque à la poupe d'un voilier.

Talonner : se dit d'un bateau qui heurte le fond par l'arrière.

Tangon : espar volant servant à tenir le spinnaker et l'écarter du bateau dans sa partie basse.

Tête de quille : partie haute de la quille. Située à l'intérieur du bateau sur les monocoques du Vendée Globe, c'est à cet endroit que sont accrochés les vérins servant au basculement de cette même quille.

Tirant : câble tenant le mât verticalement.

Tribord : côté droit d'un bateau en regardant vers l'avant. Opposé de « bâbord ».

Trinquette : petite voile d'avant.

Trophée Jules-Verne : record de vitesse absolu autour du monde à la voile.

Virer de bord : changer d'amure – bord du bateau d'où vient le vent – en manœuvrant face à la direction du vent. Inverse d'« empanner ».

Voile de quille : longue et fine aile reliant le lest en forme de bulbe, sur les monocoques du Vendée Globe, au bateau.

Vrac : voir « Départ en vrac ».

Winch : appelé auparavant « cabestan », cet outil circulaire installé sur le pont d'un bateau et manœuvré par une manivelle permet de démultiplier la force de traction sur un cordage.

Palmarès

COURSES

La Baule - Dakar 1980

(En équipage, départ le 19 octobre 1980, 3 000 milles) :
1. *Elf Aquitaine* (Pajot), en 13 j 13 h 01'.
[...]
11. *Radio-France-Internationale* (monocoque skipper D. Gliksman, avec J. Le Cam parmi l'équipage).

Whitbread Round the World Race 1981-1982

(tour du monde en équipage, départ le 29 août 1981, arrivée jugée en avril 1982).
Classement général établi au temps compensé après quatre étapes et 26 095 milles.
Parcours : Portsmouth (GBR) – Le Cap (AFS) – Auckland (NZL) – Mar del Plata (ARG) – Portsmouth.
1. *Flyer* (HOL, Van Rietschoten), 120 j 06 h 34'14", 119 j 01 h 12'48".
2. *Charles-Heidsieck III* (FRA, Gabbay), 131 j 21 h 34'35", 120 j 07 h 55'16".
3. *Kriter IX* (FRA, Viant), 134 j 07 h 37'42", 120 j 10 h 50'26".
[...]

10. *Euromarché* (FRA, skipper E. Tabarly avec J. Le Cam parmi l'équipage), 134 j 15 h 28'42", 126 j 23 h 37'40".

Lorient – Les Bermudes – Lorient 1983
(En double, départ le 26 mai 1983, 5 782 milles) :
1. *Charente-Maritime* (Follenfant-Fountaine) en 22 j 09 h 12'.
2. *William Saurin* (Riguidel-Le Ménec) à 01 h 28'.
3. *Jet Services II* (P. Morvan-J. Le Cam) à 02 h 43'.

La Baule – Dakar 1983
(En équipage, départ le 19 octobre 1983, 3 000 milles) :
1. *Charente-Maritime* (Pallu de la Barrière), en 13 j 22 h 00'.
2. *William Saurin* (Riguidel), à 01 j 28'.
3. *Jet Services II* (Skipper : P. Morvan avec J. Le Cam parmi l'équipage), à 01 j 03 h 28'.

Québec – Saint-Malo 1984
(En équipage, départ le 19 août 1984, 3 051 milles) :
1. *Royale* (Caradec-Facque) en 8 j 19 h 57'.
2. *Charente-Maritime* (Fountaine), à 16'.
3. *Fleury-Michon* (Poupon), à 20 h 02'.
[...]
7. *Crédit Agricole* (Skipper : Jeantot avec Le Cam parmi l'équipage), à 1 j 12 h 31'.

Route de la Découverte 1984
(En équipage, départ le 3 décembre 1984, Benalmádena – Saint-Domingue, 4 400 milles) :
1. *Fleury-Michon* (Ph. Poupon, avec J. Le Cam parmi l'équipage) en 14 j 14 h 49'.

Classe « Formule 40 »
Grand Prix : courses disputées en équipage ; Multi-Figaro : courses disputées en double.

1986
À bord du trimaran *Biscuits Cantreau*.
Grand Prix de Nieuport : 7e ; Grand Prix de Southampton : 6e ; Multi-Figaro : 5e.

1987
À bord du trimaran *Biscuits Cantreau II*.
Grand Prix de Brest : 10e ; Grand Prix de Cherbourg : 1er ; Grand Prix de Boulogne : 5e ; Grand Prix de Southampton : 1er ; Grand Prix de Nieuport : 3e ; Grand Prix de Genève : 1er ; Grand Prix de Torbole : 1er ; Multi-Figaro : 1er ; Grand Prix de Barcelone : 1er ; Grand Prix de Monaco : 1er.
Champion international de Formule 40 1987.

1988
À bord du trimaran *Biscuits Cantreau III*.
Grand Prix de Brest : 1er ; Grand Prix de Plymouth : 2e ; Grand Prix de Boulogne : 5e ; Grand Prix de Torbole : 1er ; Grand Prix de Marseille : 2e ; Grand Prix de Sète : 1er ; Grand Prix de La Rochelle : 1er ; Grand Prix de Valence : 1er ; Grand Prix de Monaco : 1er.
Champion du monde de Formule 40 1988.

1989
À bord du trimaran *Biscuits Cantreau III*.
Grand Prix de Portofino : 1er ; Grand Prix de Marseille : 2e ; Grand Prix de Morges : 1er ; Grand Prix de Douarnenez : 1er ; Grand Prix de Sète : 2e ; Grand Prix de Torbole : 1er.
Champion du monde de Formule 40 1989.

Lorient – Saint-Barthélemy – Lorient 1989
(En double, départ le 23 avril 1989, 7 400 milles).
1re étape :
1. *Elf Aquitaine* (Maurel-Nélias), en 14 j.
2. *Bottin Entreprise* (J. Le Cam-E. Tabarly), à 2 h.

2e étape (départ le 16 mai 1989) :
1. *Charal* (B. Peyron-Vincent), 23 j 13 h 39'14".
[...]
Abandon : *Bottin Entreprise* (J. Le Cam-E. Tabarly), chavirage le 21 mai 1989.

Open UAP – Course de l'Europe 1991
(En équipage, départ le 9 juin 1991, arrivée jugée le 5 juillet, 3 282 milles).
Parcours : Lorient – Torquay (GBR) – Dublin (IRL) – Lisbonne (POR) – Barcelone (ESP) – Marseille – Santa Margherita (ITA).
1. *RMO* (Skipper : L. Bourgnon, skipper, avec J. Le Cam parmi l'équipage).

Transat Jacques-Vabre 1999
(En double, départ le 16 octobre 1999, Le Havre – Carthagène, 4 500 milles) :
1. *Sodebo – Savourons-la-vie* (Coville-Jan), en 19 j 17 h 31'.
[...]
4. *Sill Entreprises* (Jourdain-Le Cam), à 1 h 50'.

Classe « Figaro »
Solitaire du Figaro
Année – Parcours – Nom du bateau – Classement général final de J. Le Cam – Vainqueur.
1978 (Perros-Guirec – Kinsale – La Baule Pornichet – Laredo – Quiberon, *Motte-Marine*) : 11e (1er : Gilles Le Baud).
1979 (Les Sables-d'Olonne – Laredo – Quiberon – Kinsale – Concarneau, *Motte-Marine-Galettes de Fouesnant*) : Abandon (1er : Patrick Eliès).
1980 (Perros-Guirec – Kinsale – Les Sables-d'Olonne – Pornic, *Galettes de Fouesnant*) : 11e (1er : Gilles Gahinet).
1982 (Arcachon – La Corogne – Falmouth – Quiberon, *Galettes de Fouesnant*) : 9e (1er : Philippe Poupon).

1985 (Granville – Kinsale – Crozon – Bayona de Vigo – La Rochelle, *Crédit Naval*) : 2e (1er : Philippe Poupon).
1986 (Perros-Guirec – Kinsale – La Corogne – Pornic, *Biscuits Cantreau-Ordo*) : 7e (1er : Christophe Auguin).
1990 (Port-Bourgenay – Vigo – Bénodet – Kinsale – La Rochelle, *Port-la-Forêt-Finistère*) : 6e (1er : Laurent Cordelle).
À noter : à bord de Figaro Bénéteau et non plus de Half-Tonner.
1991 (Cherbourg – Kinsale – Concarneau – Gijón – Lorient, *Fouesnant-Baie-de-la-Forêt*) : 4e (1er : Yves Parlier).
1992 (Arcachon – Kinsale – Pornichet – Gijón – Port-la-Forêt, *Guy-Cotten-Chomarat*) : 2e (1er : Michel Desjoyeaux).
1993 (Saint-Malo – La Corogne – Douarnenez – Kinsale – Saint-Quay-Portrieux, *Guy-Cotten-Chattawak*) : 2e (1er : Dominic Vittet).
1994 (Brest – Kinsale – Gijón – Perros-Guirrec – Port-Bourgenay, *Guy-Cotten-Chattawak*) : 1er.
1995 (Arcachon – Kinsale – La Rochelle – Gijón – Brest, *Guy-Cotten-Chattawak*) : 3e (1er : Philippe Poupon).
1996 (Perros-Guirec – Howth – Saint-Nazaire – Gijón – Le Crouesty, *Guy-Cotten-Chattawak*) : 1er.
1997 (Arcachon – Gijón – Brest – Kinsale – Saint-Quay – Portrieux, *Guy-Cotten-Chattawak*) : 7e (1er : Franck Cammas).
1998 (Cherbourg – Dublin – Groix – Gijón – Concarneau, *Guy-Cotten-Chattawak*) : 7e (1er : Michel Desjoyeaux).
1999 (Brest – Brest – Bayona – Douarnenez, *Fleury Michon*) : 1er.
Nombre de participations : 16.
Nombre de victoires d'étape : 10.
Nombre de victoires au classement général : 3.

Tour de Bretagne 1999 (en double)
1. *O'Sea* (Le Cam-Nélias).

Transat en double Lorient – Saint-Barthélemy
(puis Concarneau – Saint-Barthélemy depuis 2006).

AGRR 1992 (via Las Palmas, départ le 11 octobre 1992, 4 061 milles) :
1. *Sill Plein Fruit-France 3 Ouest* (Desjoyeaux-Caraës)
[...]
5. *Mory* (Le Cam-Vittet), à 13 h 54'07".

AG2R 1994 (via Funchal, départ le 16 avril 1994, 3 725 milles) :
1. *Sill Plein Fruit-France 3 Ouest* (Le Cam-Jourdain), en 20 j 20 h 34'26".

AG2R 1996 (via Funchal départ le 13 avril 1996, 3 725 milles) :
1. *Brocéliande* (Gautier-Pahun).
2. *Guy-Cotten-Chattawak* (Le Cam-Arthaud), à 1 h 15'37".

AG2R 1998 (via Funchal départ le 20 avril 1998, 3 725 milles) :
1. *Nintendo 64* (Jourdren-Guessard).
[...]
6. *Guy-Cotten-Chattawak* (Le Cam-Arthaud), à 1 h 05'16".

AG2R 2008 (sans escale, départ le 20 avril 2008, 3 710 milles) :
1. *SNEF & Cliptol-Sport* (Pellecuer-Mouren).
[...]
4. *Cercle-Vert* (Le Cam-Morvan), à 6 h 17'50".

Autres victoires de Jean Le Cam sur le circuit *Figaro* : Solo Concorde (1992, 1993), Solo Brest (1993), Porquerolles Solo (puis Solo Méditerranée, 1994, 1995, 1999), Solo CG Mer (1995).

À bord du trimaran de 60 pieds open *Bonduelle*

2000
GP de Royan
1. *Foncia* (Gautier).
[...]
6. *Bonduelle* (Le Cam, une victoire de manche).

NC au Championnat ORMA (1er : *Groupama*, Cammas).

2001
Trophée Mondial Assistance (en équipage, départ le 12 mai 2001, Cherbourg-Tarragone, 2 705 milles) :
1. *Foncia* (Gautier).
[...]
Abandon : *Bonduelle* (Le Cam).

Transat Jacques-Vabre (en double, départ le 4 novembre 2009, Le Havre-Salvador de Bahia, 5 300 milles) :
1. *Sill Plein Fruit* (Jourdain-Le Cléac'h).
[...]
4. *Bonduelle* (Le Cam-Caraës).

GP du Cap d'Agde
1. *Groupama* (Cammas).
[...]
3. *Bonduelle* (Le Cam).

GP d'Italie
1. *Bonduelle* (Le Cam).

GP de Fécamp
1. *Foncia* (Gautier).
[...]
5. *Bonduelle* (Le Cam).

GP de Belgique
1. *Banque Populaire* (Roucayrol).
[...]
5. *Bonduelle* (Le Cam).

Championnat ORMA
1. *Groupama* (Cammas).
[...]
4. *Bonduelle* (Le Cam).

2002
Course des Phares (en équipage, départ le 26 mai, Calais-Calais via les grands phares de l'Atlantique nord-est, 2 600 milles) :
1. *FujiFilm* (L. Peyron).
2. *Bonduelle* (Skipper : Le Cam avec Jourdren, Caraës, Laot, Audigane, Le Goff, de Pavant).

Route du Rhum (en solitaire, départ le 10 novembre 2002, Saint-Malo – Pointe-à-Pitre, 3 510 milles) :
1. *Géant* (Desjoyeaux).
[...]
Abandon : *Bonduelle* (Le Cam).

GP de Lorient
1. *Groupama* (Cammas).
[...]
4. *Bonduelle* (Le Cam).

GP de Zeebrugge
1. *FujiFilm* (Peyron).

[...]
8. *Bonduelle* (Le Cam).

Championnat ORMA
1. *FujiFilm* (Peyron).
[...]
4. *Bonduelle* (Le Cam).

2003
Challenge Mondial Assistance (en équipage, départ le 11 mai 2003, Cherbourg-Rimini, 2 730 milles) :
1. *Groupama* (Cammas).
[...]
3. *Bonduelle* (Skipper : Le Cam avec Caraës, Audigane, Le Goff, Mourniac, de Pavant).

Transat Jacques-Vabre (en double, départ le 5 novembre, Le Havre – Salvador de Bahia, 5 190 milles) :
1. *Groupama* (Cammas-Proffit).
[...]
11. *Bonduelle* (Le Cam-de Pavant).

GP de Marseille
1. *Groupama* (Cammas).
[...]
10. *Bonduelle* (Le Cam).

NC au Championnat ORMA (1er : *Groupama*, Cammas).

À bord du monocoque de 60 pieds open *Bonduelle*

2004
1 000 milles de Calais (en équipage, départ le 9 mai, Calais-Fastnet-Calais, 1 000 milles) :

1. *Bonduelle* (Skipper : Le Cam avec Le Goff, Metz, Dourlen, Regniau).

Vendée Globe 2004-2005 (en solitaire, départ le 7 novembre 2004, Les Sables-d'Olonne – Les Sables-d'Olonne, 24 840 milles) :
1. *PRB* (Riou), 87 J 10 h 47'55".
2. *Bonduelle* (Le Cam), 87 j 17 h 20'08".

2005
Calais Round Britain Race (en équipage, départ le 22 mai, Tour des îles Britanniques, 1 820 milles) :
1. *Sill & Veolia* (Jourdain).
[...] Abandon : *Bonduelle* (Skipper : Le Cam avec de Pavant, Dourlen, Regniau, Bérat).

Transat Jacques-Vabre (en double, départ le 5 novembre, Le Havre – Salvador de Bahia, 4 335 milles) :
1. *Virbac-Paprec* (Dick-L. Peyron).
2. *Bonduelle* (Le Cam-de Pavant).

À bord du monocoque de 60 pieds open *VM Matériaux*

2006
Route du Rhum (en solitaire, départ le 29 novembre 2006, Saint-Malo – Pointe-à-Pitre, 3 510 milles) :
1. *Sill & Veolia* (Jourdain).
2. *VM Matériaux* (Le Cam).

2007
Calais Round Britain Race (en équipage, départ le 3 juin, Tour des îles Britanniques, 1 820 milles) :
1. *PRB* (Riou).
[...]

3. *VM Matériaux* (Skipper : Le Cam avec Morvan, Dourlen, Bérat, Vilboux).

Transat Jacques-Vabre (en double, départ le 3 novembre, Le Havre – Salvador de Bahia, 4 335 milles) :
1. *Foncia* (Desjoyeaux-Le Borgne).
[...]
4. *VM Matériaux* (Le Cam - Morvan).

2008
Vendée Globe 2008-2009 (en solitaire, départ le 9 novembre 2008, Les Sables-d'Olonne – Les Sables-d'Olonne, 24 840 milles) :
1. *Foncia* (Desjoyeaux).
[...]
Abandon : *VM Matériaux* (Le Cam).

À bord du trimaran de 50 pieds *Actual*

2009
Transat Jacques-Vabre (en double, départ le 8 novembre 2009, Le Havre-Puerto Limon) :
1. Crêpes Whaou ! (Escoffier-Le Roux).
[...]
Abandon : *Actual* (Le Blévec-Le Cam).

À bord du monocoque de 60 pieds open IMOCA *Président*

2010
Barcelona World Race (en double, départ le 31 décembre 2010, Barcelone-Barcelone, 25 000 milles)
1. *Virbac-Paprec 3* (Dick-Peyron), 93 j 22 h 20'36".

[...]
Abandon : *Président* (Le Cam-Garcia).

À bord du monocoque de 60 pieds open IMOCA *SynerCiel*

2012
Vendée Globe (en solitaire, départ le 10 novembre 2012, Les Sables-d'Olonne – Les Sables-d'Olonne, 24 840 milles) :
1. *MACIF* (Gabart), 78 j 02 h 16'40".
[...]
5. *SynerCiel* (Le Cam), 88 j 00 h 12'58".

À bord du monocoque de 60 pieds open IMOCA *PRB*

2013
Transat Jacques-Vabre (en double, départ le 7 novembre 2013, Le Havre-Itajaí, 5 400 milles) :
1. *PRB* (Riou-Le Cam), 17 j 00 h 41'47".

À bord du monocoque de 60 pieds open IMOCA *Hubert* (nom de baptême de ce bateau ; les noms indiqués ci-après sont ceux de course)

2014
Barcelona World Race (en double, départ le 31 décembre 2014, Barcelone-Barcelone, 25 000 milles) :
1. *Cheminées Poujoulat* (Le Cam-Stamm), 84 j 05 h 50'25".
2016
Vendée Globe (en solitaire, départ le 6 novembre 2016, Les Sables-d'Olonne – Les Sables-d'Olonne, 24 840 milles) :

1. *Banque Populaire* (Le Cléac'h), 74 j 03 h 35'46".
[...]
6. *Finistère Mer Vent* (Le Cam), 80 j 04 h 41'54".

2019
Transat Jacques-Vabre (en double, départ le 27 octobre 2019, Le Havre – Salvador de Bahia, 4 350 milles) :
1. *Apivia* (Dalin-Eliès), 13 j 12 h 08'00".
[...]
13. *Corum-L'Épargne* (Le Cam-Troussel), 14 j 23 h 26'30".

2020
Vendée Globe (en solitaire, départ le 8 novembre 2020, Les Sables-d'Olonne – Les Sables-d'Olonne, 24 840 milles) :
1. *Maître CoQ* (Bestaven), 80 j 03 h 44'46".
[...]
4. *Yes We Cam !* (Le Cam), 80 j 13 h 44'55".

RECORDS

Record de la traversée de l'Atlantique (New York – Cap Lizard, février 1984).
Jet Services II (skipper : Patrick Morvan ; équipiers : Jean Le Cam, Marc Guillemot, Serge Madec),
3 260 milles parcourus en 8 j 16 h 36' (moy. : 15,60 nœuds ; moy. par rapport à la distance théorique de 2 596 milles : 14,20 nœuds).

TITRES

Champion international de Formule 40 1987.
Champion du monde de Formule 40 1988, 1989.

Champion de France de course au large en solitaire 1993, 1994 et 1995.
Champion du monde FICO/IMOCA 2006.
Champion du monde IMOCA 2013-2014.

Remerciements

Merci à Marc Guyot pour son coup de génie que fut l'invention de ce slogan magistral « Yes We Cam ! » et à Philippe Joubin pour la « mise en mots » de ce livre.

Table des matières

LES
GRANDES
LATITUDES

J'AI
LU

13841

Composition
NORD COMPO

Achevé d'imprimer en Espagne
par BLACKPRINT
le 14 mai 2023

Dépôt légal juin 2023
ISSN 2823-3514
EAN 9782290373781
OTP L21EPLN003282-431536

ÉDITIONS J'AI LU
82, rue Saint-Lazare, 75009 Paris
Diffusion France et étranger : Flammarion